INTERACTION DESIGN

혁신적인 사용자 경험을 위한
인터랙션 디자인 _{개정판}

KOREAN language edition published by acorn publishing Co., Copyright ⓒ 2012

Authorized translation from the English language edition, entitled DESIGNING FOR INTERACTION: CREATING INNOVATIVE APPLICATIONS AND DEVICES, 2nd Edition, 9780321643391 by SAFFER, DAN, published by Pearson Education, Inc, publishing as New Riders, Copyright ⓒ 2010 Dan Saffer.

All rights reserved. No part of this book may be reproduced or transmitted in any form or by any means, electronic or mechanical, including photocopying, recording or by any information storage retrieval system, without permission from Pearson Education, Inc.

이 책은 Pearson Education, Inc.를 통해 New Riders와 에이콘출판(주)가 정식 계약하여 번역한 책이므로 이 책의 일부나 전체 내용을 무단으로 복사, 복제, 전재하는 것은 저작권법에 저촉됩니다.

INTERACTION DESIGN

혁신적인 사용자 경험을 위한
인터랙션 디자인  개정판

댄 새퍼 지음 | 이수인 옮김

에이콘

추천의 글

'이거 왜 이래?'

하루 동안 이런 말을 적어도 한 번쯤 하게 됩니다. 그만큼 우리는 생활하면서 여러 가지 기기들을 사용하며 이따금 괴롭힘을 당하기도 합니다. 간단한 일인 것 같은데도 먼 길을 돌아가야 원하는 바를 이룰 수 있습니다. 그게 당연한 것처럼 참고 살기도 합니다. 과연 무엇 때문에 이런 고통을 당하고 있을까요? 다시 한 번 당시의 경험을 되짚어 보면 거기엔 인터랙션 디자인이 부족했기 때문이란 것을 알 수 있습니다.

인터랙션 디자인의 개념을 설명하기란 사실 쉽지 않은 일입니다. 우리 생활 곳곳에서 경험하는 일이지만 한 마디 말로 정의하기 어려운 이유는 대상 자체가 눈에 보이지 않고, 또한 살아 움직이는 과제이기 때문입니다. 어떤 물건의 인터페이스와 그것을 활용하려는 사용자가 존재하면 그 사이에 인터랙션이 발생합니다. 사용자는 행동하고 인터페이스는 반응합니다. 인터페이스는 정해진 순서에 따라 반응하지만 사용자의 행동은 같지 않습니다. 따라서 시각적으로 표현할 수 있는 인터페이스 디자인과는 다른 곳에서 문제들이 발생했고 이것을 해결하기 위해 인터랙션 디자인이 등장하기 시작했습니다. 겉모양을 바꾸는 것이 아닌 그것이 어떻게 동작하고 사용자의 행동이 목적을 달성할 수 있는지 고민하는 것이 바로 '인터랙션 디자인'입니다.

2008년 첫 출간된 『인터랙션 디자인: 더 나은 사용자 경험을 위한』은 에이콘 출판사 UX 프로페셔널 시리즈의 첫 책으로서, 인터랙션 디자인이나 UX를 이야기하는 책이 별로 없던 상황에서 출간되자마자 큰 반향을 불러 일으켰습니다. 책을 받아든 순간 "바로 이거야!"라는 감탄이 절로 나왔습니다. UI 개발에서 두 가지 핵심 키워드인 '인터랙션'과 '시각화 visualization'에 관한 책은 당시 국내에서는 찾아보기 어려웠기 때문입니다. 충실한 내용과 쉬운 설명으로 인터랙션 디자인에 대한 해법을 제시한 이 책은 당시만 해도 개념이 정립되지 않은 국내 업계에 입문서이자 교본으로 수많은 인터랙션 디자이너들에게 가이드가 되어줬습니다.

실무에서 활용 가능한 다양한 디자인 프로세스와 디자인 전략 등을 대폭 보강한 이번 개정판에서는 한 단계 업그레이드된 디자인 전략과 서비스 디자인 등에 대해 통찰력 넘치고 심도 있는 저자의 시각과 고민을 책 곳곳에서 찾아볼 수 있습니다. 이번 번역 개정판에서는 업계 현황 등을 반영한 용어와 내용 등을 수정 반영해 독자들의 경험reader's experience을 더욱 풍부하게 만들어주도록 노력한 흔적도 엿보입니다.

인터랙션 디자인은 컴퓨터 산업에서만 필요한 것은 아닙니다. 우리가 매일 열고 닫는 문고리에서도, 돌려 따는 병마개에서도 인터랙션이 일어납니다. 하지만 제품 디자인이 아닌 소프트웨어 디자인에서 인터랙션 디자인이 특히 중요한 이유는 다른 제품들보다 더 많은 인터랙션이 발생하기 때문입니다. 따라서 많은 제품이 디지털로 바뀌는 요즈음 인터랙션 디자인 문제를 그냥 지나칠 수 없습니다. 인터랙션 디자인의 문제는 해결하기 어려운 작업이지만 고객의 잘못이라고 무조건 탓할 수만은 없으므로 친절한 제품을 만들기 위해 꼼꼼히 책임져야 하는 일입니다. 여러분이 바로 그 제품을 사용할 수도 있으니까요.

양주일
NHN 이사 UIT 센터장
에이콘 UX 프로페셔널 시리즈 에디터

이 책은 소프트웨어와 디지털 제품의 인터랙션 디자인, 그와 관련된 주제들을 포괄적으로 다루고 있으며 실무에서의 응용에 필요한 이론적 배경들도 치우침 없이 고르게 소개하고 있습니다. 인터랙션 디자인을 공부하고자 하는 입문자에게는 길잡이가 되는 '지도'와도 같은 책입니다. 특히 개정판에서는 각 장 끝머리에 더 읽을거리들을 소개하고 있어서 더욱 훌륭한 입문서 역할을 할 것으로 기대합니다. 또한, 초판에서는 별도의 장으로 되어 있었던 서비스 디자인을 여러 장에 걸쳐 녹여내고 디자인 프로세스에 대한 내용을 보강하는 등 전체적으로 짜임새도 더 좋아지고 내용도 풍성해졌습니다.

저는 특히 이 책을 기획자나 디자이너뿐만 아니라 개발자에게도 권하고 싶습니다. 2장의 시스템적 디자인 Systems Design, 8장의 애자일 방법론 이야기, 관련 인터뷰 등 개발과 좀 더 직접적으로 관련된 이야기들도 재미있지만, 이 책에서 다루고 있는 인터랙션 디자인의 전반적인 주제와 고민들에 대해 개발자들이 좀 더 관심을 가질 필요가 있다고 생각합니다. 구현 기술의 가능성과 한계에 대해 다른 누구보다도 정확하게 알고 있는 개발자들이 기술을 적절히 응용해 올바른 인터랙션을 구성하는 일에도 관심을 두고 공부한다면 타 직군의 동료들과 더욱 잘 협업할 수 있게 될 것이고 이는 곧 더 좋은 사용자 경험을 주는 제품과 서비스의 탄생으로 이어질 테니까요.

강규영 http://twitter.com/alankang

우리는 마케팅의 중요성을 알고 있다. 흔히 마케팅은 제품을 구매하기 직전까지 소비자와 소통하는 방법을 다룬다고 한다. 그렇다면 제품을 구매한 후에 사용자는 제품과 어떻게 소통할까? 제품을 구매한 사용자들은 서로 어떻게 소통할까? 그 결과가 장기적으로 제품 판매에 어떤 영향을 미칠까?

제품을 구매한 이후에 일어나는 일을 예측하기란 매우 어렵다. 그러나 여러분이 인터랙션 디자인 전문가가 된다면 제품 구매 이후에 일어나는 일을 어느 정도 미리 예측하고 설계할 수 있다. 인터랙션 디자인이 제품과 사용자, 사용자와 사용자 간의 소통에 대해 다루는 분야이기 때문이다.

인터랙션 디자인 분야에서 일하는 사람들은 흔히 사용자 경험 UX, User Experience 전문가라고도 부른다. 우리는 제품과 서비스가 사용자에게 결국 어떤 가치를 줄 수 있는지 항상 고려해야 하는데, 사용자의 입장을 대변하고 그들이 얻게 될 최종 경험을 설계하는 것이 인터랙션 디자인의 궁극적인 목표이기 때문이다.

이 책은 인터랙션 디자인을 처음 접하는 사람, 또는 UX 디자인을 공부하는 학생들에게는 입문서로 손색이 없을 만큼 매우 이해하기 쉽고 재미있게 쓰여진 책이다. 제품과 서비스를 디자인 하는 디자이너뿐 아니라 기업의 다양한 분야에서 일하는 많은 사람들이, 과연 어떤 제품과 서비스가 사용자들에게 사랑받는지를 이해하는 데 놀라운 영감을 줄 것이다.

황리건 이반젤리스트

 에이콘출판의 기틀을 마련하신 故 정완재 선생님 (1935-2004)

/ 저자 소개

댄 새퍼 Dan Saffer

'인터랙션 디자인'이라는 용어를 듣기까지 15년이나 남아있던 1985년, 댄 새퍼는 15살의 나이에 애플 IIe 컴퓨터와 2600 모뎀, 두 장의 플로피 디스크와 전화선을 이용해서 단말기용 게임을 디자인하고 돌리기 시작했다.

그 이후로 1995년부터 정식으로 인터랙티브 미디어에 관련된 일을 시작해서 웹마스터, 정보 아키텍트, 카피라이터, 개발자, 프로듀서, 제작자, 인터랙션 디자이너 등의 업무를 경험했고 현재는 샌프란시스코에 기반을 둔 제품 디자인 컨설팅 에이전시인 키커 스튜디오를 공동 설립해 대표를 맡고 있다.

댄 새퍼는 웹사이트 구축부터 인터랙티브 TV 서비스까지, 모바일 디바이스에서 의료 기기, 터치스크린, 동작 인식 인터페이스, 로봇에 이르는 다양한 프로젝트를 경험했고 포춘 100대 기업, 정부 기관, 벤처회사 등 다양한 클라이언트를 위해 일했다.

카네기 멜론 대학에서 인터랙션 디자인 분야의 석사학위를 받고 인터랙션 디자인의 기초를 강의했다.

현재 샌프란시스코에 살고 있으며 www.odannyboy.com 사이트와 트위터의 @odannyboy를 통해 만나볼 수 있다.

감사의 글

나를 받아들여준 나의 아내 레이첼에게

카네기 멜론 대학에서 보낸 2년간의 세월은 이 책에 커다란 영향을 줬다. 이 책의 초판을 쓸 때에 나는 수업 중 적었던 필기 내용을 지속적으로 참조했고, 댄 보야스키, 크리스텐 휴즈, 카렌 모이어, 조디 폴리치 등 교수님들의 목소리가 귓가에서 울리는 것을 들었다. 이 방면에 대한 내 이해의 폭을 넓혀주셨던 딕 부캐넌 교수님의 영향은 그 중 특별했다. 내가 인터랙션 디자인에 대해서 알고 있는 것의 절반은 내 친구이자 조언자인 샐리 이븐슨에게서 배운 것이다. 그녀의 지식과 경험이 없이 내 얕은 지식만으로 쓰여졌다면 이 책은 상당히 볼품없어졌을 것이다.

개정판을 쓸 때에는 전 직장인 어댑티브 패스Adaptive Path와 현재 내가 다니는 키커 스튜디오Kicker Studio에서 함께 일하는 동료들의 영향이 컸다. 특히 어댑티브 패스의 브랜든 샤우어, 피터 머홀츠, 그리고 때로는 고함도 지르고 발로 차기도 하면서 디자인 전략의 세계로 나를 인도한 헤닝 피셔에게 감사드린다. 개정판은 여기서 얻은 경험들로 인해 많이 풍부해졌다. 키커 스튜디오의 파트너인 제니퍼 보브와 톰 마요나라는 편집과 디자인에 대한 자신들의 경험을 나눠줬다.

인터뷰를 통해 시간과 경험을 공유해주신 분들께 특히 감사드린다. 이 책에 여러분의 인터뷰를 실을 수 있어서 영광이었다.

또한 이 책에서 자사의 사례 연구를 싣거나 멋진 제품 이미지를 사용하도록 허가해준 회사들에도 감사드린다. 덕택에 저자의 짧은 문장으로 애매한 부분을 정확히 그려낼 수 있게 됐다.

피치핏/뉴 라이더스 출판사의 직원분들은 이 책이 현재의 결과물이 되기까지 초판과 개정판 모두 많이 노력해주셨다. 편집자인 마이클 놀란, 베키 윈터, 그리고 제프 라일리는 저자가 부족한 부분을 아낌없이 채워줬다. 친구이자 테크니컬 에디터인 빌 드로쉬는 이 책을 빛낸 많은 아이디어를 제공해 줬다.

초판과 개정판에 걸쳐 도움을 준 친구들은 다음과 같다. 피홍 하, 제시 제임스 개럿, 앤드류 크루, 재닌 타카시-크루, 크리스티나 할버슨, 마크 레틱, 아담 그린필드, 라이언 프리타스, 래 브룬, 제니퍼 프레이저, 레인 베커, 브라이언 오버커크, 채드 쏜턴, 롭 아담스, 케네스 버거, 윌로우 스틸쩌, 킴 레녹스, 토드 윌킨스, 우다 가옌더, 치아라 폭스, 데이브 맬로프, 킴 굿윈, 낸시 브로든, 앨런 쿠퍼, 다나 스미스, 레이첼 힌맨, 에리카 홀, 레이첼 글로브, 사만사 소마, 사라 닐슨, 자레드 스풀, 조디 메디치, 마이크 스컬리, 로라 커크우드-다트, 리즈 단지코, 캐빈 달리, 시노하라 토시카주, 잭 해팅거, 장모님 매리와 장인어른 배리 킹, 그리고 내 여동생 매간 더피.

내 첫 컴퓨터 Timex Sinclair 1000와 300bps 모뎀을 사주시고 장거리 전화비를 내주신 부모님께 감사드린다.

이미 인터랙션 디자이너 동지가 된 내 딸 피오나. 함께 닌텐도 위를 하면서 놀아줘야 할 시간에 글을 쓰는 아빠를 참아준 딸에게 고맙다. 이제 마리오 하면서 같이 놀자.

마지막으로, 내 아내 레이첼 킹이 없었다면 이 책의 출간은 불가능했을 것이다. 모든 작가들이 책을 쓰기 위해 필요한 준비물인 시간과 공간을 내게 만들어줬다. 내가 쓴 문장보다 그녀의 관대함이 이 책이 완성되는 데 더 큰 역할을 했다.

옮긴이의 말

『인터랙션 디자인 개정판』이 드디어 여러분께 선보이게 됐습니다! 이 책이 처음 출간됐을 때 번역하기도 생소했던 많은 단어와 개념들은 이제 모든 사람들이 다 아는 이야기가 됐습니다. 초판에서 댄 새퍼는 인터랙션 디자이너가 진행하는 업무나 이들이 만들어내는 '제품·서비스와 사용자 간 인터랙션의 경험'을 해당 개념에 익숙하지 않은 사람들에게 설명하기 위해 노력했고 번역자도 중언부언 번역하면서 곤란함을 느꼈습니다만, 이제는 세상이 바뀌었습니다. 우리는 이제 수많은 모바일-인터넷 서비스를 통해 제품과 서비스가 어떻게 사람 간의 연결을 만들어내는지 너무나 잘 알고 있습니다. '인터랙션 디자인' 개정판은 시대의 변화에 맞춰, 초판의 단순한 '개정증보판'이 아니라, 빠르게 변화한 3년 사이에 사람들이 인터랙션 디자인에 대해서 갖게 된 새로운 시각을 반영하고 있습니다.

최근에는 일반인들도 인터랙션 디자인을 인식하고, 그 결과로 제시되는 사용자 경험에 민감하게 반응합니다. 스마트폰은 충분한 프로세서 성능과 인터넷 접속 능력을 바탕으로 음악 감상에서부터 삶의 단편을 기록하는 것에 이르는 수백만 가지의 제품과 서비스(애플리케이션)를 제공합니다. 사람들이 IT 제품·서비스에 접속하는 방식, 인터넷이 정보를 처리해 사용자에게 전달하는 방식, 그리고 사람과 사람이 연결되는 방식은 이전과 비교할 수 없을 만큼 변화했습니다. 이 혁신의 한가운데에 사용자들이 기기를 통해 얻게 되는 '경험'을 이끌어내는 기법인 인터랙션 디자인이 있습니다.

『인터랙션 디자인』의 초판에서는 아직 스마트폰에 대해 이야기하고 있지 않았습니다. 하지만 초판이 출간된 이후에 이 책은 기존 서비스는 물론이고 스마트폰을 기반으로 한 애플리케이션(이 책에서는 제품·서비스라고 말하는 것의 총합) 기획자들에게 충분한 이정표가 돼주었습니다. 터치스크린 태블릿이 세상에 선보이기 전에 이번 개정판이 나왔지만, 저는 아이패드를 기반으로 한 서비스를 디자인할 때 이 책 전체를 몇 번이고 곱씹었습니다.

이 책의 3번째 판이 나올 때쯤이면 디바이스들이 클라우드를 기반으로 최근의 모바일 기기가 제공하는 것과는 다른 차원의 사용자 경험을 구현해 낼 것입니다. 그러나 언제까지라도 이 책은 여전히 인터랙션 디자인을 하는 많은 사람들에게 간결하고 잘 정리된 기본 기법을 제시할 것이라고 생각합니다. 저자는 인터랙션 디자인의 역사와 근원에 대한 설명을 통해 체계적 교육을 거치지 않은 채 이 분야의 일을 하는 사람들이 자신의 일을 더 잘 이해할 수 있도록 돕고, 타인을 편리하게 만들고 더 잘 연결되게 만드는 '선한 디자인'이라는 업의 목적을 설명함으로써 빠르게 변화하는 시대에 인터랙션 디자이너들이 자신의 본분을 잃지 않도록 방향을 제시해주었습니다.

개정판을 번역하기 시작할 때부터 IT 업계 곳곳에서 다양하게 일하는 친구들이 이 책이 대체 언제 번역돼 나오는지를 궁금해했습니다. 점점 더 중요해지는 소프트웨어 산업의 첨단에 있으면서도 제대로 된 커리큘럼을 통해서가 아니라 서로의 경험을 나누면서, 혹은 시간과 실수를 통해 독학해 온 많은 게임·인터랙션 디자이너들이 개정판의 출간을 기뻐해 주기를 바랍니다. 인터랙션 디자이너는 근원적인 곳에서부터 문제를 해결하고, 우리가 만들어낸 제품·서비스를 통해 한번에 조금이나마 세상을 바꾼다는 저자의 말이 이 책을 읽는 분들께 길잡이가 되기를 기원합니다.

번역에서 한글로 번역 가능한 것은 최대한 바꾸는 것이 번역자의 의무겠습니다만, 사실 이 책은 실무 개론서이고, 미국과 별 시간차 없이, 학계의 중재 없이 산업에 바로 받아들인 인터랙션 디자인 업무의 성격상 현장에서 영어가 그대로 사용되는 경우가 많습니다. 실제로 실무에서 사용되는 용어는 통용되는 대로 영어 음차로 바꾸되 한글로 번역 가능한 것은 최대한 바꿔보고자 했습니다.

초판에서는 '디테일'을 모두 '세부'로 번역하거나, '프로세스'를 '단계'로 바꾸는 등 되도록이면 영어 음차를 남겨두지 않으려고 노력했습니다만 이것이 오히려 업계에서 쓰는 용어와 거리가 있고, 문장을 모호하게 만들 여지가 있다는 점을 깨달았습니다. 이번 개정판 번역에서는 최근에 신문 기사에서 일반적으로 쓰일 정도의 영어 단어는 음차 그대로 사용하려고 노력했습니다.

제가 몸담고 있는 게임·애플리케이션 개발 분야에서 업무를 진행하면서 통용되는 수준을 목표로 삼았습니다만, 다른 업계의 관계자 여러분, 그리고 이 분야에 관심을 두신 분들께 거슬리지 않는 수준이기를 희망합니다.

2012년 샌프란시스코에서 **이수인**

옮긴이 소개

이수인 siyanga@gmail.com

서울대학교 미술대학을 졸업하고 온라인 게임업계에서 게임 디자이너로 일했다. 미국으로 이주한 후, 남편 이건호와 함께 '학습이 어려운 아이들이 혼자서도 학습할 수 있는 교육 애플리케이션'을 만드는 미션을 가진 회사 '에누마'를 공동창업해 대표를 맡고 있다.

장애가 있는 아이들을 위해 'Kid in Story Book Maker', 'Visual Schedule for Children with Autism' 등을 만들어 애플의 주목을 받았고, 앱스토어 교육 부문의 베스트셀러인 〈토도수학〉, 〈토도영어〉를 디자인했으며, 개발도상국 아이들을 위해 만들어진 종합 기초교육 애플리케이션 〈킷킷스쿨〉로 '개발도상국의 문맹 아동이 혼자서 읽기/쓰기/셈하기를 할 수 있게 만드는 태블릿 소프트웨어'를 겨루는 글로벌 러닝 XPRIZE 대회에서 공동우승을 차지했다.

이 책을 번역하면서 배운 대로 사용자 중심 디자인 방법론을 충실히 따르고, 디지털 교육에서 장애아동의 접근권을 높이기 위해 제안된 보편적 학습 설계 Universal Design for Learning를 구현한 다수의 앱으로 XPRIZE 외에도 Parents' Choice Gold Medal, Launch Education & Kids Conference Best Design Award 등 많은 상을 수상했다.

2000년대 초반부터 업무 능력 개발을 위해 동료들과 번역을 시작해『게임 아키텍처 & 디자인』,『재미 이론』,『Interaction Design 인터랙션 디자인 (개정판)』등 총 9권의 도서를 번역했다. 게임 개발자로써의 경험을 정리한 카툰 에세이『게임회사 이야기』(에이콘, 2005)의 저자이기도 하다.

목차

추천의 글　4
저자 소개　9
감사의 글　10

옮긴이의 말　12
옮긴이 소개　15
들어가며　23

1장　인터랙션 디자인이란?　27

인터랙션이란? 인터랙션 디자인이란?　30
　인터랙션 디자인을 바라보는 세 가지 방법　31

왜 인터랙션 디자인인가?　33
　사용자에게 집중한다　33
　대안을 찾는다　33
　구상화와 프로토타이핑을 이용한다　34
　서로 협력하고 제약상황을 고심한다　35
　적절한 해결책을 찾는다　35
　넓은 범위의 영향을 받는다　35
　감성을 섞는다　35

인터랙션 디자인의 아주 짧은 역사　36
　1830년대에서 1940년대까지　36
　1940년대부터 60년대까지　38
　1960년대에서 70년대까지　40
　1980년대　43
　1990년대　45
　2000년부터 현재까지　46

인터랙션 디자인을 둘러싼 다양한 분야　49
제품과 서비스　53
왜 인터랙션 디자인을 하는가?　56
더 읽을거리　58

2장 인터랙션 디자인의 네 가지 접근법 59

사용자 중심 디자인 61
활동 중심 디자인 63
시스템적 디자인 67
창조적 디자인 73
요약 76
더 읽을거리 77

3장 디자인 전략 79

디자인 전략이란 무엇인가? 80
    디자인 전략과 경영 전략 82

문제 정의하기 86
    전통적 리서치 89
    디자인 명세서 90
    이해관계자와의 인터뷰 90
    성과지표와 투자수익률 93
    경쟁 분석 94

차별점 정의하기 96
    기능 추가병과 맞서 싸우기 99
    가격 102

시각화와 비전 제시 103
    비전 프로토타입 105

프로젝트 계획과 로드맵 106
    제품 로드맵 107

요약 108
더 읽을거리 109

4장 디자인 리서치 111

디자인 리서치가 무엇인가? 112
왜 디자인 리서치를 해야 하는가? 113

리서치 계획하기 116
비용과 시간 117
대상자 구하기 117
진행 대본 119

디자인 리서치 수행하기 121
금지사항 121
윤리적인 리서치 122
무엇을 찾고 어떻게 기록하는가 123

리서치 방법 126
관찰 126
인터뷰 127
활동 129

요약 132
더 읽을거리 133

5장 체계적인 결과물 135

데이터 준비하기 136
데이터 실체화하기 136
데이터 변형하기 138

데이터 분석하기 140
분석 141
요약 145
외삽 146
추상화 147

개념 모델 147
퍼소나 152
요약 157
더 읽을거리 157

6장 구상화와 디자인 원칙　159

컨셉 만들기　160
- 시작하기　165
- 체계적인 브레인스토밍　166
- 컨셉 정리하기　169

디자인 원칙 만들기　170
요약　173
더 읽을거리　173

7장 다듬기　175

제약조건　176
인터랙션 디자인의 법칙　177
- 직접 조작과 간접 조작　178
- 어포던스　179
- 피드백과 피드포워드　180
- 심성 모형　183
- 표준　183
- 피츠의 법칙　184
- 힉의 법칙　185
- 매직 넘버 7　185
- 테슬러의 복잡성 보존의 법칙　186
- 포카 요케의 법칙　187
- 에러　188

프레임워크　188
- 메타포　189
- 태도　190
- 구조　191

문서화와 다듬는 방법　194
- 시나리오　195
- 스케치와 모델　196
- 스토리보드　197

작업 순서도　198
유스케이스　200
무드보드　202
와이어프레임　203
서비스 설계도　209

컨트롤　211

비전통적 입력 방식　218
목소리　218
동작　219
존재　220

요약　221

더 읽을거리　221

 프로토타입, 테스트, 개발　223

인터페이스 디자인　224
음향 효과　228

프로토타입　229
가벼운 프로토타입　232
충실한 프로토타입　234
서비스 프로토타입　235

테스트　237
휴리스틱 평가　240

개발　242
애자일　247

요약　247

더 읽을거리　248

9장 인터랙션 디자인의 미래 249

인터넷의 미래: 다음 5년 251
　차세대 웹을 위한 도구 252
지능형 에이전트 253
스파임과 사물의 인터넷 254
인간-로봇 인터랙션 255
착용형 제품 260
유비쿼터스 컴퓨팅 262
요약 267
더 읽을거리 268

 선한 디자인 269

디자인의 윤리 270
　원칙 271
의식적인 선택 272

찾아보기 274

우리는 우리가 보는 것이 된다.
우리는 도구를 만들고, 그 도구는 다시 우리를 만든다.
―마샬 맥루한

들어가며

지난 10년 동안, 특히 이 책의 초판 『인터랙션 디자인: 더 나은 사용자 경험을 위한』이 출간된 3년 전부터 지금까지 인터랙션 디자인은 자신의 분야를 충실하게 쌓아왔다. 인터랙션 디자인에 대해 들어본 적 없는 (대부분의) 사람들도 어떻게 디지털 기기가 동작하는지가 해당 기기가 어떻게 생겼는지 만큼이나 중요하다는 사실을 이해하게 됐다. 예쁘게 생겼지만 기능이 엉망인 휴대폰을 사면 몇 달간 아주 짜증이 난다. 우리가 경험하고 유명 언론들이 극찬한 최고의 제품들은 기능적으로도 미적으로도 아름다운 제품들이다.

지난 몇 년간은 우리의 상상력을 자극하는 정말 멋진 인터랙션 디자인 제품들이 쏟아져 나온 기간이기도 하다. 애플 아이폰, 닌텐도 위, 아이로봇 룸바, 마이크로소프트의 서피스, 트위터, 그리고 페이스북 같은 소셜네트워크가 바로 그것이다. 웹이 그 자체로 거의 모든 애플리케이션을 위한 잘 다듬어진 플랫폼으로 변해가는 동안 지난 시대의 '멍청한' 제품들은 점점 더 많은 집적회로, 센서, 네트워킹 기능을 갖게 됐다. 데스크톱 애플리케이션은 인터넷과 연결돼 멋진 조합을 만들어냈다. 디지털 기기들은 자신이 있는 물리적 공간을 인식하고 지리 정보를 제공한다. 프로세싱 파워의 발전, 클라우드 컴퓨팅, 값싼 디지털 스토리지가 이 모든 제품들을 가능하게 만들었다.

이 모든 것들은 인터랙션 디자인 규칙을 다시 써야 함을 의미한다. 우리가 디지털 기기와 어떻게 상호작용하는가에 대한 패러다임은 지난 40년간 데스크톱 컴퓨터에 맞춰 왔지만 이제 많은 것이 덧붙어 바뀌었다. 우리는 제품들과 관계를 맺는다(지난 시대와는 서로 완전히 다른 방식으로). 이 분야에 있어서는 실로 멋진 시대다.

이 책의 내용은 디지털 제품을 어떻게 동작하게 할지를 정의하는 방식에 대한 것이다. 프로그램 코드는 한 줄도 없으며, 테크놀로지나 플랫폼에 대해서는 최대한 넓게 생각하려고 노력했다. 나는 이 분야에 처음 들어온 신참 디자이너부터 지금까지 일해온 프로세스를 다듬거나 새로운 디자인 기법을 도입하려는 전문가 양쪽을 모두 염두에 두고 이 책을 기술했다.

개정판에서 달라진 내용

이 책의 초판은 나름대로 중요한 정보를 많이 담고 있었지만, 새로운 디자이너가 이 정보들을 어떻게 실제 업무에 적용할 수 있을지를 도와주는 프로세스는 담겨있지 않았다. 이는 중대한 오류로, 개정판에서는 이를 수정하는 데 많은 노력을 기울였다. 이번 개정판의 3장에서 8장까지는 다양한 프로젝트에서 사용될 수 있는 일반적인 디자인 방법론을 담고 있다. 여기 나오는 모든 단계를 밟아야 할 필요는 없으며 디자인 작업이 이런 프로세스대로 이뤄지는 경우는 사실 거의 없다. 그러나 어쨌든 프로세스가 있는 것은 중요하다.

또한 몇 가지 중요한 내용이 추가됐다. 디자인 전략(3장)은 개정판에서 새롭게 추가된 부분으로 감히 말하건대 정말 잘 정리했다. 초판에서 디자인 리서치를 모델에 적용하고 이것을 다시 개념화하는 과정은 사실 그리 썩 내용이 좋지 않았었다. 개정판에서는 이를 중요하게 다뤘으며, 또한 디자인 법칙에 대해 언급한 부분을 이번 개정판에서는 삭제했다.

초판에서 별도의 장으로 다뤘던 서비스 디자인에 대한 내용이 이번 판에서는 책 전반에 녹아있다. 여기에는 두 가지 이유가 있다. 첫 번째로 서비스 디자인이 하나의 전문 연구 분야가 되고 있고, 다른 하나는 서비스와 제품 디자인의 경계가 점점 모호해지고 있다는 점이다. 최근에 하나의 제품, 특히 인터랙션 디자이너가 관여하는 네트워크성을 지닌 제품에 서비스 디자인이 조금이라도 포함돼 있지 않은 경우는 찾아보기 어렵다.

초판의 독자들은 다양한 주제에 대해 좀 더 깊이 파고들기 위한 참고자료나 추천서적의 목록을 원했다. 그래서 각 장의 마지막 부분에 정리와 더불어 '더 읽을거리'라는 항목을 추가했다.

이 책이 인터랙션 디자인 업무를 시작할 때의 지표가 돼주기를 바란다. 사실 이건 그냥 책일 뿐이고, 어떤 책도 당신을 훌륭한 디자이너로 만들어주지 못한다. 실제 디자인 작업만이 당신의 기술을 갈고 닦아준다. 그러나 이 책에 있는 모든 내용을 실제로 실행해보고, 자신과 자신의 회사, 클라이언트, 그리고 목표한 프로젝트의 스타일에 맞춰 이를 다양하게 변형해서 사용하기를 강력하게 권한다.

디자인하라. 세상에는 디자인돼야 할 것들이 너무나 많다.

샌프란시스코에서 **댄 새퍼**

1장

인터랙션 디자인이란?

매일 매 순간 수많은 사람들이 이메일을 보내고, 휴대폰으로 통화하고, 메신저로 대화를 나누고, 디지털 비디오 레코더DVR로 TV 프로그램을 녹화하고, MP3 플레이어로 음악을 듣는다. 이는 모두 훌륭한 공학 기술 덕분에 가능해진 일이다. 그러나 이 기계들을 쓸 수 있게, 쓸만하게, 그리고 재미있게 만들어준 것은 인터랙션 디자인이다.

사람들은 이럴 때에 훌륭한 인터랙션 디자인을 경험한다.

- 현금지급기ATM에서 화면을 몇 번 누르는 것만으로 현금을 인출할 수 있다.
- 컴퓨터 게임에 몰입한다.
- 엑셀 파일의 항목을 잘라내고 붙인다.
- 온라인으로 물건을 구매한다.
- 휴대폰으로 트위터를 한다.
- 페이스북의 '내 상태'를 업데이트한다.

그러나 이 반대의 일도 종종 벌어진다. 우리는 주변에 널린 잘못된 인터랙션 디자인들로 괴로워한다. 다음과 같은 수많은 인터랙션 디자인 문제들이 해결되기를 기다리고 있다.

- 슈퍼마켓의 무인 정산기를 써보려고 30분이나 고생했다.
- 차가 멈춰 버렸는데 어느 부분이 잘못된 건지 모르겠다.
- 다음 버스가 언제 올지 몰라서 정류장에서 하염없이 기다린다.
- 휴대폰과 컴퓨터를 동기화하려고 악전고투한다.
- 전자레인지의 시계를 어떻게 맞춰야 할지 모르겠다.

어디에건 '동작'(제품이 움직이는 방식)이 있는 곳에는 언제나 인터랙션 디자이너가 관여할 여지가 있다. 정말이지, 최선의 경험을 만들어내기 위해서는 인터랙션 디자이너가 관여해야만 한다.

1990년대에 디자인 회사 IDEO의 중역이었던 빌 모그리지Bill Moggridge(그림 1.1)는 자신과 몇몇 동료들이 가끔 대단히 다른 방식의 디자인을 만들어낸다는 점을 깨달았다. 정확히 제품 디자인은 아니었지만 확실히 제품을 디자인하는 일이었다. 몇몇 개념적인 부분을 빌어오긴 했지만 커뮤니케이션 디자인도 아니었고, 컴퓨터와 소프트웨어의 힘을 빌어 작업했지만 컴퓨터 공학은 더욱 아니었다. 확실히 무언가 달랐다. 기존의 개념들이 집약돼 있었지만 그들과는 달랐고 제품을 통해 사람들을 서로 연결시키기 위해서는 이것이 꼭 필요했다. 모그리지는 이 새로운 일을 인터랙션 디자인interaction design이라고 불렀다.

그림 1.1 빌 모그리지. 『Designing Interaction』의 저자이자 최초의 랩톱 컴퓨터인 그리드 컴퍼스의 산업 디자이너 중 한 명으로서 '소프트-페이스'라는 용어에 이어 '인터랙션 디자인'이라는 용어를 만들어냈다.

그로부터 몇십 년이 지나 인터랙션 디자인은 작고 특화된 방법론에서 전 세계의 수많은 사람들이 수행하는 업무가 됐다. 이들 중 많은 사람은 스스로를 인터랙션 디자이너라고 칭하지 않으며, 때로는 자신의 업무가 이 분야의 일부라는 인식이 없을지도 모른다. 최근에는 대학들이 이 분야에 학위를 부여하고 있으며 대부분의 대형 소프트웨어와 디자인 회사, 심지어는 웰스 파고 같은 은행이나 마요 클리닉 등의 병원, 월풀 등의 가전 기기 회사에서 인터랙션 디자인 전문가를 찾을 수 있게 됐다.

1990년대 중반에 상업적인 인터넷이 활성화되고 자동차, 식기세척기, 전화 같이 기존부터 이용하던 기계에 마이크로프로세서를 장착하면서 심각한 인터랙션 문제에 대한 해결책이 필요해졌으며 이에 따라 인터랙션 디자이너의 수요가 폭발적으로 증가했다. 간단한 가전 기기를 비롯해 회사, 가정, 교통수단, 통신 등에 사용되는 일상의 모든 기기들이 디지털 제품으로 변모했다. 매일 사용하던 물품들이 점차적으로 익숙하지 않게 됐다. 한때는 비디오 플레이어의 시계를 맞추는 정도에서만 맞닥뜨리던 혼란스러움이 일상생활 전체로 퍼졌다. 전화 거는 법과 오디오 켜는 법, 컴퓨터 사용법까지 모두 다시 배워야

했다. 주로 다른 영역에서 활동해오던 인터랙션 디자인의 초기 개척자들은 사람들이 새롭게 디지털화된 세상과 인터넷에 어떻게 적응해야 할지 도와줬다. 또한 이들은 끊임없이 새로운 인터랙션 디자이너들의 도움을 받아 그 어느 때보다도 복잡해진 우리의 기기들과 우리의 세상을 정의하고 만들어가는 중이다.

인터랙션이란? 인터랙션 디자인이란?

우리가 매일 훌륭한 인터랙션 디자인과 잘못된 인터랙션 디자인의 실례를 경험하고 있음에도 불구하고 인터랙션 디자인은 정의하기 쉽지 않은 분야다. 그 이유는 인터랙션 디자인이 산업 디자인, 커뮤니케이션 디자인, 인간공학, 휴먼-컴퓨터 인터랙션HCI 등 다양한 관련 분야에서 뻗어 나왔기 때문이다. 또한 인터랙션 디자인의 대부분이 겉으로 보이지 않으며 화면 뒤에서 기능하기 때문이기도 하다. 어째서 기본적으로는 윈도우와 맥 OS X이 같은 일을 수행하고, 조금만 손보면 겉모양까지 똑같이 만들 수 있는데도 그렇게까지 느낌이 다른가? 인터랙션 디자인은 동작behavior에 대한 것이며, 동작은 겉모양에 비해 관찰하거나 이해하기 더욱 힘들기 때문이다. 색깔이 촌스러운 부분을 지적하는 것이 오랜 시간에 걸쳐 사용자를 짜증나게 만드는 미묘한 트랜잭션을 발견하는 것보다 훨씬 쉽다.

인터랙션이란 두 물체 사이에서 벌어지는 교환을 말한다. 일반적으로는 정보의 교환을 말하지만 물건이나 서비스가 교환될 수도 있다. 이 책의 원제가 『Designing for Interaction 인터랙션을 위한 디자인』인 것은 인터랙션 디자이너들이 자신들의 업무를 통해 만들어내야 하는 것이 이 교환 자체이기 때문이다. 인터랙션 디자이너들은 인터랙션의 가능성을 위해 디자인한다. 인터랙션은 사람과 기계와 시스템 간에 다양한 방법으로 일어난다.

인터랙션 디자인을 바라보는 세 가지 방법

인터랙션 디자인을 정의하는 데에는 크게 세 가지 관점이 있다.

- 기술 중심의 관점
- 행동 주의적 관점
- 사회적 인터랙션 디자인의 관점

이 세 가지 관점 모두 인터랙션 디자인을 기술art, 즉 가구 제작 같은 실용예술의 범주로 보고 있다. 이를 과학의 범주에 넣으려고 노력하는 사람도 있었고 실제로 몇 가지 법칙도 만들어졌지만(7장 참조) 인터랙션 디자인은 과학이 아니다. 인터랙션 디자인은 본질적으로 맥락에 의존한다. 문제를 풀기 위해서는 오직 그 제품이 처한 특정한 환경 안에서만 해답을 찾을 수 있다. 예를 들어 1994년의 모자이크 브라우저(그림 1.2)는 훌륭한 인터랙션 디자인 제품이었으나 이제 와서 그걸 컴퓨터에 설치하게 되진 않을 것이다. 인터랙션 디자인은 해당 제품이 존재하는 시간과 맥락상에서만 유용하다.

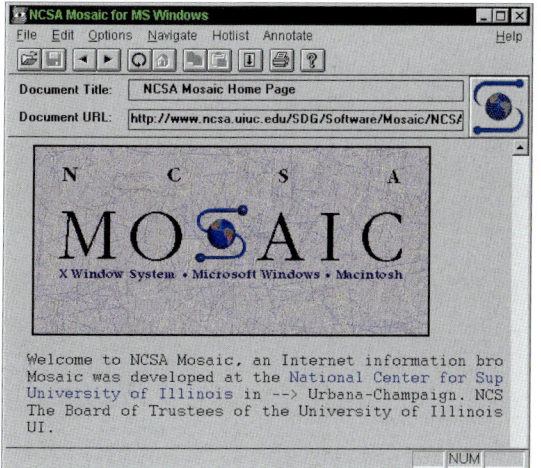

그림 1.2 마크 안드리슨이 디자인한 모자이크 브라우저(넷스케이프 내비게이터의 전신)는 모든 사람들이 웹에 접속할 수 있게 만든 환상적인 걸작이었다. 화면 상단의 '뒤로' 버튼 등, 아직까지 사용되는 인터랙션 디자인의 패러다임을 선보였다.

건축 등의 다른 실용예술 영역들 같이, 인터랙션 디자인은 해당 업무를 달성하기 위한 많은 기법과 방법론을 가지며 유행에 걸맞거나 걸맞지 않는 업무 방식이 있고, 때때로 서로 우위를 차지하기 위해 경쟁한다. 현재는 사용자들과 함께 제품을 만들어나가는 전적인 사용자 중심 디자인이 유행인데, 어느 경우에나 들어맞는 것은 아니며 최근 들어 이 방법론에 의문이 제기되고 있다(2장 참조). 마이크로소프트는 집중적인 사용자 테스트와 리서치를 실시하지만, 혁신적인 인터랙티브 디자인으로 잘 알려진 애플은 이 방법을 거의 사용하지 않는다.

기술 중심의 관점

인터랙션 디자이너는 기술, 특히 디지털 기술을 사람이 사용할 수 있고, 사용할 만하고, 사용하기 좋게 만든다. 소프트웨어와 인터넷의 발전이 인터랙션 디자인 분야의 발전과 맞닿아 있는 것은 이런 이유다. 인터랙션 디자이너는 엔지니어와 프로그래머가 만들어낸 기본적인 기능을 가져다가 사람들이 즐겁게 사용할 수 있는 제품으로 바꾼다.

행동주의적 관점

조디 폴리치와 로버트 라이만은 1999년의 프리젠테이션[1] 「인터랙션 디자이너: 우리는 누구인가, 우리는 무엇을 하는가 & 우리는 무엇을 알아야 하는가」에서 인터랙션 디자인을 '물건, 환경, 시스템(예를 들어 제품)의 동작을 정의하는 일'이라고 간결하게 정리했다. 이 시각은 인터랙션 디자인의 기능성과 피드백에 초점을 맞춘다. 즉 제품과 관계를 맺은 사람들의 행동에 따라 어떻게 동작하고 피드백을 줄까에 대한 것이다.

사회적 인터랙션 디자인의 관점

세 번째로 가장 광범위한 정의는 인터랙션 디자인은 근본적으로 사회적이며 제품을 통해 인간 간의 커뮤니케이션을 만들어낸다는 것이다. 이 관점을 종종 '사회적 인터랙션 디자인'이라고 부른다. 기술은 이 관점에서는 거의 고려대상이

---

[1] http://goodgestreet.com/docs/ALGAForlizzi_Reimann2001.pdf에서 내려 받을 수 있다. - 옮긴이

아니다. 어떤 물체나 기기든지 사람 간의 연결을 만들어낼 수 있다. 이 연결은 다양한 형태를 가진다. 이는 전화 통화의 일대일 연결일 수도 있고, 블로그의 일대 다수의 연결일 수도 있고, 주식시장의 다수 대 다수의 연결일 수도 있다.

왜 인터랙션 디자인인가?

디자인이라는 단어는 사용하기 어려운 단어다. 디자인 역사가인 존 헤스켓의 악명 높은 문장을 인용하자면 디자인이란 디자인을 만들어내기 위한 디자인을 디자인하는 것이다.

 사람들은 디자인에 대해 많은 선입견을 갖는데, 이중에는 디자인을 장식 디자인이나 스타일링 같이 물건의 생김새를 디자인하는 것으로만 한정하는 경우도 있다. 심미적인 부분을 강조하는 데에는 아무 문제가 없지만 디자인은 그보다 더 넓은 무언가가 될 수도 있다. 커뮤니케이션(그래픽) 디자인과 산업 디자인으로부터 인터랙션 디자이너들이 채택한 업무 방식들이 도입됐다. 인터랙션 디자인이 받아들인 몇 가지 접근법을 소개한다.

사용자에게 집중한다

디자이너들은 사용자가 제품을 만든 회사의 운영이나 구조에 대해서는 이해하지도 않고 신경도 쓰지 않는다는 사실을 안다. 그들은 자신의 한계 안에서 업무를 진행하고 목표를 달성할 수 있는지에만 신경을 쓴다. 디자이너는 최종 사용자의 대변인이다.

대안을 찾는다

디자인을 한다는 것은 다양한 옵션 중에서 하나를 선택하는 것이 아니다. 이는 선택지를 새로 만들어내고, 두 개의 마음에 들지 않는 옵션에서 하나를 고르는 대신 세 번째 옵션을 찾아내는 일이다. 문제에 대해 다양한 가능성을 창조하는 것이 디자이너가 다른 직업들과 차별화되는 부분이다. 예를 들어 구글의 애드워즈AdWords를 생각해보자. 구글은 돈을 벌어들이는 데 광고가 필요했지만 사용자들은 전통적인 배너 광고를 싫어했다. 디자이너들은 제3의 해결책으로 문자 광고라는 방법을 생각해냈다.

구상화와 프로토타이핑을 이용한다

디자이너들은 해답을 찾기 위해 브레인스토밍을 한 후, 가장 중요하게는 해답을 테스트해볼 수 있는 모델을 실제로 만들어본다(그림 1.3). 물론 과학자나 건축가, 심지어는 회계사도 모델을 만들지만 디자인과는 결정적인 차이점이 있다. 디자인 프로토타입은 확정된 것이 아니다. 어떤 특정한 프로토타입도 해답 그 자체를 만들어낼 필요는 없다. 이는 단지 많은 해답 중의 하나일 뿐이며 하나의 제품을 위해서 다양한 프로토타입을 만드는 것은 드문 일이 아니다. 오리지널 팜 파일럿의 디자이너였던 제프 호킨스는 디바이스에 꼭 맞는 사이즈, 적당한 형태, 적당한 무게를 찾아낼 때까지 다양한 나무토막들을 들고 다니면서 그 위에 쓰는 시늉도 해보고 셔츠 포켓에 넣어 다니기도 했다고 알려졌다.

그림 1.3 인터랙션 디자이너들은 컨셉을 테스트하기 위해서 다양한 충실도의 프로토타입을 만들고(는 버려 버릴) 계획을 세워야 한다.

서로 협력하고 제약상황을 고심한다

혼자서 일하는 디자이너는 거의 없다. 디자이너들은 일반적으로 자신이 상상하는 물건을 만들어내기 위해서 (돈, 재료, 개발자, 프린터 등) 다양한 자원을 필요로 하며 이 자원들로부터 디자인의 제약이 생긴다. 필요한 모든 자원을 무한대로 쓸 수 있는 백지 위임장을 받는 경우는 매우 드물다. 그들은 제품의 사업적 목표를 달성하고 팀원들과 협력하며 마감기한을 지켜야 한다. 디자인은 거의 언제나 팀 작업이다.

적절한 해결책을 찾는다

대부분의 디자이너들은 특정한 시간에 사용되는 특정한 프로젝트를 충족시키기 위한 해답을 만들어낼 뿐이다. 물론 이들은 한 프로젝트에서 다른 프로젝트로 경험과 지혜를 옮기지만, 궁극적인 해답은 해당 문제와 상황에 한정해서 존재한다. 물론 이들이 얻은 해답(제품)이 다른 상황에서 사용되지 못하리라는 건 아니다. 지난 경험에 비춰보아 이런 사례는 많았고 앞으로도 많을 것이다. 그러나 똑같은 해답이 다른 프로젝트에 완전히 복제될 수는 없다. 아마존은 훌륭한 전자상거래 모델이지만 전체를 똑같이 복제해서 다른 곳에 사용할 수는 (일부만이라면 당연히 가능하겠지만) 없다. 대부분의 기능은 아마존 사이트라는 맥락에 가장 잘 들어맞는다. 디자인은 상황에 맞아야 한다.

넓은 범위의 영향을 받는다

디자인은 심리학, 인간공학, 경제학, 공학, 건축학, 예술 등의 대단히 많은 영역에 맞닿아 있으므로 영감을 얻고 해답을 찾기 위해 이런 다양한 영역의 아이디어를 차용한다.

감성을 섞는다

분석적인 사고에서 감성이란 논리와 올바른 해답을 선택하는 일을 방해하는 듯이 생각된다. 디자인에 있어 감성적인 구성요소가 결여된 디자인은 생명력이 없고 사람과 연결되지 못한다. 감성은 디자인 결정에 사려 깊게 추가돼야 한다. 기발함이 빠진다면 폭스바겐 사의 비틀은 어떤 모양이었겠는가?

인터랙션 디자인의 아주 짧은 역사

일반적으로 빌 모그리지가 1990년에 '인터랙션 디자인'이라고 이름 붙인 것이 이 분야의 시초라고 생각되곤 하지만, 이는 사실이 아니다. 인터랙션 디자인은 아주 오래전, 어떤 유형적 방법론도 없던 시대에 시작됐다. 선사시대에 아메리카 인디언들이 다른 부족과 연기 신호를 통해서 장거리 통신을 하거나 켈트와 이누이트 족이 이눅슈크, 혹은 케이언이라는 돌로 된 표지를 이용해서 시간차가 있는 커뮤니케이션을 할 때 이미 존재했던 것이다(그림 1.4).

그림 1.4 현대의 케이언. 고대에 케이언은 산길 표시, 방향 지정, 그리고 매장지의 표시 등 다양한 목적으로 이용됐다.

1830년대에서 1940년대까지

오랜 시간이 지나 1830년대 중반, 사무엘 모르스가 언어를 간단한 전기 신호로 바꿔서 먼 지역에 있는 사람들과 커뮤니케이션 할 수 있는 시스템을 만들었다(그림 1.5). 이후 50년간 모르스 부호와 전신기는 전 세계로 퍼져 나갔다. 모르스는 전신기뿐 아니라 전신기 시스템으로부터 이를 코드로 바꿔 두드리는 메커니즘, 그리고 전신기사의 훈련에 이르기까지, 이를 사용하는 전체 시스템을 함께 고안해냈다. 물론 모든 것이 하룻밤에 이뤄지지는 않았지만 전신기는 최초의 원거리 커뮤니케이션 기술이었으며 인쇄기와는 달리 지나치게 복잡해서 오직 일부의 사람들만이 이를 설치하고 사용할 수 있었다. 그러므로 제작자가 사용을 위한 시스템까지 모두 디자인해야 했다.

그림 1.5 모르스 부호 변환기. 전신기는 세계를 연결한 최초의 테크놀로지 시스템이다. 말하자면 빅토리아 시대의 인터넷이랄까.

이와 비슷하게 전화에서 라디오, 텔레비전에 이르는 대중적인 커뮤니케이션 기술이 만들어질 때에는 기술자들이 사용을 위한 시스템과 인터페이스까지 모두 디자인해야 했다. 전화기, 라디오, 텔레비전 수상기 같은 수신기뿐 아니라 전화 교환기, 마이크로폰, 텔레비전 카메라, 컨트롤 부스 등에 이르기까지 메시지를 제작하고 발송하는 데 이르는 모든 시스템 인터페이스가 필요했다. 이런 모든 부속품들은 인터랙션 디자인을 필요로 했다. 당시에는 물론 그런 이름으로는 불리지 않았지만 말이다. 어쨌든 기술을 처음 개발한 엔지니어가 해당 플랫폼이나 기기를 위한 첫 번째 인터랙션 디자이너가 되는 것이 일반적이었다.

그러나 이런 기술에 의해 만들어진 기계들은 그저 기계였을 뿐이었다. 이 기계들은 인간의 입력에 반응하긴 했지만 그다지 정교한 방식은 아니었다. 이 당시의 기계류는 스스로 사용되고 있다는 인식 체계가 없었다. 이를 위해서는 컴퓨터가 나와야 했다.

1940년대부터 60년대까지

에니악ENIAC과 그 유사품들로부터 시작된 첫 번째 컴퓨터의 물결은 공학의 산물이었지 디자인의 산물이 아니었다. 사람들은 이를 쓰기 위해 스스로 적응했고 그 반대는 존재하지 않았다. 다시 말하면 기계어를 사용했지 인간의 언어는 사용하지 않았다. 초기에는 컴퓨터에 무언가 입력하려면 케이블을 연결하는 데에만 며칠씩 걸렸고 나중에도 기계가 읽을 수 있는 형태인 천공 카드나 종이 테이프를 준비하기 위해 몇 시간씩 필요했다. 이 종이더미가 인터페이스였다(그림 1.6). 기술자들은 초기의 컴퓨터를 더 쓸만하게 만들기 위한 디자인 문제에는 거의 노력을 기울이지 않았다. 대신 그들은 컴퓨터를 더 빠르고 더 강력하게 만들었으며 컴퓨터는 더 복잡한 계산 문제를 풀 수 있게 됐다.

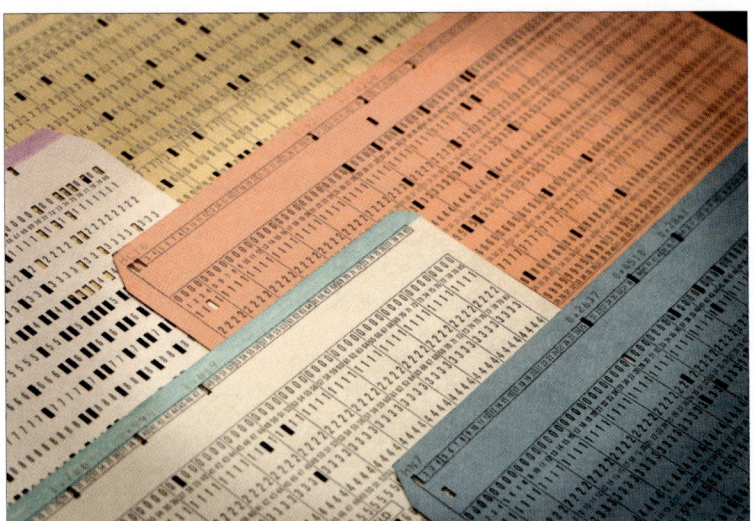

그림 1.6 천공 카드: 컴퓨터를 위한 최초의 인터페이스 중 하나이자 데이터 저장의 역할도 했다. 대부분은 1980년대에 입력창과 그래픽 유저 인터페이스로 대체됐다.

컴퓨터 공학 분야에서 이런 일들이 벌어지던 것과 비슷한 시기에 인터랙션 디자인에 영향을 주게 된 다른 분야도 자라났다. 헨리 드레퓌스 같은 기술자와 산업 디자이너들이 모여 다양한 크기와 형태의 사람에 맞춰 제품을 디자인하는 인간공학human factor이라는 새로운 분야를 만들었다. 인체공학ergonomics 분야는 작업자의 능률과 안전을 고려해 가장 효율적인 작업 결과를 도출하는데 초점을 맞췄다. 인지심리학cognitive psychology은 인간의 학습과 문제 해결 능력에 초점을 맞추는 학문으로 앨런 뉴웰과 조지 밀러 등의 학자들이 이끌었다.

1945년 바네버 부시가 쓴 매우 독창적인 저술인「As We May Think생각하는 대로」(1936년에 썼다고 알려졌다)[2]가「월간 아틀랜틱Atlantic Monthly」지에 게재됐다. 여기서 저자는 책, 음반, 그리고 대화를 저장하는 마이크로필름 기반의 기기 메멕스Memex를 소개했다. 이는 기계식 장치로서 굉장한 속도와 유연성을 상징했다.

이 기기는 원격으로 조작은 가능했지만 책상에 붙어 있는, 하나의 가구 형태를 취했다. 윗면에는 경사가 진 스크린이 붙어 있어 여기에 영사된 컨텐츠를 편히 읽을 수 있다. 여기에는 키보드와 버튼, 레버가 달려있었던 것 외에는 일반 책상과 생김새가 비슷했다.

메멕스(그림 1.7)는 부시가 생각한 인간의 기억을 확장하는 장치였다. 단지 컨셉이기는 했지만 하이퍼텍스트와 데스크톱 컴퓨팅 시스템에 대한 초기 아이디어 중 하나였다. 이 아이디어는 1960년의 더글라스 엥겔바트와 테드 넬슨을 필두로, 세대를 넘어 인터랙션 디자이너들에게 영향을 미쳤다.

그림 1.7 바네버 부시의 메멕스 기기 이미지 중 하나. 1945년의「라이프(Life)」지에 등장했다. 입력장치로 스타일러스가 사용된 것에 주목하자. 몇십 년이나 시대를 앞서간 아이디어였다.

1960년대에서 70년대까지

---

2 http://www.theatlantic.com/doc/194507/bush에서 내용을 읽을 수 있다. - 옮긴이

컴퓨터가 더욱 강력해지면서 공학자들은 1960년대에 컴퓨터를 사용하는 인간에게 초점을 맞추기 시작하고 기계를 사용하는 새로운 방법과 새로운 입력 장치를 고민하기 시작했다. 공학자들은 컴퓨터의 전면에 컨트롤 패널을 장착하고 일련의 복잡한 스위치들을 써서 입력할 수 있게 했다. 일반적으로는 그룹으로 일괄 처리되는(배치 프로세스라고도 한다) 천공 카드 세트가 이용됐다.

1960년에 테드 넬슨이 좀 더 간단한 유저 인터페이스를 갖는 컴퓨터 네트워크를 만들기 위한 재너두Xanadu 프로젝트에 착수했다. 이 연구는 결국 끝을 맺지는 못했지만 하이퍼텍스트 시스템에 대한 최초의 시도였다. 넬슨은 사실 '하이퍼텍스트'라는 용어를 1963년에 처음 지어냈다.

1963년에는 아이번 서덜랜드의 스케치패드가 발표됐다. 이는 입력장치로 광학 펜을 사용하고 그래픽 유저 인터페이스를 갖춘 최초의 컴퓨터 프로그램이었다. 스케치패드를 이용해 사용자는 가로, 세로 선을 긋고 이들을 합쳐 도형과 형태를 그릴 수 있었다. 서덜랜드는 또한 1968년에 '다모클레스의 칼Sword of Damocles'로 불리는, 최초로 알려진 가상 현실 시스템을 만들었다(머리에 쓰는 형태의 디스플레이가 너무 무거워서 이를 벽에 부착해놓고 사람이 거기 머리를 끼웠어야 했다는 것에서 이 이름이 유래했다).

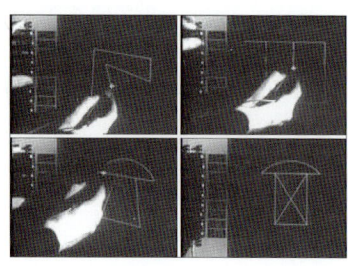

그림 1.8 아이번 서덜랜드의 스케치패드. 스케치패드의 가장 혁신적인 점은 사용자들이 개별적으로 복제할 수 있는 '마스터' 드로잉이 존재한다는 것이었다. 만약 사용자가 이 마스터 이미지를 바꾸면 이 마스터를 사용한 다른 드로잉들도 모두 함께 바뀐다.

1965년경 시간 분배형 메인프레임 컴퓨터를 사용하는 여러 명의 유저들 간의 커뮤니케이션을 위해 최초의 킬러 애플리케이션인 이메일이 고안됐다. 1966년에 이르러 이메일은 다른 컴퓨터를 쓰는 유저들 간에 메시지를 교환할 수 있게 발전했으며, 1971년에 이르러서는 인터넷의 전신 알파넷ARPANET, Advenced Research Project Agency Network을 통해 이메일이 오갔다. 여전히 사용되는 이메일 표준(이메일 주소를 표시하는 @기호 등)을 개발한 레이 톰린슨이 서로 다른 호스트 시스템을 통해 전달한 최초의 이메일은 "QWERTYUIOP"라는, 별로 중요하지 않은 내용이었다고 전해진다.

알파넷은 미국 국방성 기관인 ARPA에 의해 개발돼 전 세계를 잇는 인터넷의 전신이 됐다. 1962년 J. C. R. 리클라이더가 '우주 간 컴퓨터 네트워크'라는 개념으로 설계한 이 망은 1969년 11월 21일 UCLA 대학교와 스탠포드 대학교 간에 최초로 연결됐다. 처음 알파넷의 의도는 그렇지 않았으나 결과적으로는 인터랙션 디자인이 피어난 플랫폼이자 매개체인 인터넷의 시작이 됐다.

1968년, 더글라스 엥겔바트가 '모든 데모의 어머니The mother of all demos'[3](그림 1.9)로 알려진 90분짜리 발표를 했다. 여기서 엥겔바트는 지난 몇 년간 자신이 진행해온 작업을 선보임으로써 그 뒤 20년간의 인터랙션 디자인을 만들어냈다. 최초로 마우스가 일반에게 공개됐을 뿐 아니라, 엥겔바트는 우리가 아직도 사용하고 있는 엄청나게 다양한 인터랙션 디자인의 패러다임들을 선보였다. 포인트와 클릭, 하이퍼링크, 잘라내기와 붙이기, 그리고 네트워크 협업 등이다.

그림 1.9 1968년 12월 9일, 더글라스 엥겔바트의 '모든 데모의 어머니'가 샌프란시스코의 가을 연합 컴퓨터 컨퍼런스에서 발표됐다. 엥겔바트는 천여 명의 청중 앞에서 마우스, 비디오 컨퍼런스, 이메일, NLS(oNLine System) 상에서의 하이퍼텍스트를 선보였다.

여기서 소개된 많은 패러다임들은 1970년에 세워진 제록스 파크PARC, Palo Alto Research Center에서 꽃을 피웠다. 당시 제록스 파크의 연구소장 밥 타일러는 연구원들에게 컴퓨터를 연산용 기기가 아니라 커뮤니케이션 기기로 생각하라고 요구했다.

제록스 파크는 제록스 알토(그림 1.10)와 제록스 스타 등의 대표적인 제품을 통

---

3 http://sloan.stanford.edu/MouseSite/1968Demo.html에서 내용을 볼 수 있다. - 옮긴이

해 이 업계에 전설적인 영향을 끼쳤다. 이 제품들을 통해 작업창(윈도우)과 아이콘, 데스크톱 메타포로부터 위지윅WYSIWYG 텍스트 편집에 이르는 거의 모든 개념을 선보였다. 앨런 케이 등의 연구원들은 1968년에 공개된 최초의 랩톱 컴퓨터인 다이나북을 만들었으며 래리 테슬러와 팀 모트는 데스크톱 메타포와 잘라내기, 붙이기라는 오늘날의 인터랙션 표준들을 작업했고 로버트 멧칼프는 1973년에 이더넷Ethernet 네트워크를 고안했다.

그림 1.10 제록스 알토, 데스크톱 메타포를 최초로 사용한 최초의 개인용 컴퓨터 중 하나다.

스티브 잡스가 제록스 스타의 데모를 본 후 이 혁신적인 개념들을 뒤이어 나온 애플 리사와 매킨토시에 적용했다는 이야기는 이미 유명하다.

1970년대 중반에는 마이론 크루거의 비디오플레이스 같은 실험을 통해 가상현실 경험과 동작 인식 인터페이스, 그리고 최초의 상업용 터치스크린 기기가 만들어졌다.

1970년대는 또한 퐁(1972)과 아타리 2600 게임콘솔(1977) 등을 통해 컴퓨터 게임 산업이 시작된 시기이기도 하다. 이는 1970년대의 또 다른 대중적 경향을 반영한다. 컴퓨터 하드웨어에 대한 관심이 소프트웨어로 옮겨갔으며, 특히 컴퓨터 과학자와 엔지니어 자신, 혹은 고급 사용자가 만든 소프트웨어보다는 일반인을 위한 소프트웨어에 관심이 부쩍 높아졌다. 1970년대의 디자이너와 기술자들은 (1950년대에 시작된) 커맨드라인 인터페이스를 개선하고 확장함으로써 최초의 스프레드시트 소프트웨어인 비지칼크VisiCalc나 1978년에 발표돼 대히트를 기록한 워드프로세서인 워드스타WordStar(그림 1.11)를 만들어냈다.

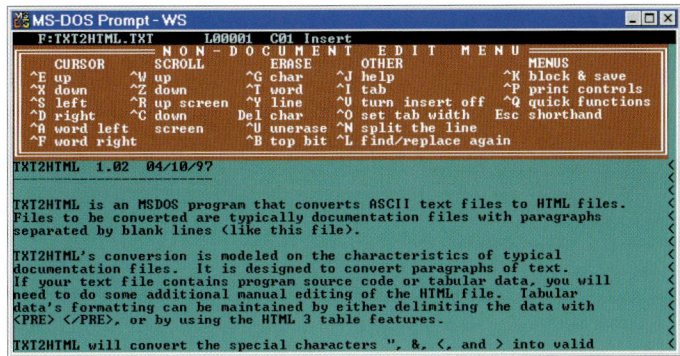

그림 1.11 워드스타와 그 계열제품들은 프로그래머가 아닌 일반인을 대상으로 디자인된 최초의 상용 소프트웨어였다. 워드스타는 1978년 처음 출시 이후부터 1990년대 초에 마이크로소프트 워드에 그 왕좌를 넘기기까지 워드프로세서 시장을 독점했다.

1980년대

사용자에 대한 강조는 1980년대에 그래픽 유저 인터페이스의 발전을 통해 열매를 맺었다. 애플 컴퓨터는 그래픽 유저 인터페이스를 갖춘 최초의 컴퓨터 리사(그림 1.12)와 그 뒤를 이어 크게 대중적인 성공을 거둔 매킨토시를 통해 이를 선도했다. 제록스 파크에서 그랬듯이 리사와 매킨토시의 인터랙션 디자인 또한 공동작업으로써 제이 마운트포드, 제프 래스킨, 빌 앳킨슨 등의 디자이너가 참여했다.

1980년대는 개인용 컴퓨터의 시대였다. 처음으로 대부분의 사람들이 자신만의 컴퓨터로 일하게 됐고, 이에 따라 1970년대보다도 더 컴퓨터와 훨씬 밀접한 일대일 관계를 맺었다. 1981년에는 오스본1 같은 초기의 휴대용 컴퓨터가 선보였다. 기계의 연산 처리 속도와 파워가 증가함에 따라 미치 케이퍼의 로터스 1-2-3(1983) 같은 복잡도 높은 소프트웨어의 사용이 가능해졌다.

그림 1.12 매킨토시에 앞서 나온 애플의 리사는 더 강력하고 여러 가지 의미에서 더욱 앞선 제품이었지만, 상업적으로는 실패했다.

기기가 점점 더 복잡한 계산을 처리할 수 있게 되자 소위 '비디오 게임' 혹은 '아케이드 게임'들이 발전할 여지가 생겨났다. 세가 제네시스(1989)나 수퍼 닌텐도 게임기(1990) 같은 게임 콘솔들은 대중의 인기를 끌 만한 참신한 그래픽과 훌륭한 성능을 자랑했다. 이에 맞춰 '현대 비디오 게임의 아버지'이자 마리오, 젤다의 전설, 동키 콩의 제작자인 전설적인 미야모토 시게루 같은 게임 디자이너들이 나타났다. 게임은 기존에 존재하던 더 '전통적'이고 '전문적'인 데스크톱용 애플리케이션과 평행을 이루는 별개의 인터랙션 디자인 패러다임을 만들어냈다. (모바일과 터치스크린 기기들이 이와 비슷하게 별개의 새로운 디자인 패러다임을 가진다.)

1980년대 중반에는 WELL(1985)이나 프로디지(1988) 등의 게시판 시스템BBS이 등장해 전화 모뎀을 사용하는 컴퓨터 단말기를 통해 사람들 간에 이메일이나 메시지를 남길 수 있게 했다.

1980년대 후반에 제록스 파크의 마크 와이저와 존 실리 브라운이 요즘에는 유비쿼터스 컴퓨팅, 혹은 유비콤프Ubicomp라고 알려진 개념을 만들었다. 이것이 실제로 이뤄지기까지는 20년의 시간이 필요했으나 이제 우리는 이 시대를 맞이하고 있다(9장 참조).

1990년대

본격적으로 네트워크 컴퓨팅 시대가 열리고 인터랙션 디자인이 공식 분야로 정립되기 시작한 시기는 1990년대부터다. 모뎀만 있으면 세계 어디서나 누구나 하이퍼텍스트 문서에 접속할 수 있게 하는 월드와이드웹과 이메일의 광범위한 이용은 그 최전선에서 더 개선된 인터랙션 디자인에 대한 요구를 불러 일으켰다. 마크 안드리슨Marc Andreessen이 만든 모자이크Mosaic 브라우저(1993)는 '뒤로가기' 버튼 같은 중요한 패러다임들이 담긴 중요한 인터랙션 디자인 작품이다.

이런 공공의, 상업적 인터넷의 등장이 세상을 얼마나 바꿨는지, 인간과 컴퓨터, 심지어 인간과 정보 사이의 관계를 얼마나 변화시켰는지는 아무리 말해도 모자랄 것이다. 초기의 웹은 그 전시대의 데스크톱 컴퓨터가 그랬듯이 무한한 인터랙션의 열린 가능성을 갖고 있었다. 또한 웹은 어도비의 플래시 같은 기술과 더불어 스크롤바나 버튼 같은 기본 조작 외에도 온갖 가능성의 실험장이 됐다. 1990년대 말에 웹 표준이 등장하면서 웹은 플랫폼으로서 자리잡기 시작했다.

또한 이와 동시에 공학자와 디자이너는 더 작고 값싸고 더 강력한 센서와 마이크로프로세서를 만들어내 자동차, 가전 제품, 전자 기기 등 이전에는 컴퓨터로 여기지 않던 물건들에 사용하기 시작했다. 이에 따라 이 물체들은 이전에 할 수 없던 동작을 하기 시작했다. 이들은 이전에는 상상하기 어려웠던, 환경에 대한 인식과 자신들이 어떻게 사용되고 있는지를 표현한다. 차는 장착된 엔진의 상태를 자체적으로 감지하고 문제가 발생하기도 전에 운전자에게 이상을 알린다. 오디오는 연주되는 음악에 맞춰 세팅을 조정한다. 식기세척기는 식기가 얼마나 더러운지에 따라 세척 시간을 조절한다. 이런 모든 행동들은 디자인돼야 하고, 또한 이 제품을 이용하는 인간들과 커뮤니케이션할 수 있어야 한다.

사람들 사이의 인터랙션을 돕는 다른 기술들은 대부분 놀이 공간에서 사용된다. 가라오케(그림 1.13)는 중국과 일본에서 시작해서 미국에 이르는 술집에 퍼졌다. 댄스 댄스 레볼루션 같은 아케이드 비디오 게임은 군중 앞에서 자신을 드러내도록 했다. 컴퓨터로 하는 온라인 게임이나 소니 플레이스테이션 같은 게임 콘솔은 새로운 방식의 경쟁과 협력을 가능하게 했다. 에버퀘스트나 심즈 온라인 같은 온라인 게임 커뮤니티들은 오프라인 국가에 맞먹는 정교한 가상의 경제를 발생시켰다.

휴대폰과 모바일 기기들은 1980년대부터 있었지만 1990년대에 들어와 폭발적으로 대중에게 보급됐다. 오늘날 몇억 명의 사람들이 모바일 기기를 들고 다닌다. 휴대폰은 이동 중에 통화를 할 수 있다는 간단한 수단으로 시작됐지만 오늘날에는 데스크톱 컴퓨터에 걸맞는 대량의 디지털 기능을 갖는다. 개인 디지털 보조장치PDA, Personal Digital Assistants는 1995년 최초로 시도된 애플 사의 PDA였던 뉴톤이 실패하면서 불안하게 시작했지만 결국은 팜 파일럿과 블랙베리 PDA를 이끌어냈다.

그림 1.13 미국에서는 아직 약간 농담거리지만 가라오케 기기야말로 인터랙션 디자인의 극적이고 훌륭한 실례다. 가라오케 기기는 친구들과 감성적인 공유를 이끌어낸다.

2000년부터 현재까지

새로운 밀레니엄은 소셜네트워크와 유비쿼터스 컴퓨팅의 시대로 귀결됐다. 이제는 대부분의 사람들이 기계와 일대일의 관계를 맺는 대신 많은 기기들과 상호작용하거나 네트워크를 통해 인터넷과 연결된다. 2003년부터 노트북이 데스크톱 시스템의 판매량을 넘어서기 시작했고, 2009년에는 사람들이 모바일 기기를 사용해 웹에 접속하는 숫자가 전통적인 컴퓨터를 통해 웹에 접속하는 숫자와 거의 맞먹게 됐다. 곧 이 숫자는 전통적인 컴퓨터의 숫자를 뛰어넘게 될 것이다.

인터넷이 성장함에 따라, 인터넷 환경을 만들고 이끌어온 기술도 함께 성장해나갔다. 1990년대 말부터 인터넷에서는 컨텐츠를 읽기보다는 행동, 즉 실시간 주식 거래, 새로운 친구(혹은 오래된 친구) 찾기, 물건 판매, 실시간 데이터 관리, 사진 공유, 컨텐츠를 통해 사람들 사이를 연결하는 일 등이 더욱 중요해졌다. 인터넷은 또한 인스턴트 메신저나 VoIP Voice over Internet Protocol(그림 1.14), 트위터 같이 새로운 커뮤니케이션 방식을 제공한다.

그림 1.14 스카이프는 인스턴트 메신저의 친구 목록이라는 익숙한 패러다임을 받아들이고 이를 VoIP와 연결함으로써 사람들이 인터넷을 통해 통화할 수 있게 했다.

인터넷은 또한 마이크로소프트의 도스DOS가 한때 그랬듯이 애플리케이션 플랫폼이 됐으며 도스와는 달리 인터넷상의 애플리케이션은 인터넷을 통한 수많은 새로운 요소들의 혜택을 누렸다. 지구 외의 외계 지성체를 가장 먼저 찾기 위해 경쟁하는 SETI@home 프로젝트처럼 협력적인 활동, 아마존의 '이 물건을 산 사람들이 구매한 다른 물건' 기능 같이 다수의 사람들로부터 모은 데이터, 온라인 사진 공유 사이트인 플리커처럼 광범위한 소셜 커뮤니티, XML과 RSS 피드를 통한 수많은 데이터 소스의 수집, 주식 시세나 뉴스처럼 시간에 민감한 데이터들을 실시간으로 확인하거나 블로그나 유튜브를 통해 이런 컨텐츠를 쉽게 공유하는 일도 가능해졌다.

광대역 연결망과 와이파이 무선 네트워크에 접속할 수 있는 모바일 기기를 통해 인터넷에 접속하는 일은 사람들이 할 수 있는 인터랙션의 방식과 인터랙션하는 장소를 바꿔놓았다. 우리가 사는 도시와 공간들은 지리정보 서비스의 플랫폼이자 정보원이 됐다. 서비스 자체가 인터랙션 디자인의 영향을 받기 시작했다(1장 후반부의 '제품과 서비스' 절 참조).

닌텐도의 위Wii 같은 동작 인식 인터페이스와 애플의 아이폰 등의 터치스크린 기기는 스크린을 두드리거나 공간에 특정한 포즈를 취해 기기에 명령을 보낼 수 있게 됨으로써 인터랙션 디자인에 완전히 새로운 시대를 열었다.

인터랙션 디자이너에게 이보다 좋은 때는 없었다. 이 분야의 미래(9장 참조)는 많은 도전과 많은 가능성을 지니고 있다.

인터랙션의 역사와 미래: 마크 레틱 인터뷰

마크 레틱(Marc Rettig)은 디자이너이자 교육자이고 연구자이며 피트 어소시에이트의 창시자이자 대표다. 그는 카네기 멜론의 디자인 대학원과(2003년 디자인과의 니렌베르그 학장을 맡았다) 시카고 디자인 스쿨(IIT)의 교수였으며 해너호지 사에서 사용자 경험 부분을 총괄하는 '최고 경험 책임자(Chief experience officer)'와 캠브리지 테크놀로지 파트너스의 사용자 경험(UX) 디렉터로 일했다.

▶ **언제 인터랙션 디자인의 역사가 시작됐나요?**

나는 제록스 파크가 만들어낸 스타 인터페이스를 자각을 가지고 인터랙션 디자인을 한 초기 사례로 생각합니다. 스타 인터페이스의 발표는 유사한 방식의 시도들이 시작되는 데에 영향을 미쳤습니다. 일례로 프로그램을 하나의 그림으로 설명한다는 아이디어는 그때 처음 시작됐습니다. 우리는 이를 '아이콘'이라고 부르며, 당시 인터페이스 요소를 그 아래 숨겨진 의미와 연결하는 것이 얼마나 획기적인 일이었는지 이제는 잊고 말았습니다. 스타 프로젝트는 1970년대 초기부터 중기까지 진행됐습니다만 관련 문서들은 여전히 꼭 읽어 볼만한 가치가 있습니다.

▶ **인터랙션 디자인에 가장 크게 영향을 준 분야는 어디일까요?**

지금 사용되는 방식이라면 소프트웨어 개발과 그래픽 디자인입니다. 어떤 면에서는 산업 디자인에서도 영향을 받았고 심리학과 인적 요소, 그리고 경영학도 인터랙션 디자인에 조금 영향을 미쳤다고 생각합니다.

하지만 이보다 많은 분야에 관심을 기울여야 한다고 생각합니다. 영화 제작과 영화관, 생물학, 카운슬링과 테라피(습관과 감성적인 관점을 살피는 전문가라는 점에서), 아마도 문화인류학 등이 그것입니다. 또한 진짜 중요한 언어학이 있습니다. 아직 아무도 제대로 파지 않은 언어학의 새로운 분야는 디자인 인터랙션의 언어학입니다.

▶ **인터랙션 디자이너가 인터랙티브하지 않은 도구로부터 무얼 배울 수 있을까요?**

이 질문을 약간 바꿔서 인터랙션 디자이너는 대화를 관찰하듯이 도구의 사용을 관찰해야 한다고 생각합니다. 모든 것에는 어쨌든 입력과 출력이 있으며, 이런 관점에서 '인터랙티브'와 '인터랙티브하지 않은' 도구 간의 경계는 사라져야 할 것 같습니다.

인터랙션 디자인이란 사람들이 사물과 이벤트에 부여하는 의미에 대한 것이며, 사람들이 자신들의 의미를 어떻게 표현하는지에 대한 것이기도 합니다. 그러므로 그 도구가 인터랙티브하든 그렇지 않든 간에 사람들이 모든 도구에 대해 어떻게 반응하는지로부터 배울 수 있습니다. 사람들이 그 도구에 말을 거는 것을 들을 수 있고, 사람들이 그 도구의 형태, 색깔, 포지셔닝, 소리, 자국, 동작의 모든 영역을 어떻게 받아들이는지 발견할 수 있을 것입니다. 사람들이 그것이 닳아 해질 때까지 소중히 아끼는 것을 볼 수도 있고, 사람들이 그것을 싫어하고 무시하거나 던져버리거나 팔아버리는 것도 볼 수 있을 겁니다. 또한 자신이 한 번도 생각해본 적이 없던 방식으로 생각하는 누군가를 만난다면 그로부터 많은 것을 배우게 될 것입니다.

나는 가르칠 때 찻주전자를 예로 들곤 합니다. 왜냐하면 손잡이 하나짜리 찻주전자는 우리에게 참 익숙한 도구이면서 정확한 용도가 있고 예측 가능하며 정해진 방식으로만 인터랙션합니다. 찻주전자의 실제 사용 행태를 관찰해보면 찻주전자가 사용자에게 알리고 싶어하는 것들이 적지 않음을 깨닫게 됩니다. 하지만 찻주전자가 스스로 "뜨거워졌는데 물이 담겨있지 않아요.", "애들 코코아를 타기에 딱 좋은 온도로 물이 데워졌어요.", "손대지 마세요, 너무 뜨거워요.", "닦을 때가 됐어요." 라고 말하게 하는 경우는 많지 않지요. 나는 찻주전자 같은 물건에 진지한 인터랙션 디자인 방식을 도입하는 기회를 만나는 것을 좋아합니다.

인터랙션 디자인을 둘러싼 다양한 분야

인터랙션 디자인이 별도의 분야로 인식된 지는 20년이 조금 되지 않는다. 아직 신생 분야로서 자신의 위치를 유사 분야인 정보 구조IA, Information Architecture, 산업 디자인ID, 시각(혹은 그래픽) 디자인, 사용자 경험UX 디자인, 인간공학HF 등과 구분 지어가고 있다. 또한 이 다른 분야 중 일부는 역시 새로운 분야로서 자신들의 범위를 개척해가거나 기존의 디자인 영역의 범위를 변화시킨다. 이 관계에 대해서 그림 1.15를 통해 설명한다.

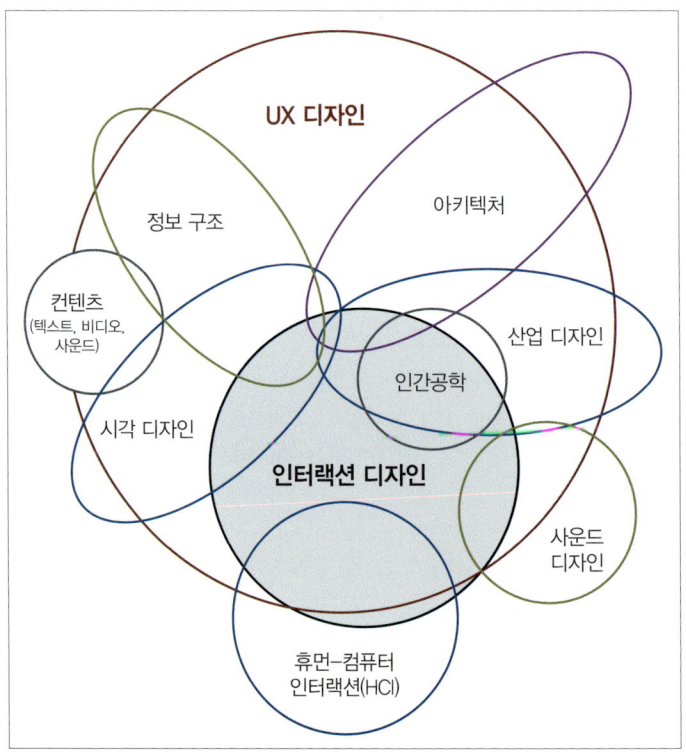

그림 1.15 인터랙션 디자인을 둘러싼 다양한 분야

그림에서 보듯이, 대부분의 분야들은 어느 정도 UX 디자인의 영역 아래 위치한다. UX 디자인이란 시각 디자인, 인터랙션 디자인, 사운드 디자인 등 사용자가 제품과 만나는 모든 접점을 살펴보고 이들이 조화를 이루도록 해야 하는 분야다.

정보 구조는 정보의 구조화를 다룬다. 사용자들이 원하는 정보를 찾기 위해서 컨텐츠를 어떻게 구조화하고 이름지을 것인지에 대한 분야다. 야후 사이트는 수많은 컨텐츠 영역에 제목을 붙이고 분류해 정보 설계에 대한 훌륭한 그림을 보여준다. 시각 디자인은 컨텐츠와 소통하기 위해 시각적인 언어를 만들어낸다. 웹사이트나 책 등의 인쇄물의 폰트, 컬러, 레이아웃 등이 시각 디자인의 일례다. 산업 디자인은 형태에 관한 것이다. 사물이 기능적으로 잘 작동할 뿐만 아니라 자신의 용도를 사용자에게 알릴 수 있는 외형을 갖게 만드는 것이다. 의자, 테이블, 냉장고 등의 물리적인 형태가 산업 디자인의 실례다. 인간공학은 이런 사물들이 신체적, 심리적인 영역 양쪽에서 인간 신체에 잘 맞도록 한다. 휴먼-컴퓨터 인터랙션HCI 분야는 인터랙션 디자인과 상당히 유사하지만 접근법은 훨씬 더 정량적이며 방법론 또한 디자인보다는 과학과 컴퓨터 공학쪽에 맞춰져 있다. 아키텍처는 물리적 공간의 형태와 사용(프로그램)을 다룬다. 사운드 디자인은 소음, 음성, 음악을 통해 청각적인 공간을 창출한다.

사람들이 왜 헷갈리는지 이해가 된다!

이들은 각각 다른 분야임에도 불구하고 그림에서 보는 것처럼 중첩되는 부분이 많다. 사실 이 법칙들이 겹치는 곳은 실행의 중요한 영역들이다. 시각 디자인과 인터랙션 디자인이 만나는 영역인 인터페이스 디자인이나, 인터랙션과 시각 디자인이 정보 설계와 만나는 내비게이션 등이 그렇다.

최고의 제품들은 다양한 분야가 조화를 이룰 때 만들어진다. 노트북 컴퓨터에서 이들의 복합적인 결과물이 아닌 부분이 어디 있는가? 이들의 경계를 가르는 것은 거의 불가능하다.

또한 그림에서 보듯이 이 모든 분야들의 한 부분씩은 UX 디자인 영역의 바깥에 놓인다. 왜냐하면 이 분야들마다 디자인이 제작, 개발돼 짓는 작업을 수행해야 하고, 이런 일을 할 때에는 사용자 경험이 어떤지가 그리 중요하지 않기 때문이다.

모든 조직에서 개별 분야의 전문가들을 반드시 한 명씩 둬야 하는 건 아니다. 한 조직에서 단 한 사람이 정보 구조 설계로부터 유저 인터페이스 설계에 이르는 일들을 필요에 따라 모두 다루게 될 수도 있다. 중요한 것은 역할이지 직책이 아니다. 디즈니랜드의 이매지니어imagineer는 스타트업 회사의 유저 인터페이스 설계자와 비슷한 역할을 하는 사람일 것이다.

> **사례 연구** 마이크로소프트 오피스 2007

회사

마이크로소프트, 세계 최대의 소프트웨어 회사

문제

2000년대 초기에 마이크로소프트 내부의 많은 사람들에게 있어서 천문학적인 숫자가 팔린 마이크로소프트 오피스에 대해 무언가 손을 대야 한다는 것은 분명한 일이었다. 십 년 전에 만들어진 초기의 인터랙션과 인터페이스 디자인은 확장성이 그리 좋지 않았다. 새로운 기능들이 인터페이스 안 여기저기에 숨어 있었으며, 사용자들이 원한다고 리포트한 기능을 새로운 버전에 삽입해도 사용자들은 그 기능이 새로 들어왔는지조차 알아채지 못했다. 소프트웨어는 점점 비대해지고, 비효율적이고, 보기 흉해졌다. 예를 들어 마이크로소프트 워드 1.0에 있던 2개의 툴바와 50개의 메뉴 항목은 워드 2003에서 30개의 툴바와 260개의 메뉴 항목으로 늘어났다.

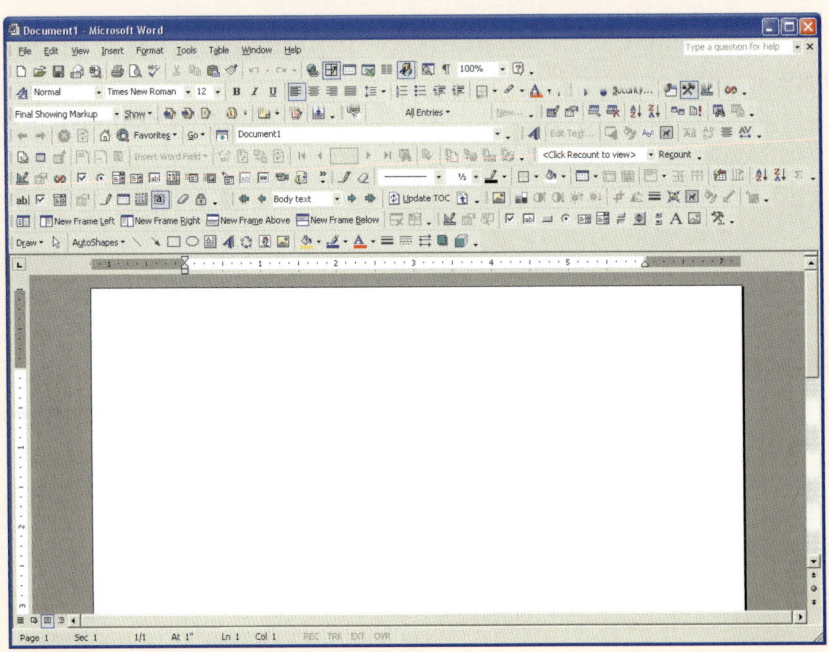

프로세스

마이크로소프트 사의 디자인 팀은 사람들이 오피스 2003을 어떻게 사용하는가에 대한 익명의 데이터를 분석하는 일부터 시작했다. 그들은 두 가지 중요한 결론을 찾았다. 사람들이 바라는 기능은 사용 빈도가 낮다는 것(사람들이 이 기능을 찾지 못한다는 것을 의미한다)과 사용자가 자주 사용하는 기능은 찾기 힘들다는 것(사람들이 이 기능을 정말 쓰고 싶어한다는 것을 의미한다)이었다. 디자인 팀은 '광범위한 도구 세트의 사용'이라는 디자인 원칙(6장 참조)에 초점을 맞추고 몇 년간에 걸쳐 사용자에게 새로운 인터랙션 패러다임을 주기 위한 반복적인 프로토타입 업무를 진행했다.

해결책

마이크로소프트 오피스 2007은 말 그대로 1000가지를 개선하면서도 이전 버전에 비해 적은 화면 공간을 차지했다. 가장 중요한(그리고 논란이 많았던) UI 변화는 아래 그림에서 볼 수 있는 '리본'으로, 화면 상단에 크고 클릭하기 편하게 배치했다. 또 하나의 변화는 '미니바'로 알려진 것으로 사용자들이 리본이나 메뉴를 이용하지 않고도 재빠르게 원하는 설정을 바꿀 수 있게 했다. 새로운 디자인은 큰 성공을 거뒀고 「뉴욕타임스」의 리뷰에서 '뚱뚱보에서 멋쟁이로' 변신했다는 칭찬을 이끌어 냈다.

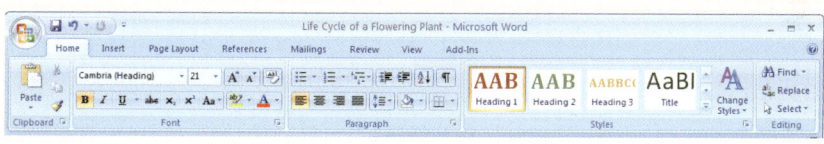

제품과 서비스

인터랙션 디자이너들은 웹사이트, 데스크톱 소프트웨어, 가전 기기로부터 로봇, 그리고 모바일 기기, 의료용 기기로부터 인터랙티브 환경에 이르는 광범위한 범위의 제품들을 위해서 일한다. 이 제품들은 순수하게 디지털(소프트웨어)이거나, 주로 아날로그(로봇)이거나, 실물(가전기구)이거나, 무형(동작 인식 인터페이스)이거나, 이런 다양한 형태가 섞여 있다.

동작, 테크놀로지 플랫폼, 미디어는 지속적으로 변화하기 때문에 좋은 인터랙션 디자인은 자신을 이들 중 어딘가에 딱 끼워 맞추지 않는다. 인터랙션 디자인은 기술적으로는 불가지론적 성격을 띨 수밖에 없으며, 만들어야 할 것이 복잡한 소프트웨어 애플리케이션인지 아니면 간단한 표지판인지에 따라 해당 작업을 수행하기 위해 적합한 기술이 무엇인지만 고려할 뿐이다.

점점 더 많은 인터랙션 디자이너들이 만든 제품이 서비스와 연관되며, 인터랙션 디자인에 있어서 서비스 디자인과 이들을 구별하는 것은 이제 의미없는 일이 됐다. 서비스란 일련의 병렬적인, 지속적이지 않은 행동과 사건의 연결 과정이며, 최종 소비자에게 가치를 준다. 사람들은 구두방이나 네일샵에 갈 때, 혹은 패스트푸드 레스토랑을 방문할 때 서비스를 경험한다. 통신회사의 휴대폰 요금제는 하나의 서비스며, 비행기, 기차, 택시를 타고 어디론가 향할 때 경험하는 것도 서비스다. 서비스는 자판기에서 우표를 사는 것처럼 작은 일일 수도 있고 소포를 분류하고 배달하는 것처럼 큰 일일 수도 있다. 서비스 제공자들은 사방에 존재하며, 세계 경제의 엄청난 부분을 담당한다. 음식점, 술집, 세탁소, 병원, 건설 회사, 청소 용역 회사, 그리고 국가 기관 전체가 서비스 제공자들이다. 서비스는 어디에나 있다.

우리들은 각종 서비스에 둘러싸여 살고 있기 때문에 우리의 삶의 질은 서비스와 밀접한 관련을 맺는다. 나쁜 서비스를 만나면 지하철 출근길이 불편해지고, 배송돼야 할 물건이 늦거나 분실되고, 점심식사가 맛이 없고, 휴대폰 통화 연결이 잘 되지 않으며, 보고 싶은 TV 프로그램을 찾기가 힘들다.

서비스 디자인: 셸리 이븐슨 인터뷰

셸리 이븐슨(Shelly Evenson)은 카네기 멜론 대학교의 디자인 대학원의 교수이자 디렉터다. 교편을 잡기 전에는 사이언트(Scient)의 부사장이자 수석 경험 전략가, DKA(Digital Knowledge Asset)의 디자인 디렉터, 더블린 그룹의 디렉터, 그리고 피치(Fitch) 사의 부사장을 역임했다. 다수의 컨퍼런스를 통해 하이퍼미디어에서의 디자인 언어, 인터랙션 디자인, 디자인 리서치, 서비스 디자인에 대한 많은 기고문과 논문을 발표했다.

▶ **왜 서비스 디자인이 중요합니까?**

IBM의 한 보고서에 따르면 오늘날 미국 노동자의 70% 이상이 서비스 전달과 관련된 일을 합니다. 새로운 기술은 국제적으로 시장성 높은 서비스를 가능하게 했습니다. 현재 우리는 티핑포인트에 서 있습니다. 경제의 엄청난 부분이 지식 기반의 정보 서비스에 집중돼 있습니다. 나는 세상이 서비스 중심의 사회로 변하고 있으며, 순수하게 경영이나 운영 기반의 관점에서 서비스를 바라보는 것은 충분치 않다고 믿습니다. 회사들은 서비스 디자인과 혁신에 대한 관심을 환기해 경쟁이 심화되는 시장에서 스스로를 차별화하고 서비스 분야에서 새로운 도전을 제시할 기회를 만들 필요가 있습니다.

▶ **서비스 디자인은 제품 디자인과 어떻게 다릅니까?**

제품을 디자인할 때에는 대개 사람과 인공물 사이의 상호작용을 중개하는 것에 집중합니다. 훌륭한 제품 디자이너란 디자인에 많은 맥락을 고려하는 사람들입니다. 서비스 디자인에서 디자이너는 사람과 사람, 사람과 기계, 기계와 기계를 연결하는 자원을 만들어야 합니다. 환경, 경로, 접점을 고려해야 합니다. 서비스를 디자인하는 일은 시스템의 문제가 되기도 하고, 심지어 시스템의 도전이 되기도 합니다. 상호작용을 중개하기 위해서 디자이너가 만들어내는 요소나 자원들은 이 모든 단위에서 동작해야 하는 동시에, 굉장히 개인적이면서도 참여와 변화가 자유롭고 멋진 연결의 경험이 쉽게 이뤄지도록 해야 합니다.

▶ **인터랙션 디자이너가 서비스 디자인에서 어떤 역할을 할 수 있습니까?**

인터랙션 디자이너들은 업무 프로세스에서 서비스 디자인에 바로 적용될 수 있는 방법론을 사용합니다. 몰입적 민족지학적 방법론은 디자이너가 서비스 경험에서의 앞이나 뒤에서 벌어지는, 보이거나 혹은 보이지 않는 서비스 요소들의 복잡성을 계산하는 데 도움을 줄 수 있습니다. 우리는 서비스 프로세스에 연극이나 역할 연기(inactment) 같은 방식을 더했습니다. 역할 연기란 개발팀이나 영업 조직의 참가자들이 특정한 역할을 나눠 맡고 대강의 소도구를 써서 서비스 경험을 연기하는 것입니다. 이 기법은 최근 인터랙션 디자이너 사이에서 유명해졌습니다. 서비스 디자인을 할 때에 특정 인물 유형이나 퍼소나(persona)를 설정하면 이 등장인물들을 역할연기를 위한 서비스 시나리오를 준비하는 데 쓸 수 있기 때문에 유용합니다. 이 책에 나오는 방법론들이 거의 모두 활용될 수 있습니다.

▶ **지금 서비스 디자인이 가장 필요한 분야는 무엇인가?**

의료 서비스 분야에 큰 기회가 있다고 믿습니다. 질병관리에 대한 서비스 제공 모델은 지난 50년간 크게 변하지 않았습니다. 의학 연구와 기술은 서비스를 훨씬 넘어 발전했고, 이에 더해서 서비스에 대한 사람들의 기대가 변했습니다. 오늘날 우리는 정보에 무제한으로 접근하고, 모든 부분에 셀프 서비스가 도입됐고 당일 배송을 받습니다. 이런 새로운 기대치는 결국 의학계에까지 미쳤습니다. 몇몇 기관들이 이런 요구에 반응하고 있는데, 마요 클리닉과 UPMC가 그중 가장 주목할 만합니다.

또 다른 기회 분야는 소프트웨어입니다. 나는 사람들이 이제 막 소프트웨어를 제품으로 인식하는 것을 넘어 회사가 제공하는 제품의 새로운 수단으로서의 제품·서비스 시스템의 가능성, 혹은 그 시스템의 시스템을 바라보기 시작했다고 생각합니다. 금융 서비스 또한 새로운 기회의 땅입니다.

> ▶ **가까운 미래에 서비스 디자인은 어디로 향할까요?**

유럽 사람들은 최소한 지난 10년간 서비스 디자인에 대해 심각하게 생각해왔습니다. 그들은 많은 진전을 이뤘는데, 특히 책임감 있는 제품 소유, 지속 가능한 생활방식을 장려하는 서비스 경험을 디자인하는 일이 특히 그렇습니다. 최근에 이런 노력들이 미국의 제품들과 상호 영향을 주는 모습이 보이기 시작했습니다.

또한 나는 서비스 디자인에 있어 제품보다는 사용자 경험을 고려하는 경영 전략가들을 더 많이 보게 되리라 믿습니다. 그렇다면 인터넷 열기가 한창이던 시절 인터랙션 디자이너에 대한 수요가 폭발적으로 늘어났던 것처럼 서비스 디자이너에 대한 요구가 급격히 늘어나게 될 것입니다.

웹사이트이거나, 네트워크에 연결된 단말기이거나, 로봇이거나, 인터랙티브 환경이건 간에 인터랙션 디자이너의 작업물 또한 서비스의 일부이므로, 제품을 제작할 때 서비스 디자인을 염두에 두는 편이 유용할 것이다.

| Note | 이 책에서 특정한 디자인 프로세스의 결과물을 '제품'이라고 통칭하겠지만 그 '제품'이라고 일컬어지는 것이 순수한 서비스이거나 (많은 경우) 서비스의 일부분일 수도 있다.

왜 인터랙션 디자인을 하는가?

술꾼이었던 괴짜 시인 찰스 브코프스키는 그의 시마다 사람들을 미치게 만드는 것은 대단히 큰 일이 아니라 아주 작은 일이라고 썼다. 제대로 동작하지 않는 작은 물건, 오랜 시간 반복되는 작은 불편이 사람들을 열받게 만든다. 물이 새는 수도꼭지, 옷에 묻은 지워지지 않는 얼룩, 번호가 잘 눌러지지 않는 휴대폰이 이런 것들이다. 인터랙션 디자이너들은 이런 불편함을 개선하려고 노력하며 사람들이 쓰는 제품과 서비스가 더 적합하고, 쓸만하고 편리하고, 꼭 필요하고 재미있게 만들어지도록 한다. 훌륭한 인터랙션 디자이너들이 하는 일중에 일부는 인생의 작은 불편을 없앰으로써 세상을 더 살만한 곳으로 만드는 것이다. 사람들은 이들이 실제로 없어지기 전에는 그게 불편했었는지 깨닫지 못할 지도 모른다.

인간은 끔찍하게 불편하고 보기 흉한 환경에 놀라운 적응력을 가졌다. 우리는 더 좋은 것이 나올 때까지 오랫동안 끔찍한 환경에서 살게 되며 심지어는 우리가 무얼 필요로 하는지도 모르고 살아간다. 전화를 예로 들어보자. 몇십 년간 모든 전화는 교환원에 의해서 운영됐으며 그들은 (들을 마음만 있다면) 모든 통화 내역을 다 들을 수 있었다(그림 1.16). 다이얼이 달린 전화는 1919년에야 소개됐으며 1950년이 돼서야(전화기가 발명된 지 80년 만에야) 교환원의 도움 없이 원격 통화가 가능하게 됐다. 전화기가 발명된 지 무려 백 년이나 지난 1970년까지 기계식 전화기는 완전히 사라지지 않았다.

그림 1.16 구식 전화 교환기. 지금 거는 원격 통화가 이를 모두 거쳐서 이뤄져야 한다고 상상해보라. 그리고 이를 오랜 시간 동안 조작해야만 한다고 생각해보라.

인터랙션 디자인은 문제를 고치는 데에만 필요한 것이 아니다. 인터랙션 디자인은 발명하고, 새로운 제품을 만들고, 그렇게 함으로써 세상을 더 살만한 곳으로 만든다. 웹 브라우저, 이메일 클라이언트, 게임, 트위터, 게임, 블로그, 소셜네트워킹 사이트, 인스턴트 메신저와 VoIP가 없다면, 인터넷은 그저 서버와 통신회선의 뭉치일 뿐이다. 이런 제품들, 이 디자인된 제품들이야말로 우리의 선조들이 사용했던 돌무더기나 연기 신호들이 그랬듯이 우리로 하여금 시간과 공간을 넘어 다른 사람들과 연결되게 해준다.

바쁘게 프로젝트를 진행하다보면 어느새 잊혀지곤 하지만, 인터랙션 디자이너의 일이란 엄청나게 중요하다. 인터랙션 디자이너는 자신들이 만들어낸 제품을 통해 한 번에 조금씩 세상을 바꾼다.

더 읽을거리

- 『Designing Interactions』 Bill Moggridge, MIT Press(2006)
- 『Hackers』 Steven Levy, Oreilly(2010)
- 『Where Wizards Stay Up Late』 Katie Hafner, Matthew Lyon, Simon& Schuster(1998)
- 『Dealers in Lighting: Xerox PARC and the Drawing of the Computer Age』 Micheal Hiltzik, HarperCollins Publishers(2000)
- 『The Victorian Internet』 Tom Standage, St. Martins Press(2007)
- 『Geeks Bearing Gifts: How the Computer World Got This Way』 Ted Nelson, Mindful Press(2009)
- 『The Dream Machine: J.C.R. Licklider and the Revolution That Made Computing Personal』 M. Mitchell Waldrop, Penguin Books(2002

2장

인터랙션 디자인의 네 가지 접근법

인터랙션 디자인 업계에서는 인터랙션 디자인이 무엇인가에 대한 생각들만 다른 것이 아니라(1장 참조) 일하는 방법에 대해서도 각각 다른 스타일이 존재한다.

다음 네 가지가 인터랙션 디자인 프로젝트에서 주로 사용되는 방법들이다.

- 사용자 중심 디자인
- 활동 중심 디자인
- 시스템적 디자인
- 창조적 디자인

이 네 가지 방법은 모두 성공적인 제품을 만들어내는 데에 이용되며 이들 중 자신에게 가장 적합한 방법을 선택하는(혹은 무의식적으로 결정하는) 것은 온전히 디자이너에게 달렸다. 이 접근법들에는 공통적으로 몇 가지 전제가 깔려있다.

- 각 접근법은 웹사이트에서 가전제품이나 인터랙티브 환경 구성에 이르는 수없이 다양한 제품과 서비스를 만드는 모든 분야에서 사용될 수 있다.
- 대부분의 문제 상황은 문제를 해결하는 데 이 방법들 중 최소 한 개 이상을 적용함으로써 개선될 수 있다.
- 최고의 디자이너들은 주어진 상황에 맞춰 가장 적합한 접근 방법을 다양하게 사용하며 때로는 하나의 프로젝트 안에 이들을 복합적으로 적용한다.
- 각각의 디자이너들은 이 네 가지 접근법 중 특정한 하나의 방법을 다른 것보다 더 편하게 사용하고, 다른 접근법은 왠지 틀린 것처럼 느끼곤 한다. 보통은 자신들이 가장 쓰기 편한 방식으로 일하게 되지만 상황이 달라지면 다른 접근법이 새로운 문제를 해결하기 위한 최선의 방법이 될 수 있으므로 인터랙션 디자이너들은 잘 알려진 네 가지 접근 방법을 모두 숙지해두는 것이 중요하다.

표 2.1에서는 이 접근 방법들을 간략히 비교해놓았다.

아래에서 각 접근 방법을 자세히 살펴보고, 이들의 (실제 업무에서는 별로 볼 일이 없는) 순수한 원형과 그것을 구성하는 철학에 대해 간단히 짚어보겠다. 현재 가장 잘 알려진 사용자 중심 디자인부터 시작한다.

접근법	개요	사용자	디자이너
사용자 중심 디자인	사용자의 요구와 목표를 중시	디자인의 방향 제시	사용자의 요구와 목표의 해석자
활동 중심 디자인	성취돼야 하는 목표에 대한 작업과 활동을 중시	활동 수행	활동을 위한 도구를 제작
시스템적 디자인	시스템의 구성요소를 중시	시스템의 목표 지시	시스템의 모든 조각들을 제자리에 맞춤
창조적 디자인	제품을 만드는 디자이너의 기술과 지혜를 중시	결과물 인정	영감의 원천

표 2.1 네 가지 디자인 접근법

사용자 중심 디자인

사용자 중심 디자인UCD의 철학은 간단하다. "사용자가 제일 잘 안다." 제품이나 서비스를 이용하는 사람들은 자신들의 요구사항, 목표, 취향에 대해서 이미 알고 있으며, 이를 발견하고 그들에게 맞춰 디자인하는 것이 디자이너의 몫이다. 커피를 마시는 사람과 이야기하지 않고 커피를 파는 서비스를 디자인하지는 않는다. 디자이너들이 사용자를 잘 이해할지는 몰라도 실제 사용자는 아니다. 디자이너는 그저 사용자가 목표를 달성하도록 돕기 위해 개입한다. (이상적으로는) 디자인 프로세스의 단계마다 사용자의 참여가 필수적이다. 심지어 어떤 디자이너들은 사용자를 공동 창작자로 생각한다.

사용자 중심 디자인의 개념은 매우 오래전에 시작됐다. 그 근원은 산업디자인과 인간공학으로, 사람이 물건에 맞추는 것이 아니라 물건이 사람에 맞추도록 디자이너가 노력해야 한다는 믿음으로 거슬러 올라간다. 벨 전화 연구소에서 만들어낸 선구적인 500 시리즈 전화기의 디자인으로 유명한 산업 디자이너 헨리 드레퓌스는 1955년의 저작물인 『Designing for people사람을 위한 디자인』에서 이 방법론을 대중화시켰다. 산업 디자이너들이 이 유산을 기억하고 있는 데 반해 아무것도 모르는 소프트웨어 공학자들은 몇십 년간 사람이 일하는 방식보다는 컴퓨터가 일하는 방식에 휘둘려왔다. 공정하게 말하자면 이는 꼭 그들의 잘못만은 아니다. 초기 40년간 컴퓨터의 한정된 연산 속도와 메모리로는 공학자들이 극히 신경 쓰지 않으면 도무지 쓸 수가 없었을 것이다. 시스템의 한계는 대단히 컸다. 컴퓨터가 제대로 움직이게 하는 데만도 엄청난 노력과 개발 시간이 들어갔기 때문에 사용자를 고려하는 것은 거의 불가능했다.

1980년대에 HCI라는 새로운 분야의 디자이너와 컴퓨터 과학자들은 공학자가 컴퓨터 시스템의 인터페이스를 디자인하는 방식에 의문을 제기했다. 메모리와 연산 속도의 발전, 그리고 컬러 모니터를 통해 새로운 방식의 인터페이스가 가능해지고 컴퓨터 소프트웨어 디자인의 중심이 컴퓨터가 아니라 사용자라는 움직임이 생겨났다. 이 움직임이 사용자 중심 디자인으로 알려졌다.

사용자 중심 디자인에서 가장 중요한 것은 목표다. 디자이너는 사용자가 궁극적으로 무엇을 원하는지에 초점을 맞추고 이 목표에 맞춰 작업과 방법을 정의하는데, 언제나 사용자의 요구와 취향을 항상 염두에 둔다.

최선의 사용자 중심 디자인 방법에서는 디자이너들이 프로젝트의 단계마다 사용자를 직접 참여시킨다. 프로젝트의 초기에는 사용자(와 잠재 사용자)에게 제시된 프로젝트가 사용자의 요구에 부합하는지에 대한 의견을 묻는다. 디자이너는 현재 상황에서 사용자의 목표가 무엇인지를 알아내기 위한 심도 있는 사용자 조사를 기획한다(4장 참조). 그리고 구상화 작업을 시작한 후(6장 참조) 다시 사용자가 컨셉을 도출하는 일을 돕기 위하여 참여한다(참여적 디자인이라고도 한다). 디자이너(와 사용성 분석 전문가)들은 또한 사용자를 대상으로 프로토타입을 평가하고 테스트한다(8장 참조).

간단히 말해 프로젝트 진행의 전 과정에 있어 사용자 데이터가 디자인 결정을 내리는 데에 가장 중요한 고려사항이다. 어떤 것이 필요한지에 대한 의문이 생기면 사용자의 요구와 바램이 그 답을 결정한다. 예를 들어 전자상거래 사이트를 위한 사용자 조사에서 사용자가 '장바구니' 버튼은 페이지 오른쪽 상단이 좋다고 말했다면 그 페이지에서 장바구니가 위치하는 곳은 두말할 것 없이 바로 그곳이 될 것이다.

사용자 중심 디자인의 목적인 사용자의 목표라는 것은 사실 삼천포로 빠지거나 딱히 정의하기 힘들 때가 많다. 장기간에 걸친 목표일경우 더욱 그렇고, 혹은 디자인하기가 막연한 경우도 있다. 대학생들이 스케줄을 관리할 수 있게 하는 애플리케이션을 디자인한다고 생각해보자. 이 애플리케이션의 목표가 무엇인가? 대학생들이 학교생활을 더 잘하게 하는 것인가? 왜? 졸업을 위해서? 무엇을 위해서인가? 더 좋은 자리에 취직하려고? 지성인이 되려고? 사용자의 목표는 열어도 열어도 끝이 없는 러시안 목각인형 같다. 목표 안에 다른 목표가 숨어 있곤 한다.

일반적으로 사용자 중심 디자인은 디자이너가 스스로의 편향된 취향에서 벗어나 사용자의 요구와 목표에 초점을 맞추게 할 때 가장 훌륭한 가치를 가진다고 말한다. 이는 절대 과소평가할 수 없는 가치다. 디자이너들은 다른 사람들과 마찬가지로 자신의 경험과 편견을 가지며, 때로는 이런 것들이 제품이나 서비스에서 사용자가 바라는 것과 충돌하기도 한다. 사용자 중심 디자인은 디자이너들이 이런 함정에 빠지지 않도록 도와준다. "넌 사용자가 아니야"라는 금언은 사용자 중심 디자이너들이 입에 달고 사는 주문이다.

그러나 사용자 중심 디자인은 아무 때나 쓸 수 있는 것이 아니다. 모든 디자인에 대한 아이디어를 사용자에게 기대하면 제품·서비스가 지나치게 좁은 목표에 매몰되기도 한다. 가끔은 잘못된 사용자 그룹이나 잘못된 사용자 유형을 마주칠 수도 있기 때문이다. 몇백만 명의 사람들이 이용할 제품을 만드는데 사용자 중심 디자인에 집착하는 것은 비현실적인 일이다. 사용자 중심 디자인은 대단히 훌륭한 접근법이지만 많은 디자인 방법론 중의 하나일 뿐이다.

활동 중심 디자인

활동 중심 디자인Active Centered Design은 사용자의 목표와 취향이 아닌 특정 작업을 둘러싼 사용자의 행동에 주목한다. '활동'은 느슨하게 정의하자면 목적에 맞게 행해져야 하는 개별 행동과 결정의 연속이라고 할 수 있다. (샌드위치를 만드는) 대단히 짧고 간단한 활동부터 혹은 (외국어를 배우는 것처럼) 시간이 오래 걸리며 노력이 필요한 일일 수도 있다. 순간에 하는 일일 수도 있고 몇 년이 걸리는 일일 수도 있다. 혼자 할 수도 있고, 남들과 할 수도 있다. 노래를 부르는 것처럼 말이다. 어떤 활동에는 특정한 결말이 있다. 현금지급기에서 돈을 인출하는 활동의 경우 기기에서 인출된 돈을 집어 드는 일이 결말일 것이다. 그러나 음악을 듣는 것 같은 활동에는 정해진 방식의 결말이 없다. 이런 활동의 경우 활동의 주체 혹은 외부의 힘이 그 활동을 끝내기로 결정하는 시기에 끝이 난다.

활동 중심 디자인은 20세기 초반에 형성된 심리학 이론인 활동 이론에 근거를 둔다. 활동 이론에 의하면 사람들은 '외재화'라는 심리적 과정을 통해 도구를 만든다. 개개인의 결론 도출 과정과 내적인 삶은 "사람은 무엇을 하는가"라는 질문과 이를 위해 (그리고 커뮤니케이션하기 위해) 만들어낸 도구보다 등한시된다. 이 철학은 활동 중심 디자인에 그대로 반영돼 활동과 이를 돕는 도구(사용자가 아니다)가 전체 디자인 과정의 중심에 놓이게 된다.

우리가 오늘날 사용하는 많은 제품들, 특히 가전제품이나 자동차처럼 기능적인 도구들은 활동 중심적인 디자인 방식에 의해 디자인돼 있다. 활동 중심 디자인에서는 디자이너가 제품의 장기적 목표보다는 당장 실행돼야 할 작업에 초점을 맞추고 활동 그 자체를 지원하는 쪽을 용인한다. 그래서 이 방법은 대단히 복잡한 활동이나 많은 수의 다양한 유저가 사용하는 제품에 잘 들어맞는다.

그 활동의 목적$_{purpose}$이 반드시 '목표$_{goal}$'일 필요는 없다. 목적이란 때로는 목표라는 말보다 훨씬 초점이 확실하고 명백하다. 예를 들어 갈퀴질을 해서 낙엽을 모으는 활동에서 정원사는 땅을 깨끗하게 정돈하겠다는 목표가 있지만 갈퀴질의 목적은 단순히 낙엽을 모으는 일이다. 활동 중심 디자인은 낙엽을 모으는 일에 초점을 맞춘다.

물론 때때로 목적과 목표는 동일하거나 유사하다. 예를 들어 차를 끓인다는 활동은 '차를 마신다'는 같은 목적과 목표를 가진다. 개중에는 차 끓이기의 달인이 되겠다는 목표를 가진 사람도 있겠지만 말이다.

그림 2.1 첼로는 명백하게 활동 중심 디자인을 통해 제작된 제품이다. 사용자 중심 디자이너들은 첼로는 배우기 너무 어려운 악기라고 생각할지도 모른다.

활동이란 행동과 결정, 혹은 작업task이라고 불리는 단위로 이뤄진다. 작업은 버튼을 누르는 것 같은 작은 일로 나눌 수도 있고 핵 미사일을 발사하는 절차 같은 필요한 모든 단계들의 집합일 수도 있다. 개별 작업의 목적은 개별 활동을 발전시키거나 끝내는 것이다. 개별 작업은 하나의 활동에 속한 개별 순간을 말하며 이 순간들은 대다수 경우 디자인의 도움을 받는다. 예를 들어 기기를 켜기 위해서 버튼이 있고, 유저가 버튼을 누르도록 돕기 위해 글자가 씌어 있거나 설명서가 제공된다.

작업과 활동의 차이는 딱히 크지 않다. 어떤 작업들은 그 개별 작업을 하나의 활동으로 인식하기에 충분하다. 예를 들어 전화를 거는 일을 한다고 할 때 필요한 작업 중의 하나는 정확한 전화번호를 알아내는 것이다. 전화번호를 알아내기 위해서는 114에 전화를 건다든가, 전화번호부에서 번호를 찾아본다든가, 머릿속에서 전화번호를 기억해낸다든가 하는 몇 가지 방법이 있다. 개별 작업에 이르기 위해서 번호를 찾는 것 자체가 또 하나의 작업이다. 그렇다면 전화번호를 찾아내는 일이 작업인가, 활동인가? 디자이너에게 이 차이는 학술적인 주제일 뿐이다. 이를 뭐라고 부르든지 디자인하는 데는 별다른 실용적인 차이가 없다.

사용자 중심 디자인과 마찬가지로 활동 중심 디자인 또한 조사에 기반해서 아이디어를 얻어내지만 방법은 조금 다르다. 디자이너들은 사용자의 목표와 욕구를 이해하기보다는 그들의 활동에 대한 아이디어를 얻기 위해서 사용자를 관찰하고 인터뷰한다. 디자이너들은 사용자의 활동과 작업의 목록을 만들고 여기에 몇 가지 놓친 작업을 더해, 사용자들이 해당 작업을 잘 완수하게 돕는 해결책을 디자인한다. 사용자들의 궁극적인 목표를 해결하는 일은 활동 중심 디자인에서 행하는 일이 아니다.

궁극적으로 활동 중심 디자인은 디자이너들이 손 안에 있는 작업에 좁게 초점을 맞추고 이 작업을 잘 하도록 하는 도구를 제작하게 한다. '문서 작성' 작업은 버튼이 필요하다. '기기 전원 켜기' 작업을 위해서는 스위치나 버튼이 필요할 것이다. 꼭 그 활동을 할 사람까지는 고려하지 않고 해당 활동 자체가 디자인을 이끌어낸다.

활동 중심 디자인은 윤리적으로 복잡한 고민을 낳을 수 있다. 어떤 작업들은 기술, 때로는 훌륭한 기술을 필요로 하며 디자인적인 개선점을 찾는 과정에서 이를 무시하는 것은 적절치 않다. 사람들이 가진 값진 기술들을 쓸모 없게 만들거나 이를 자동화하는 것은 도덕적인 문제를 야기한다. 콜 센터 소프트웨어의 이용법을 배우는 데 몇 주일이 필요하다고 해보자. 예를 들어 이 소프트웨어를 배우는 기간을 줄여서 이 기술의 효용을 떨어뜨리면 노동자들의 가치 또한 줄어든다. 물론 단지 프로그램 디자인을 잘못한 탓에 배우는 데 일주일씩이나 걸리게 만들었을 수도 있다. 어쨌든 디자이너들이 특정 작업을 자동화하는 것은 조심스럽게 접근해야 하는 문제다. 배우기 어렵거나 조작하기 어려운 작업들을 줄이고 사용하기 편리하도록 만들면 사용자의 기술은 저하되기 쉽다. 배우기 쉽고 연주도 간편한 피아노를 디자인하라는 요구를 받았다고 생각해보라!

활동 중심의 디자인이 가진 또 하나의 위험성은 작업에 매몰돼 문제를 궁극적으로 해결할 방법에 관심을 기울이지 않는 점이다. 이런 사람들은 나무는 보고 숲을 보지 못하는 법이다. 꽃병을 디자인하라고 할 때와 꽃을 담을 그릇을 만들라고 할 때의 결과물은 달라진다는 디자인 업계의 금언이 있다. 작은 작업에만 집중해버리면 꽃병만 줄창 디자인하겠지만 벽에 걸 수 있는 작은 장식용 정원을 절대로 생각해내지 못한다.

시스템적 디자인

시스템적 디자인Systems Design은 디자인 문제에 접근하는 매우 분석적인 방법이다. 이 방법은 해결책을 만들기 위해 문제를 작은 조각의 집합으로 재배열한다. 사용자 중심 디자인에서 사용자가 디자인 작업의 중심에 있다면 이 방식에는 그 자리에 시스템, 즉 서로 연관돼 벌어지는 행위의 집합이 존재한다. 여기서의 시스템이 굳이 컴퓨터일 필요는 없다. 시스템은 사람이거나, 기기이거나, 기계이거나, 혹은 어떤 물체일 수 있다. 시스템은 가정에서 사용하는 보일러처럼 단순하기도 하고, 정부기관 전체처럼 엄청나게 복잡한 것이기도 하다. 시스템적 디자인은 엄격하고 정형화된 절차의 디자인 방법으로서 복잡한 문제를 다루는 데 아주 효과적이며 디자인에 대해 총체적으로 접근한다. 시스템적 디자인은 사용자의 요구와 목표를 과소평가하지 않는다. 사용자의 목표와 욕구는 시스템의 목표를 설정하기 위해 활용될 수도 있다. 하지만 이 시스템적 디자인 접근법에서는 사용자보다는 정황을 더 중요하게 생각한다. 시스템적 디자인을 사용하는 디자이너는 개별 사물이나 기기에 한정하지 않고 제품을 사용하는 전체적인 맥락에 초점을 맞춘다. 시스템적 디자인은 제품이나 서비스가 사용될 폭넓은 맥락을 바라보는 엄격한 방법으로 간주할 수 있다.

시스템적 디자인은 시스템이 가져야 할 목표, 감지기, 비교기, 작동기 등의 개별 구성 요소의 윤곽을 그린다. 디자이너의 역할은 이 구성요소들을 디자인하는 것이 된다. 이런 방식을 통해 시스템적 디자인은 다른 접근법이 가진 어림짐작이나 불명확함을 제거하고 디자이너들이 따라야 할 분명한 로드맵을 제시한다.

시스템의 주요 부분을 설명하기 위해서 고전적인 실례인 난방 시스템을 들어 설명해보겠다(그림 2.2).

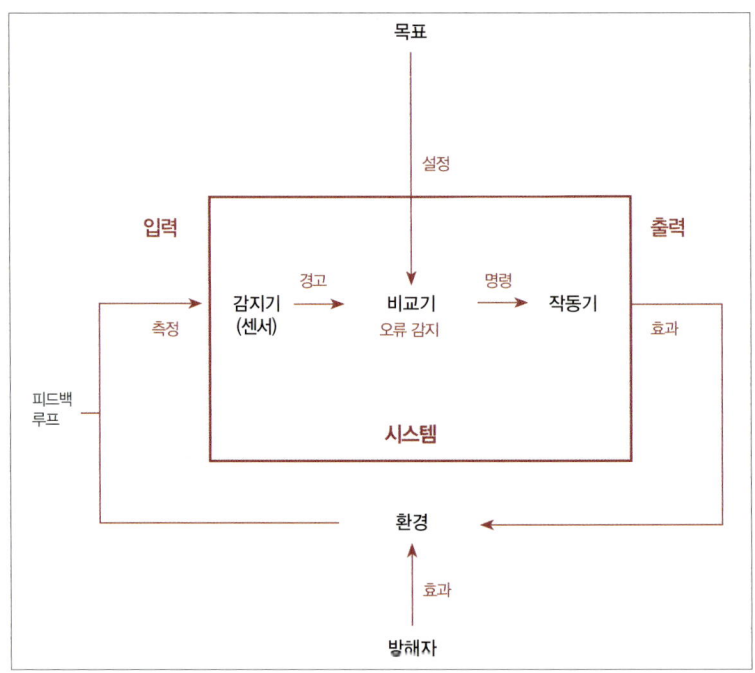

그림 2.2 휴 드벌리와 파울 팡가로의 다이어그램에 기초한 시스템(2003년)

- **목표** 시스템의 목표는 엄밀히 말해서 사용자의 목표와는 다르다. 물론 사용자의 목표에서 시스템의 목표가 유도될 수도 있지만, 시스템의 목표는 시스템과 시스템이 속한 환경 사이의 이상적인 관계를 명시한다. 난방 장치를 예로 들면 난방장치의 목표는 집 안의 온도를 21도로 유지하는 것이다.
- **환경** 시스템이 어디에 존재하는가? 디지털인가, 아날로그인가, 혹은 두 가지가 통합된 환경인가? 난방 장치의 환경은 난방장치가 설치된 집 자체다.
- **감지기** 시스템이 어떻게 환경의 변화를 감지하는가? 난방 장치는 온도의 변화를 감지하는 온도계(그림 2.3)가 장착된 자동 온도 조절장치가 있다.
- **방해자** 변화는 방해자라 불린다. 방해자는 환경 내에 속한 요소로서 예측 가능하거나 예측 불가능한 방식으로 환경을 변화시킨다. 난방 장치의 예에서는 외부 기온이 떨어지거나 오르는 것이 장애다.
- **비교기** 비교기는 시스템 안에서 목표를 내재한다. 현재의 상태(환경)와 원하는 상태(목표)를 비교하고 이 둘 사이에서 차이점이 발생한다면 시스템은

이를 오류로 간주하고 상황을 바로잡을 방법을 찾는다. 난방 장치의 예에서 비교기는 작은 컴퓨터이거나 수은 스위치로 감지기가 환경에 대해 보고하는 것을(21도..21도..21도..20도..20도..) "실내를 21도로 유지한다"는 목표와 비교한다.

- **작동기** 감지기가 보낸 데이터를 비교기가 분석한 후 차이점을 발견하면 작동기에게 명령을 보낸다. 이 상황에서는 작동기인 보일러가 난방을 시작한다.

- **피드백** 결과는 다시 피드백으로 돌아온다. 피드백은 목표가 성취됐는지 아닌지, 혹은 오류가 감지됐는지 아닌지를 알리는 메시지다. 난방 장치에서는 실내 온도가 여전히 20도인지 아니면 온도가 21도로 올라갔는지의 피드백이 발생하고, 이에 따라 시스템은 보일러를 꺼도 되는지의 여부를 알게 된다.

- **컨트롤** 컨트롤은 환경을 제외한 시스템의 일부를 수동으로 조작하는 것을 말한다. 사람은 컨트롤을 사용해 원하는 실내 온도를 맞출 수 있다. 혹은 컨트롤이 직접 작동기를 유도해 보일러를 켜게 만들기도 한다.

그림 2.3 자동 온도 조절기에는 난방 시스템의 감지기, 비교기, 작동기, 컨트롤이 모두 들어있다.

난방 시스템에 영향을 주는 방해자에는 두 가지 형태가 있다. 하나는 온도가 천천히 낮아지는 것 같은 예측 가능한 방해자다. 두 번째는 예측 불가능한 방해자로서 예정된 입력 범위에서 벗어나는 것이다. 이런 장애는 시스템의 고장이나 잘못된 동작으로 인해 벌어진다. 갑자기 온도가 30도 내려가는 사건은 난방 장치에게는 예측 불가능한 방해자다.

시스템은 예측 불가능한 방해자를 최대한 예측 가능하게 만들기 위해서 (그리고 시스템을 더욱 안정적으로 만들기 위해서) 필수적 가변성을 필요로 한다. 시스템은 일어날 수 있는 상황의 범위를 통제하기 위해 다양한 답변 방식을 가져야 한다. 이 답변은 "읽지 않은 메일이 백만 개 있습니다."라는 에러 메시지로부터, "읽지 않은 메일이 백만 개 있습니다. 모두 삭제하시겠습니까, 아니면 만 개 단위로 수신함에 이동하시겠습니까?"라는 대안 제시일 수도 있다. 혹은 처음부터 일정한 숫자가 넘으면 모든 이메일을 삭제하게 하는 메커니즘을 애초에 삽입할 수도 있다. 이런 가변성이 없는 시스템은 쉽게 무너진다. 프로토타입에서 이런 종류의 시스템 장애는 그냥 넘어갈 수도 있지만 항공기 관제 시스템처럼 중요한 시스템에서는 그럴 수 없다.

피드백은 어떤 일이 일어났음을 알리기 위해서 시스템에서 내보내는 출력 메시지다. 환경으로부터 무언가가 입력되면 비교기의 상태는 변화한다. 컴퓨터는 사람들이 키보드의 키를 하나 누를 때마다 즉각적인 피드백을 준다. 3장에서 피드백에 대해서 더 이야기하겠다. 여기서는 피드백이 없는 시스템이란 제대로 동작하지 않거나 상용자들에게 불편을 줄 거라는 점만 이야기해두겠다.

시스템적 디자인은 디지털 제품에만 존재하는 것이 아니다. 예를 들어 거의 모든 서비스는 아날로그와 디지털 요소로 구성된 시스템이다(8장 참조). 동네 커피숍은 감지기, 비교기, 작동기로 가득 차 있다. 단지 우리 눈에 이들이 커피숍 점원으로 보일 뿐이다. 어쨌든 시스템적 디자인을 싫어하고 꺼리는 디자이너들이 상당히 많은데, 이들은 시스템적 디자인이 비인간적이며 사람을 기계적으로 배열된 로봇 컴포넌트로 바꿔 놓는다고 느낀다. 사실 시스템적 디자인은 인터랙션 디자인에 있어서 매우 논리적이고 분석적인 접근방식이다. 감성, 열정, 변덕스러움은 이런 방식의 디자인에서는 끼어들 자리가 없으며 계산돼야 할 필요가 있는 환경적인 장애일 뿐이다. 커피숍 안에서 화가 나서 소리지르는 사람은 중대한 장애다!

시스템적 디자인의 가장 큰 강점은 이 방법이 큰 그림을 보는 데 도움이 된다는 것이다. 우리는 시스템적 디자인을 통해 프로젝트 전체를 바라보는 큰 그림을 얻을 수 있다. 진공상태로 존재하는 제품이나 서비스는 없으며, 시스템적 디자인은 디자이너가 그 제품·서비스가 존재하는 환경을 받아들이도록 만든다. 더 넓은 쓰임새의 맥락과 개별 구성요소들 간의 상호작용에 초점을 맞춤으로써 해당 제품이나 서비스를 둘러싼 환경을 더욱 잘 이해할 수 있게 될 것이다.

시스템적 디자인: 휴 듀벌리 인터뷰

휴 듀벌리(Hue Dubberly)는 샌프란시스코에 위치한 인터랙션 디자인 컨설팅 회사인 듀벌리 디자인 오피스(DDO)의 창립자이며 대표다. DDO를 설립하기 전에는 AOL/넷스케이프의 디자인 부사장과 애플 컴퓨터의 크리에이티브 디렉터를 역임했다. 또한 산호세 주립대학과 스탠포드 대학에서 학생들을 가르치기도 한다.

▶ **시스템적 디자인이 무엇입니까?**

시스템적 디자인은 단순히 말해서 시스템을 디자인하는 것입니다. 디자인에 대해 해석적이며 논리적인 접근법을 취함으로써 많은 시스템 문제들이 가진 크기와 복잡함을 해결하기 위해 요구되는 접근법입니다.

▶ **시스템적 디자인은 어디서 시작됐습니까?**

시스템적 디자인은 2차 세계대전 직전에 복잡한 커뮤니케이션과 컨트롤 체계의 문제와 씨름하던 엔지니어들을 통해서 첫선을 보였습니다. 이 일은 새로운 정보 이론, 경영과학, 인공 두뇌학 등을 통해 이 점점 구체화됐습니다. 1960년대에 디자인 방법론 운동의 멤버들(특히 호스트 리텔을 비롯한 Ulm과 버클리의 멤버들)이 이 지식을 디자인계에 도입했고, 컴퓨터 공학의 범위 내에서 디자인 기획에 관심을 가진 학교들에서 열매를 맺었습니다. 이들의 업적으로부터 시스템적 디자인으로 이어진 가장 중요한 유산은 디자인 합리주의로 알려진 것으로, 디자인에 대한 결정을 내리거나 기술할 때에 시스템을 고려하는 것입니다.

▶ **디자이너들이 시스템적 디자인으로부터 무엇을 배울까요?**

오늘날 디자인 방법론과 시스템적 디자인에 대한 생각은 점점 더 필요해지고 있습니다. 많은 디자이너들이 소프트웨어와 복잡한 정보 공간을 디자인하기 위해 함께 일하기 때문입니다. 시스템적 디자인이 제공하는 프레임워크는 상호작용과 대화를 모델링하기에 적합하며, 디자인 프로세스 자체를 모델링하는 데도 유용합니다.

▶ **시스템적 디자인에서 고려해야 할 가장 중요한 일이 무엇입니까?**

디자인은 시스템에 대해 다음과 같은 질문을 던집니다.

- 이 상황에서 무엇이 시스템인가?
- 환경은 어떤 것인가?
- 환경과 관련해 시스템의 목표는 무엇인가?
- 시스템이 활동을 수정하기 위해 이용하는 피드백 고리는 무엇인가?
- 시스템이 목표를 성취했는지의 여부는 어떻게 측정하는가?
- 누가 시스템, 환경, 목표 등을 정의하며 이들을 점검하는가?
- 시스템이 필요한 관계를 유지하기 위해 이용하는 자원은 무엇이 있는가?
- 이 자원들은 시스템의 용도에 충분한가?

▶ **시스템적 디자인은 사용자 중심 디자인과 호환성이 없습니까?**

디자인에 대한 시스템적인 접근법은 사용자 중심의 접근법과 전적으로 호환될 수 있습니다. 두 가지 접근법 모두 그 핵심은 사용자의 목표를 이해하는 데에 있는데, 시스템적 접근방식은 사용자를 상황과의 연관성과 기기와 사용자 간의 상호작용을 통해 바라봅니다.

▶ **시스템적 디자인과 인공두뇌학(사이버네틱스)과의 관련성은 무엇입니까?**

인공두뇌학은 피드백에 대한 과학으로, 시스템, 그리고 프레임워크와 툴에 대한 접근방식을 제공합니다. 이 중에서 디자이너들에게 아주 중요한 몇 가지 아이디어는

- 시스템의 정의는 보는 관점에 따라 다르다(주관성).
- 우리의 활동에 대한 책임을 져야 한다(윤리적 자세).
- 모든 인터랙션은 대화의 한 형태다.
- 모든 대화는 목적, 이해, 그리고 합의가 수반된다.

▶ **시스템적 디자인을 적용하는 것이 적절치 않은 때가 있습니까?**

디자인에 대한 시스템적인 접근은 시스템을 위한 시스템이나 커다란 시스템으로 발전하는 프로젝트에서 가장 유용하게 쓰일 수 있습니다. 이런 프로젝트에는 보통 많은 사람들이 투입되며 이들을 특정한 시간 동안 함께 일하게 하는 많은 규칙들이 있으므로 프로젝트의 복잡도를 제어하기 위한 도구가 필요합니다. 목표를 정의하고 커뮤니케이션을 조정하고 프로세스를 관리해야 하는 등 시스템 도구를 작은 프로젝트를 맡은 독립된 디자이너가 그대로 사용하려고 하면 걸리적거릴지도 모릅니다.

창조적 디자인

네 번째 접근방식은 내가 '창조적 디자인Genius Design'이라고 이름 붙인 것이다. 창조적 디자인은 디자인적인 결정을 내릴 때 디자이너 한 명의 지혜와 경험에 전적으로 의존한다. 디자이너들은 사용자가 무엇을 원하는지를 판단하고 그 판단에 따라 제품을 디자인한다. 사용자의 참여는, 그런 게 있다면 이는 프로세스의 제일 마지막에 디자이너가 미리 다 생각해서 만들어낸 제품을 과연 디자이너가 생각하는 대로 동작하는지 테스트하기 위해서 이뤄진다.

다른 세 가지의 접근방식과 비교해서 창조적 디자인은 거의 안하무인처럼 느껴진다. 그러나 선택에 의해서건 필요에 의해서건 이것이 오늘날 대부분의 인터랙션 디자인이 이뤄지는 방식이다. 이를 필요에 의해 채택한 경우도 있다. 예를 들어 애플 사의 경우에는 보안상의 이유로 사용자 조사나 사용자 테스트를 거의 시행하지 않는다. 많은 디자이너들이 기반 조사를 위한 예산이나 시간이 전혀 없이 업무에 투입돼, 자신의 디바이스에 홀로 남겨진다.

창조적 디자인에 숙련된 디자이너들이 사용자를 고려하지 않는다고 말할 수는 없다. 사실 그들은 사용자를 고려한다. 그러나 디자이너들은 단지 디자인 프로세스에 사용자를 끼워넣을 자원이 없거나, 혹은 그럴 마음이 별로 없을 뿐이다. 디자이너들은 개인적인 지식을 사용해서(이 지식은 보통 자신들이 했던 일과 다른 곳에서 실행했던 조사들이 모인 것이다) 사용자가 원하는 것, 사용자의 바람, 사용자의 기대를 알아낸다.

창조적 디자인은 애플의 아이팟과 같은 놀라운 디자인을 만들어낼 수 있다(그림 2.4).

혹은 애플이 내놓았던 첫 번째 모바일 기기로, 엄청 무겁고 대부분의 유저에게는 사용하기 불편했던 뉴톤처럼 크나큰 실패를 경험하게 할 수도 있다. 시장의 힘(그리 무시할 만한 요소가 아니다)은 별문제로 하고, 창조적인 디자인 결과물의 성공은 디자이너 개인의 실력에 크게 좌우된다. 그러므로 창조적인 디자인은 지난 많은 프로젝트 동안 수많은 문제를 만나, 이를 해결하는 다양한 방법을 몸으로 체득한 숙련된 디자이너에 의해서 훌륭한 결과를 낳을 수 있다.

혹은 디자이너 스스로가 잠재적인 사용자군의 한사람이었던 경우 좋은 결과를 낼 수 있을 것이다. 물론 잠재적 사용자라는 것이 대단히 심각한 함정을 만들어낼 수도 있긴 하지만 말이다. 윈도우 95 운영체제를 만들어낸 디자이너들은 자신들 스스로를 사용자로 생각했던 것 같다. 그러나 운영체제가 기술적으로 어떻게 동작하는지를 알지 못하던 일반 사용자들은 이를 아주 어려워했다. 자신들이 만들어낸 제품이나 서비스가 디자인된 방식과 그 결정들 뒤에 숨어 있는 숨은 지식들을 이해하는 디자이너들은 대부분의 최종 사용자가 할 수 있는 것보다 훨씬 더 많이 그 제품이나 서비스의 동작 체계에 대해 많이 알고 있을 수밖에 없다.

그림 2.4 애플의 아이팟은 조너선 아이브 등의 디자이너에 의해 탄생한 창조적 디자인의 산물이다.

불행히도 창조적인 디자인이 좋은 결과를 내기 위해서는 경험 있는 디자이너들이 사용해야 함에도 불구하고 경험 없는 디자이너들이 이를 시도하는 일이 많다. 디자이너들이 이 접근방식을 사용하는 이유는 솔직히 다른 세 가지 접근 방식보다 제일 일하기가 쉽기 때문이다. 리서치를 사용하거나 시스템의 구성요소들을 신중하게 끼워 맞추는 방식보다는 화이트보드에 빼곡하게 글자를 채워 넣을 일이 적다. 디자이너들, 특히 신참 디자이너들은 창조적인 디자인을 신중하게 사용해야 한다. 본능을 믿는 것은 비참한 결과를 낳을 수 있기 때문이다.

창조적인 디자인은 경험 많은 디자이너가 사용했을 때 많은 장점이 있다. 이는 독창적이고 빠르며, 디자이너 개인의 감성을 반영함으로써 다른 접근방식에 의한 결과물보다 훨씬 훌륭한 최종 디자인 결과물을 만들어 낼 수도 있다. 또한 디자이너로 하여금 자신들이 잘 들어맞는 부분에 집중할 수 있게 하는, 가장 유연한 접근방식이기도 하다. 스스로의 영감에 귀를 기울임으로써 디자이너들은 훨씬 더 넓게 생각하고 더 자유롭게 세상을 바꿀 수 있다.

창조적 디자인: 제임스 레프트위치 인터뷰

제임스 레프트위치(James Leftwich, IDSA)는 SeeqPod의 CEO이며 팔로 알토에 위치한 인터랙션 디자인 컨설턴시의 선구자인 오빗(Orbit) 인터랙션의 설립자이기도 하다. 그는 지난 25년간 휴먼 인터페이스 개발과 이와 관련된 지적 재산권 전략 업무에 대해 폭넓은 컨설팅을 제공하고 전문적인 경험을 다져왔다.

▶ '창조적 디자인'이라는 용어를 별로 좋아하지 않는다고 들었는데, 왜 그런가요?

그렇게 이름을 붙인 것이 사람들에게 딱히 좋은 인상을 줄 것 같지 않아서 그렇습니다. 어린 디자이너는 이렇게 생각할 수도 있지요. "음, 나는 천재가 아니니까 이 방법을 쓰면 안되겠네." 또 하나는 어느 디자이너든지 간에 이 용어에 좀 위축이 돼 자기가 '창조적 디자인'을 했다고 떠벌리는 걸 죽을 만큼 싫어할 수도 있을 것 같아서 그렇습니다.

그래서 저는 창조적(genius)이라는 용어보다는 신속한 전문가(Rapid Expert) 디자인이라는 용어를 쓰는 것을 선호합니다(스포츠 분야처럼 선천적 재능이나 타고난 능력이 결과적으로 득이 될 수 있는 상황이더라도 말이지요).

저는 신속한 전문가 디자인이란 인터랙티브한 제품을 개발(혹은 개선, 혁신)하는 유효하고 꼭 필요하지만 아직 충분히 검토된 바 없는 접근법임을 믿기 때문에, 프레임을 어떻게 설정하는지가 중요하다고 생각합니다. 프레임의 개념(3장 참조)이나, 프레임이 모든 형태의 대화와 논란에 얼마나 중요한 영향을 미치는지에 대해서는 이미 잘 아실 것입니다. 이는 사실 정치적인 문제의 프레임을 설정하고, 어떻게 한쪽 정당에서 (혹은 어느 개인이) 이를 어떻게 특정한 방향으로 이슈화하는가와 비슷한 문제라서 이후에 이어지는 모든 논의와 결론에 지대한 영향을 끼치는 것과 매우 유사합니다.

그러므로 저자께서 사용하신 용어가 이 접근방법을 정작 중요하고 유효한 접근법으로서 받아들여지게 하는 데 도움이 안 된다고 생각하는 거죠.

▶ **이 접근법이 왜 그렇게 중요한가요?**

사실 세상에는 제대로 디자인되지 않았거나 잘못 디자인된 유저 인터페이스와 기능적 문제들이 셀 수도 없이 많습니다. 인터랙티브 제품이나 서비스를 개발하기 위해 매번 이렇게 길고 지치고 절차가 복잡한 접근방법들을 사용하면 확실히 성공할 확률이 그리 높지도 않습니다. 사실 한 명이 중심을 잡거나 애초부터 확실한 전체 비전과 설계 절차를 갖고 만들어지는 인터랙티브 제품이나 디자인 결과물은 그리 많지 않습니다. 일반적으로는 팀 전체가 같이 생각하고, 좁은 시야를 가진 사람들끼리 서로 끌어내리고, 관료적인 회의를 거쳐 디자이너의 의견을 물에 타서 뭉텅하게 흐린 후에 이런저런 쓸모 없는 생각들을 더한 결과물이지요.

▶ **디자이너들에게 신속한 전문가 디자인을 어떻게 가르칠 수 있을까요?**

바로 여기에 애로사항이 있습니다. 또한 그렇기 때문에 이 접근법의 유효성을 잘 인지하고, 신속한 전문가 디자이너들이 교육받고 연습하는 방법을 아는 데에서부터 출발하는 것이 매우 중요하겠지요. 이 접근법에 익숙해지는 길은 견습하는 것과, 점진적으로 규모와 복잡도가 높은 프로젝트에 이 접근법을 적용해보는 것이어야 합니다. 젊은 디자이너는 상용 제품을 혼자 다 만들어보겠다고 섣불리 덤볐다가 실패할 수도 있습니다. 하지만 이를 통해 숙련된 디자이너와 함께 일을 하며 배움을 시작하는 것이 중요합니다. 선배가 어떤 자세로 프로젝트에 접근하는지 배우고 작은 일부터 차근차근 밟아가다 보면 점점 유효한 직관적 디자인을 할 수 있게 되겠지요.

요약

대부분의 디자이너들이 위의 접근방법들 중 자신에게 더 익숙하고 쓰기 편안해 하는 하나의 방식이 있게 마련이지만 일을 하는 과정에서는 이 중에 몇 가지의 접근방법을 섞어서 사용하게 된다. 디자이너의 성격, 개인적인 철학, 그리고 일을 대하는 관점과 프로젝트의 사용자들이 디자이너가 이용하는 접근법을 결정하는 데 도움을 준다. 그러나 최고의 디자이너란 상황의 변화에 따라 여러 가지의 접근방식을 유연하게 바꿔서 사용하는 사람들이므로, 이들 모두를 알아두는 것이 도움이 될 것이다.

더 읽을거리

- 『퍼소나로 완성하는 인터랙션 디자인 About Face 3』 앨런 쿠퍼, 로버트 라이만, 데이비드 크로닌 지음, 김나영, 고태호, 유지선 옮김, 에이콘출판사(2010)
- 『Designing for People』 Henry Dreyfuss, Allworth Press(2003)
- 『Cybernetics, 2nd Edition: or the Control and Communication in the Animal and the Machine』 Nobert Wiener, MIT Press(1965)
- 『General System Theory: Foundations, Development, Applications』 Ludwig Von Bertalanffy, GeorgeBraziller Inc(1976)
- 『Activity-Centered Design: An Ecological Approach to Designing Smart Tools and Usable Systems』 Geri Gay, Helen Hembrooke, MIT Press(2004)
- 『Acting with Technology: Activity Theory and Interaction Design』 Victor Kaptelinin, Bonnie A. Nardi, MIT Press(2009)

3장

디자인 전략

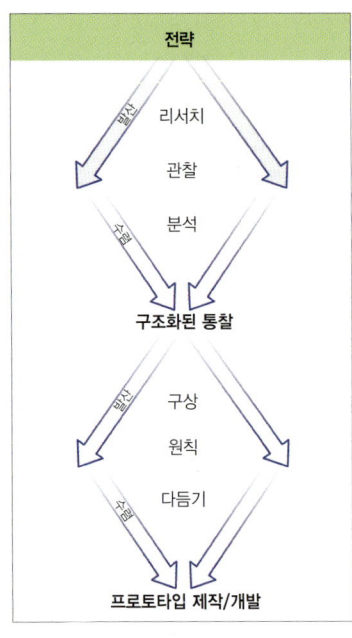

모든 사람을 위해서, 모든 곳에 사용될 수 있고, 언제까지나 사용될 수 있는 제품을 만들려고 드는 것은 비현실적이다. 디자이너는 디자인을 시작하기 전에 무엇이 디자인돼야 하고 왜 디자인하는지에 대해 명확히 할 필요가 있다. 또한 무엇을 디자인할 필요가 '없는지'에 대해서 확실히 하는 것도 중요하다. 디자인을 의뢰한 조직과 사용자 양쪽 입장에서 제품의 가치를 정확히 이해해야 한다. 그리고 이 제품이 기존에 있는 어떤 제품의 카테고리에 속할지(차라리 카테고리를 새로 정의할지)와 시장에서 경쟁자들과 어떻게 차별화할지에 대해 결정해야 한다.

이것이 디자인 전략의 본질이다.

디자인 전략이란 무엇인가?

제품을 개발하는 초기 단계에서 처음 던질 질문은 "새로운 위젯을 만들자"가 아니라 "우리 회사의 니즈와 사용자들의 니즈를 가장 잘 만족시키기 위해서는 뭘 디자인해야 하지?"와 "어떻게 그 해결책을 구체화하지? 위젯이 좋을까, 아니면 아예 새로운 뭔가를 만들어야 할까?"라는 질문이어야 한다. 이 질문들을 해결하기 위해서 디자인 전략이 필요하다.

| Note | 물론 규모가 작은 프로젝트, 특히 기존에 있는 제품에 특정한 기능을 더하거나 위저드를 디자인하는 등 이미 정의된 프로젝트에서 이런 전략을 고민하는 것은 시간낭비다. 디자인 전략이 가장 필요한 때는 기존의 제품을 완전히 혁신해야 하거나 아니면 완전히 새로운 제품을 만들 때다.

디자인 전략은 디자인 프로세스를 시작할 때 진행하는 제품이나 프로젝트의 기획이다. 이는 제품의 최종형태에 대한 비전을 새로 정의하는 일과 이 비전을 실현하기 위해 필요한 전략을 규정하는 작업의 조합이다. 디자인 전략은 다음

과 같은 각 부분들로 이뤄진다.

- 해결해야 할 문제나 가능성을 정의한다.
- 만들어질 제품의 주요한 차별점을 결정한다.
- 조직에 구체화된 전략을 설명하고 공감대를 구한다.
- 제품의 목표를 달성하기 위한 개발 일정과 프로젝트 기획을 세운다.

디자인 전략(과 4장에서 설명할 디자인 리서치)은 조직이 단기적/장기적으로 어떤 제품을 만들어야 하는지를 도출하게 하며 이것이 디자인 프로세스의 첫걸음이어야 한다. 무엇을 만들어야 하며 왜 만들어야 하는지를 모른 채로 시작하는 것은 프로젝트를 어렵게 만든다. 전략은 디자이너가 사업적 입장에서 제품을 정의하는 틀을 제공한다. 이 제품을 디자인하고 제작, 판매하기 위해 리소스를 투입하는 이유 말이다.

사실 많은 조직에서는 미리 무엇을 할지 정하고 나서야 디자이너가 참여하게 되는데, 이런 경우에도 디자이너들이 일을 시작하기 전에 전략에 대해 이해하도록 해야 한다.

생각하는 방식으로서의 전략은 1980년에 하버드 비즈니스 스쿨의 교수인 마이클 포터가 저술한 『경쟁 전략: 경쟁우위에 서기 위한 분석과 전략』(21세기북스, 2008)이라는 책에 근간을 두고 있다. 포터는 디자인 전략이란 **운영상의 효율**을 의미하는 것이 아니라고 기술했다. 이런 식으로는 경쟁자들도 똑같은 식으로 더 효율적이 될 수 있으며 결과적으로 잘 작동하지 않을 것이기 때문이다. 시스템에서 뽑아낼 수 있는 효율화에는 한계가 있게 마련이고, 경쟁자도 결국은 비슷한 수준의 운영 효율을 달성해내고 말 것이다. 포터가 말하는 것은 다음과 같다. 전략이란 자신을 경쟁자들과 차별화 하는 것이다. 그러니 다른 활동을 하거나, 유사한 활동을 다르게 하라. 전략의 목적은 '하지 말아야 할 것'을 정의함으로써 아이디어의 우선순위를 만들어 자신의 제품을 차별화하는 데 집중할 수 있게 하는 것이다.

> **Note** 소니, 구글, 삼성 등의 회사가 효과적으로 사용하는 또 다른 관점의 전략은, 자신들이 이미 보유한 엔지니어링 등의 핵심 경쟁력으로 다른 시장에 진출하는 것이다. 이렇게 함으로써 차별화에 대한 큰 고민없이도 새로운 시장에서 자신들을 알리거나 성공할 수 있다.

시장에서 독특한 위치를 점유하고, 이에 적합한 제품과 서비스를 제공할 수 있게 조직(과 제품)을 바꾼다면 쉽게 따라 하기 힘들고, 그렇기 때문에 가치가 있는 **명확한 경쟁 우위**를 회사에 제공한다.

디자인 전략과 경영 전략

전체 회사의 전략에 잘 들어맞지 않는 개별 디자인 전략을 세우는 것은 잘 맞지 않는 장기를 억지로 몸에 이식하는 것과 비슷하다. 몸이 거부반응을 일으킬 것이다. 어떤 제품을 위한 디자인 전략(제품 전략)은 전체 조직의 전략과 맞아떨어져야만 성공할 수 있다.

> **Note** 위의 문장은 하나의 좋은 디자인 전략(과 그 결과로 만들어진 제품)이 전체 회사의 전략을 변화시킬 수 없다고 이야기하려는 것이 아니다. 당연히 좋은 디자인 전략이 회사 전체를 바꿀 수 있다. 아이팟이 세상에 나온 후, '애플 컴퓨터'는 컴퓨터 외의 개인용 기기에도 큰 기회가 있음을 깨닫고 회사의 이름을 '애플'로 바꿨다.

어떤 사람이 조직 내에서 '전략'을 이야기할 때에는 다음 세 가지 중 하나에 대해서 이야기할 것이다.

- **회사 전략** 조직을 어떻게 경영할 것인가. 회사구조, 재정, 인력에 대한 내용이다. 회사전략은 뒤의 두 개의 전략도 전반적으로 포함한다.
- **운영 전략** 운영에 있어서의 효율성과 효과성을 다룬다. IT와 (당연히) 운영이 여기에 들어간다.
- **경영 전략** 새로운 제품을 만들고 새로운 시장을 찾는 것이다. 마케팅, 경영분석, 디자인이 보통 여기에 포함된다.

어떤 형태의 제품이 제시됐느냐에 따라 제품(과 전략)은 위에 나열한 전략 중 하나, 혹은 전체에 영향을 끼친다. 예를 들어 새로운 제품을 만들기 위해서 새로운 인력, 새로운 IT인프라, 새로운 마케팅이 필요할 수 있다. 그러나 일반적으로 제품 전략은 가장 마지막의 경영 전략에 영향을 미친다. 그러므로 디자이너들이 조직의 경영 전략을 어느 정도 이해하고 자신들이 만들어내는 것이 회사의 큰 그림에 적절하게 들어맞는가를 생각할 필요가 있다. 회사의 경영 전략에 잘 들어맞지 않는 제품은 실패하거나, 혹은 그것이 내포한 가능성만큼의 성공을 거두지 못할 것이다. 왜냐하면 제품의 라이프사이클 내내 조직 내부와 충돌하게 되기 때문이다.

포터는 또한 일반적인 경영 전략의 세 가지 타입을 정의했다. 자신이 일하는 회사가 이들 중 어떤 형태에 들어맞는지를 아는 것은 중요하다. 이는 프로젝트가 진행되는 동안의 디자인 결정에 지속적으로 영향을 끼치게 될 것이다.

- **비용 중심 전략** 처음부터 끝까지 기본적이고 튀지 않는 제품을 가능한 비용 효율적으로 생산해 저가에 많은 물량을 공급하는 전략이다. 델 컴퓨터와 사우스웨스트 항공사가 이 전략을 사용하는 대표적인 회사다.
- **집중화 전략** 소수의 틈새시장의 용도에 딱 들어맞게 최적화된 제품을 생산하는 전략이다. 의료 기기 회사나 립프로그(아동용 장난감 회사)가 집중화 전략을 사용한다.
- **차별화 전략** 새롭고 독특해 값비싼 가격표가 붙은 제품을 생산하는 전략이다. 애플과 뱅앤올룹슨이 이런 전략을 따르는 회사다.

간단히 말해서 디자이너들은 자신들이 소속된 조직이 현재 이윤을 내기 위해, 그리고 미래에 매출을 성장시키기 위해서 어떤 전략을 사용하는지를 이해해야 한다. 궁극적으로 이것이 개별 디자인 작업이 평가되는 기준이다. 최소한 내부적으로는 그렇다(사용자들은 이와 달리 그들만의 평가 기준을 갖는데, 이에 대해서는 4장과 8장에서 다시 이야기하겠다).

이런 전반적인 경영 전략에 대해 이해하는 것은 문제를 정의하는 작업의 일부이기도 하다.

디자인 전략: 브랜든 샤우어 인터뷰

브랜든 샤우어(Brandon Schauer)는 샌프란시스코의 디자인회사인 어댑티브 패스(Adaptive Path)의 디자인 디렉터로서, 이곳에서 경영 전략의 차별화 요소로서의 경험 디자인(UX)에 대해 말하고, 쓰고, 교육하고, 일하고, 경험했다. 브랜든은 인스티튜트 오브 디자인에서 디자인 석사를, 스튜어트 비즈니스 스쿨에서 경영학 석사(MBA)를 취득했다. 또한 『사용자 경험에 미쳐라(불확실한 세상에서 위대한 서비스를 탄생시키는 UX)』(한빛미디어, 2009)라는 책의 공동 저자이기도 하다.

▶ **인터랙션 디자이너들이 왜 경영 전략까지 고민해야 하나요?**

인터랙션 디자이너들이 만드는 제품은 경영 전략에 의해 평가됩니다. 인터랙션 디자이너들이 생각한 아이디어와 디자인은 경영 전략에 들어맞아야만 적절한 자금과 지원을 받을 수 있어요.

요즘에 많은 디자이너들이 인터랙션을 만들어낼 때에는 사람들의 삶에 대한 전반적인 컨텍스트를 이해하고자 리서치를 진행하고 업무를 기획하지요. 하지만 디자이너들의 일이 성공하기 위해서는 소속된 회사의 경영 전략이라는 컨텍스트를 이해하는 일도 아주 중요하기 때문에, 이를 리서치하고 기획해야 할 필요도 있습니다.

▶ **디자인 전략과 경영 전략 사이의 관계는 무엇이라고 생각하십니까?**

일반적인 경영 전략은 하나의 비즈니스가 어떤 활동과 연관되며 이 활동들이 어떻게 진행되는지를 알려줍니다. 이케아(IKEA)는 자신들의 제품을 설명하는 카탈로그, 표지판, 상점 진열에 관한 활동에 많은 돈과 시간을 투자합니다. 여기에 초점을 맞추고 있는 이상, 값비싼 고객 서비스를 제공하는 일은 이케아가 할 필요가 없는 일이지요. 이것이 이케아가 경영 전략을 통해 전략적으로 선택한 길입니다.

좋은 디자인 전략이란 조직의 이런 전반적인 경영 전략하에 진행되는 디자인 작업과 연관돼야 합니다. 이케아에서 가구를 디자인하려면 박스에 딱 맞게 포장해야 하고, 최소한의 도구와 설명서만으로 사용자가 조립할 수 있어야 하고, 적은 비용으로 많은 수를 생산할 수 있어야 합니다. 디자인 부서에서 내리는 가구 디자인에 대한 모든 결정은 대중에게 저가의 가구를 공급한다는 이케아의 전반적인 전략을 강화합니다. 디자인 전략은 매일매일의 디자인 결정에 영향을 끼치는 경영 전략에 스며듭니다.

▶ **디자인 전략에서 가장 중요한 부분은 무엇이고, 그 이유는 무엇일까요?**

포커스, 비전, 사용자 가치, 범위는 좋은 디자인 전략의 핵심 가치들입니다. 그러나 저는 개인적으로 자신의 전략을 설명할 수 있는 커뮤니케이션 능력이 제일 중요하다고 생각합니다. 그 능력이 없고서야 모두다 헛일이지요.

다행히도 디자이너들에게는 자신들의 전략이 이번 분기에, 다음 분기에, 내년에 회사의 사업과 사용자들에게 어떤 것을 전달할지를 보여줄 수 있는 강력한 시각적 커뮤니케이션 능력이 있습니다. 그래도 디자이너들은 자신들의 디자인 전략이 가진 가치에 대해 조직 내의 다른 사람들이 알아듣게 말로 잘 설명하는 능력을 길러야 합니다.

HP의 디자인 부사장인 샘 루칸테 이야기를 해보죠. CEO인 마크 허드가 운영 효율에 모든 신경을 집중하고 있었을 때 루칸테는 HP 로고를 통일하면 전체 브랜드 이미지가 상승한다는 식으로 설명하지 않았어요. 대신 표준화된 로고를 사용해 포장하면 개발과 생산 비용에서 5천만 불이 절감된다고 설명해서 CEO의 관심을 끌었지요.

▶ **디자이너들이 전략적인 업무를 할 때에 벌이는 가장 큰 실수는 어떤 것이 있을까요?**

디자이너들은 자신들이 복잡한 비용 모델을 만들지 못한다고 해서 아예 숫자랑은 인연이 없다고 생각하곤 합니다. 그렇지 않아요. 사업이 진행되는 내용을 이해하기 위해서는 조금의 노력만으로도 충분하고, 자신이 진행하는 업무가 이 숫자에 어떤 영향을 끼치는지를 설명하기 위해 조금만 더 노력하면 됩니다. 새로운 인터랙션의 가치를 산정하는 일이란 건 조금 다른 방식의 프로토타입을 하나 더 만드는 거라고 생각하면 됩니다.

▶ **디자이너들은 '긴 여운'을 이끌어내야 한다고 이야기하셨는데, 이게 어떤 것인가요?**

'긴 여운'이라는 것은 시스템적으로 계속 반복해서 소비자에게 좋은 인상을 줌으로써 장기적인 고객의 충성도를 이끌어내야 한다는 뜻입니다. 대부분의 사업에 있어 고객 충성도는 대단히 중요한 가치입니다. 많은 회사들이 처음부터 고객들이 정말로 갖고 싶어하는 훌륭한 제품이나 서비스를 만드는 것보다 회원등록이나 멤버쉽을 통한 가짜 충성 고객 프로그램을 만들어내려고 하는 편이지만요.

처음에 저는 맵을 드래그하는 기능이 좋아서 구글맵을 쓰기 시작했는데, 구글맵은 저에게 별다른 회원가입이나 개인정보를 요구하지 않았어요. 그래도 저는 구글맵을 계속 씁니다. 스트리트뷰를 통한 길안내나 교통 정보 등의 훌륭한 기능을 통해 저에게 계속 좋은 인상을 주고 있거든요.

인터랙션 디자이너들은 지금 현재의 제품만을 생각하지 말고, 현재의 제품이 어떻게 다음 제품에서 "우와"하는 감탄스러운 순간을 이끌어내는 플랫폼으로 기능할지를 생각함으로써 긴 여운을 이끌어낼 수 있습니다. 이런 추가적인 기획과 혜안이 최고의 고객 경험을 이끌어내는 디자인 전략의 기본입니다.

문제 정의하기

소프트웨어 개발자들 사이에 전해 내려오는 오래된 농담이 있다. 만약 무언가가 의도하지 않은 방식인데도 꽤 효과적으로 동작하면 개발자들은 보통 우기고 본다. "아, 이거 버그 아니야. 기능이야." 그냥 농담이긴 하지만, 디자이너들도 프로젝트에서 일어난 문제를 재정의하는 데 같은 방법을 사용한다. 디자이너들 버전으로는 이런 오래된 농담이 있다. "이건 고쳐야 할 문제가 아냐. 가능성이야."

일반적으로는 디자이너가 정식으로 프로젝트에 끼어들기 전 단계에서 사업 담당자가 문제 혹은 문제라고 여겨지는 것을 대면하거나 발견한다. 제품이 잘 팔리지 않거나 제대로 동작하지 않거나, 아니면 단지 유행이 지났을지 모른다. 요즘은 6개월마다 시장에 새로운 휴대폰이 쏟아져나온다. 혹은 경쟁자가 더 나은 제품을 내놓았을 수도 있다. 1990년 중반, 많은 회사가 최고의 인터넷 브라우저를 만들어 내기 위해 경쟁하던 시절에는 이런 일이 자주 일어났다. 혹은 새로운 시장이 생겼고 그 시장에 맞는 제품이 필요할 수도 있다. 페이스북 위젯이나 아이폰 애플리케이션들이 그렇다. 어쨌든 이런 '문제들'이 디자이너를 필요로 하는 이유가 된다.

여기에서 '문제'라고 하는 것들의 문제는, 인터랙션 디자이너들이 관여하게 되는 '문제'라면 특히나 그러한데, 아주 복잡하거니와 제대로 정의도 되지 않는 경우가 많다는 점이다. 간단하고 쉬운 문제가 아니라면, 주어진 어떠한 문제라도 혹은 주어진 것이 아니라 스스로가 직접 정의한 문제라고 하더라도 겉으로 드러나는 대로 받아들여서는 안 된다. 척 보기에는 간단해 보여도 실제로는 그렇지 않을 가능성이 높다. 그 반대의 일은 꽤 드물다.

사용자가 인터넷에서 글을 입력하고 '글 올리기' 버튼을 찾는 데 어려움을 느꼈다는 간단한 문제를 살펴보자. 버튼을 눈에 잘 띄는 곳으로 옮기고 색깔, 사이즈, 모양을 바꾸면 손쉽게 문제를 해결할 수 있다. 그러나 사실 '글 올리기' 버튼이 눈에 잘 안 띈다는 사실 자체가 뭔가 더 큰 문제의 전조일 수도 있다. 어쩌면 입력할 항목이 너무 길거나, 사용자들이 입력을 해야 하는 이유를 이해하지 못하는 것이라서 정작 진짜 문제는 버튼을 찾지 못하는 것이 아니라 사용자들이 입력하다 말고 중간에 그 페이지를 나가버리는 것인지도 모른다. 혹은 사람들이 '글 올리기' 버튼을 클릭하면 무슨 일이 벌어질지 무서워서 버튼을 누르지 않았을 수도 있다. 간단한 문제 뒤에 더 크고 복잡한 문제가 도사리고 있을 수 있다.

| Note | 사람들은 보통 일을 할 때 인터랙션 디자이너는 일을 복잡하게 만들지 말고 당장 필요한 문제 해결에 집중해야 한다고들 한다. 어떤 경우에는 버튼 문제가 그냥 버튼의 문제일 수 있다. 어디선가 문제가 생겼다고 해서 프로젝트 전체를 샅샅이 점검하고 다 엎을 필요는 없다. 인터랙션 디자이너가 끈질기게 이런 일에 매달린다면 같이 일하는 팀원들이 결국 질려버릴 것이다. 그러나—이게 아마도 이 책의 중심 주제일 것이다— 무언가를 결정할 때에는 진지하게 고민하라. 만약 버튼을 크게 만들어서 대부분의 문제가 해결된다면 망설이지 말고 버튼을 키우면 된다.

인터랙션 디자이너들은 종종 '난해한 문제wicked problem'에 말려들곤 한다. 이 표현은 1973년 이론가인 호스트 리텔[1]이 사용한 것으로, 완전히 이해하기도 어렵고 경계도 불명확한 상황을 말한다. 관련된 이해관계자들도 지나치게 많고 다들 의견이 다른 데다가 제약도 많은 데다가 명확한 해결책도 없다.

이런 문제에 대한 디자인 해결책을 얻기 위해서 디자이너는 클라이언트 이해관계자와 함께 가장 먼저 문제를 정의해야 한다. 이를 위해서는 문제를 풀기 위해서 일하게 될 프로젝트의 범위-해당 문제에 대해 사람들 간에 공유된 이해의 정도-가 필요하다. 진짜 최악의 경우는 잘못 정의된 문제를 해결하려고 고군분투하는 것이다. 디자이너는 그냥 문제를 해결할 수 없다. 꼭 문제를 정리해야 한다.

문제 정리란 도널드 숀이 『The Reflective Practitioner 성찰적 실천가』에서 사용한 표현을 따르면 '당면한 것에 이름을 붙이고 그들을 다루기 위한 맥락을 규정하는 일'이다. 하나의 문제와 이를 해결하기 위한 프로젝트는 그냥 주어진 것이 아니다. 이는 복잡한 상황에 얽힌 인간들의 결과물이다. 그러므로 어느 디자인 전략에 있어서도 최초의 업무는 상황의 큰 틀을 파악하고 문제에 디자인을 끼

---

1 호스트 리텔: Policy Science 4호에 게재된 「일반적인 기획법칙의 딜레마」(호스트 리텔, 멜빈 웨버) 참조

워넣은 후 이들을 어떤 순서로든 정리하는 것이다. 이런 '정의하고 이름붙이기'를 통해서 디자이너는 상황을 이해하고 궁극적으로 이를 변화시키고자 하는 것이다. '문제의 틀'을 정의할 때에 디자이너는 이 새로운 틀이 어떤 의미가 있을지에 대해 아무 생각이 없을 수도 있지만, 이 틀을 통해 어쨌든 문제를 풀기 위한 디자인 프로세스를 진행할 자리를 만들어낼 수 있다.

예를 들어 어떤 회사의 새 모바일 기기가 잘 안팔렸다고 해보자. 여기에는 전 세계적 불황으로부터 구태의연한 영업조직에 이르는 다양한 이유가 있을 수 있다. 디자인 과정을 시작하기 위해서 디자이너는 진짜 문제가 어디에 있는지를 찾고, 프레임을 만든 후에야 자신들의 재능을 쏟아붓는다. 혹은 그렇지 않을 수도 있다.

문제의 프레임을 만드는 것은 두 가지 일을 의미한다. 하나는 뒤로 물러서서 전체적인 문제의 범위를 설정하는 것이고, 또 하나는 바짝 다가가서 개별 부분의 세부사항을 파악하는 것이다. 여러 가지 측면에서 이것이 디자인 프로세스의 소우주다. 여러 종류의 생각을 통해 전체적인 가능성과 기회를 탐색한 후, 해결책을 정의하고 다듬기 위해 실제적인 대상에 집중한다.

문제를 해결하기 위한 전략적인 프레임워크에는 정말 다양한 방식이 존재한다. 문제를 설명하기 위한 메타포, 문제의 다양한 측면을 아우르는 스토리, 프로젝트에 뭐가 필요하고 뭐가 필요하지 않은지를 설명하는 창의적인 리포트, 시각화, 제품기획일 수도 있다. 조직과 디자인팀에게 어디가 문제의 범위이고 무엇이 프로젝트의 목적인지 설명하는 데 도움이 된다면 어떤 방법이든지 괜찮다.

이 과정에서 첫 번째 해야 할 일은 정보를 모으는 것이다. 디자이너는 클라이언트, 이해관계자, 동료, 팀원과 현 상황(혹은 유사한 상황)에 대해 뭔가 생각이 있는 사람들을 통해 의견과 현 상황에 대한 다양한 시각을 얻어야 한다. 디자이너들은 일반적으로 정보를 세 곳에서 얻는다. 전통적인 디자인 리서치, 디자인 명세서, 그리고 이해관계자와의 인터뷰다(물론 사용자로부터도 의견을 얻는다. 4장 참조).

전통적 리서치

가장 좋은 전략은 현재의 조직, 자원, 고객, 브랜드, 그리고 시장에서의 위치 등에 대한 솔직한 평가에서 시작한다. 전통적인 리서치가 적절한 시작점이 될 것이며 다른 이 평가는 전략적 활동(이해관계자와의 인터뷰) 등을 시작하기 전에 완료돼야 한다.

군이 말하는 것도 우습지만 자신이 맡을 분야와 일하게 될 회사에 대해 간략하게 인터넷 검색을 하는 것은 대단히 도움이 된다. 회사에 대한 분석보고서, 홍보 기사, 보고서 등, 책이나 신문, 잡지 못지 않은 다양한 정보를 얻을 수 있다. 이런 것들이 전통적 리서치의 자원이 돼준다.

특별히 그러지 말라는 지시가 없는 한, 디자이너들은 정보 수집의 일환으로 자유롭게 외부의 소스를 통해 정보를 얻을 수 있다. 인터넷이라는 멋진 물건 덕택에 우리는 수많은 다양한 소스로부터 쉽고도 빠르게 정보에 접근할 수 있게 됐다. 디자이너들은 당연히 인터넷을 잘 쓸 수 있어야 한다! 어떤 프로젝트는 이전에 한 번도 들어본 적이 없는 영역에 대한 일일 수도 있다. 일하게 될 회사나 산업, 경쟁자에 대한 정보도 중요하지만 대략적인 인터넷 검색, 이메일목록 아카이브, 게시판, 기술과 학술저널을 통해 주제분야에 대한 정보를 얻을 수도 있다.

| Note | 전통적 리서치에서 특허에 대한 리서치는 포함되지 않는다. 인터랙션 디자이너들은 특허에 대한 정보나 특허에 대한 내용을 담은 자료들을 무시하는 것이 좋다. 특허 침해에 대한 벌금은 (최소한 미국 내부에서는) 높으며, 만약 사전에 디자이너가 특허에 대해서 알고 있었다고 하면 더욱 높아진다. 특허는 변호사에게 맡겨두자. 아이러니하게도 특허에 대해서 전혀 몰랐다는 것이 특허 침해 사건에서 가장 효율적인 변명이 돼준다.

자칫하면 정보를 얻으려고 돌아다니는 데 무한정 시간을 쓸 수 있다(박사과정의 학생 아무나 잡고 물어보면 이를 증언해줄 것이다). 이 단계에서는 해답을 얻기 위해서 꼭 필요한 **정보**를 얻는 데에만 집중하는 것이 좋다. 정보 수집의 목적은 프로젝트의 주제(와 관련된 분야)에 대해서 일반적인 정보를 모으는 것과 현재 다루고자 하는 특정한 문제에 대해 깊은 지식을 쌓는 것이다.

디자인 명세서

디자인 명세서는 일반적으로 클라이언트가 작성한다(내부 사업 담당자나 조직 상사가 클라이언트 역할을 하기도 한다). 최근에는 디자인팀이 이를 직접 쓰기도 하는 추세다. 이 문서에는 디자이너를 고용한 이유(당면한 문제)가 쓰여있고 해결책에 대한 제안사항도 함께 제시돼 있어야만 한다. 이 명세서가 정보 수집의 첫 단계다. 디자인 명세서에는 또한 브랜드의 고려사항, 기술적 제한조건, 요구 스케줄과 프로젝트가 도달해야 하는 상세한 목표, 그리고 중요한 이해관계자의 연락처가 적혀 있다.

디자인 명세서는 점점 사라져가는 추세이고, 이런 내용은 디자이너가 스스로 이해관계자와의 인터뷰, 전통적인 리서치, 그리고 경쟁제품 분석을 통해 얻어내는 작업결과물 자체가 되기도 한다. 그러고 나면 디자인 명세서는 프로젝트 초기의 정보수집 단계에서 얻어진 내용을 포착하고 커뮤니케이션하는 수단이 된다.

클라이언트가 제공하는 프로젝트 명세서를 통해 디자이너는 클라이언트가 어떤 결과물을 성공적이라고 정의할지에 대한 단서를 얻을 수 있다. 이런 것은 확실히 적혀 있는 경우가 드물다. 문서 앞쪽에 "새 애플리케이션을 참신하게 만들고 싶다."라는 문장이 제시돼 있고, 그 뒤에 50페이지나 되는 사업, 기술적 목표사항이 줄줄 적혀 있다고 해보자. 디자이너가 이 모든 세부 목표들을 다 만족시켰다고 해도 '참신함'에 대한 욕구를 잘 반영하지 못한다면 클라이언트는 별로 기뻐하지 않을 것이다.

디자인 명세서는 프로젝트에 대해 대화를 나누기 위한 첫 단계일 뿐이다. 오히려 디자인 명세서야말로 수많은 질문들의 시작점이다. 애플리케이션이 '참신하다'는 게 대체 무슨 뜻인가? 그렇다면 이해관계자와 인터뷰를 해야 할 때다.

이해관계자와의 인터뷰

이해관계자란 클라이언트 중 프로젝트에 특정한 관심이 있거나, 그 결과에 직접적인 영향을 주는 사람들을 일컫는다.

이해관계자와의 인터뷰(그림 3.1)는 어느 프로젝트든지 간에 디자이너가 첫 번째로 해야 할 일이다. 인터뷰는 클라이언트가 디자이너를 상대로 프로젝트가 왜 필요하다고 생각하는지를 직접 이야기하는 기회이며, 클라이언트가 문제를 정의하는 방식이 드러날 기회다. 아까 말했듯이 그 이유라는 게 잘못됐을 수도 있고 디자이너는 이에 망설임없이 부딪쳐야 한다. 진짜 문제는 클라이언트가 생각하는 그 문제가 아닐 수도 있으며 디자이너는 스스로 문제를 정의해내야 한다.

그림 3.1 이해관계자와의 인터뷰는 가능하다면 일대일 대면 형식으로 진행하고, 프로젝트에 영향을 끼칠 수 있는 힘있는 사람들을 최대한 많이 만나는 것이 좋다.

이해관계자와의 인터뷰는 포괄적으로 이야기가 오갈 때 가장 효과적이므로 이를 다룰 충분한 시간이 필요하다. 또한 프로젝트에 직접적으로 돈과 자원을 대는 사람들뿐만 아니라 프로젝트의 영향을 받는 조직 구성원들과도 이야기할 필요가 있다. 많은 경우 조직도에서 아래쪽에 있고 소비자를 직접 대변하는 사람들, 즉 판매원 등이 윗사람들보다 해당 프로젝트에 대해 중요한 단서를 던져 준다. 예를 들어 소비자를 상대하는 고객 서비스 부분을 위한 애플리케이션을 새로 짜야 한다고 생각해보자. 이런 경우 회사의 최고정보담당임원CIO이 자금을 끌어오고 고객 센터의 실장이 프로젝트를 움직이겠지만 디자이너는 그 프로그램을 써서 실제로 일하는 사람인 고객 센터 상담자들의 목소리를 들을 기회를 놓치면 안 된다.

인터랙션 디자이너라면 '어떻게', '무엇'으로 시작되는 질문뿐 아니라 '왜'라는 질문을 던져야 한다. "이건 왜 이런 식으로 작동하나?" 왜 한 달에 볼 베어링을 백만 개 파는 것이 중요한가? 왜 이 애플리케이션이 모바일용으로 만들어져야 하는가? '왜'라는 질문은 디자이너들이 '네', '아니오'로 대답가능한 내용 없는 질문들로 시간을 낭비하지 않게 해준다.

이해관계자와의 인터뷰에서 물어볼 수 있는 몇 가지 질문들의 예는 다음과 같다.

- 당신은 누구이며 조직에서의 역할은 무엇인가?
- 당신에게는 이 프로젝트가 왜 중요한가? 조직에게는 왜 중요한가?
- 프로젝트가 성공하기 위해서는 무엇이 필요할까?
- 기존에는 이 문제를 해결하려고 시도한 사람이 없었는가?
- 이 프로젝트가 다루지 않는 내용은 무엇인가?
- 이 프로젝트에서 딱 하나만 하게 된다면 무엇일까?
- 이 프로젝트가 당신의 일상 업무에는 무슨 영향을 끼치는가?
- 이 프로젝트를 진행할 때 내가 신경써야 할 일이 있을까?
- 이 프로젝트의 리스크는 무엇인가? 만약 실패한다면 무엇 때문일까?
- 경쟁자들은 현재 이 분야에서 어떻게 하고 있는가?
- 당신 외에 이 프로젝트에 대해서 이야기를 나눠야 할 사람이 누구일까?

이해관계자와의 인터뷰는 클라이언트가 디자이너(혹은 디자이너를 위해 이 인터뷰를 진행하는 사람)에게 직접 프로젝트의 사업적 목표에 대해서 설명하는 시간이다. 사업 목표는 '볼 베어링 일일 목표 판매량: 500만 개' 식으로 명확한 숫자일 수도 있고, 새로운 고객을 끌어오거나 새로운 시장에 진입하거나 '더 우아한 인터페이스가 필요하다'는 식의 부드러운 회사 브랜드적 목표일 수 있다. 어쨌든 간에 디자이너는 주의 깊게 프로젝트의 숨은 목표를 살펴야 한다. 때로 회사는 두 조직을 통합하거나 사람들을 충원하고 싶다는 등의 다른 목표를 갖고 있고, 이를 달성하기 위한 수단으로 디자인 프로젝트를 이용할 수도 있다. 이런 숨은 목표를 간파하지 못하고 해결책을 전혀 다른 방향으로 전개하면 싸늘한 반응을 얻을 뿐이다.

또한 이해관계자와의 인터뷰는 프로젝트의 제약조건을 이해하는 데 도움을 준다. 절대로 어기면 안 되는 사업적, 기술적, 혹은 시간적인 제약이 전혀 없는 프로젝트란 존재하지 않는다. '절대적'까지는 아니어도 쉽게 이 제약을 뛰어넘기는 어렵다. 제약조건은 마케팅, 회계, 관리, IT 부서, 사용자에 의해 생긴다. 이런 제약은 간단하게는 새로운 웹사이트라든가 새로운 모바일 기기 등 해당 프로젝트를 통해 만들어지는 특정한 매개물일 수도 있고 '이미 웹페이지의 기업 광고 공간을 모두 판매 완료했으니 이 공간을 디자인해야 한다'라든가 '이 로봇은 현재 왼쪽으로만 방향전환이 가능하고 가끔 폭발하는 경우도 있다'라는 등 더 복잡한 제약일 수도 있다. 인터랙션 디자이너는 이해관계자와의 인터뷰 기록에서 와이어프레임에 이르기까지 프로젝트의 진행 중에 벌어지는 모든 제약조건들을 모으고 문서화해야 한다. 이런 제약조건들을 통해 전체 공정의 뒷쪽에 드러날 디자인 결정들이 형태를 갖추게 된다(7장 참조).

성과지표와 투자수익률

프로젝트의 사업 목표를 알기 위해서 디자이너는 전반적인 사업 전략에 대해서도 배워야 하고, 회사가 최종적으로 무엇을 성공적인 프로젝트라고 생각하는지도 이해해야 한다("하루에 볼 베어링을 천만 개나 팔았어!"). 이것이 프로젝트의 성과 지표success metrics가 된다. 성과 지표는 해당 프로젝트의 목표를 달성하려면 어떤 부분을 개선해야 하는지에 대해 객관적인 시각을 갖게 해준다. 이론적으로 프로젝트의 성과 지표는 전체 조직의 성과 지표와 긴밀하게 연관돼야 한다(시장 점유율 확대, 이익률 증대 등).

간단히 말해서 몇 가지 기본적인 숫자를 프로젝트가 끝났을 때 비교하기 위한 기준선으로 사용하라는 것이다.

디자이너는 자신들의 업무가 전체 조직에 어떤 영향을 줬는지를 확실히 해야만 하는 이기적인 이유가 있다. 자신들이 창출한 가치, 특히 이 작업이 초기의 숫자에 어떻게 영향을 줬는지 숫자로 표현된 가치를 조직에 보여줌으로써 디자인 부서가 비용부문이 아니라는 사실을 증명할 수 있다. 비용부문이라는 것은 인사팀이나 연구개발부서 등 회사의 가치에 간접적으로만 영향을 끼치는 부서를 일컫는 말로, 조직의 다른 부서에 비해 더 가치가 낮다고 여겨지며 회사 경영이 어려워지면 가장 먼저 해당 부서가 통째로 날아가거나 구조조정을 겪게 되곤 한다.

당연히 모호한 목표보다는 명확하게 숫자로 제시한 목표가 성공을 평가하기에 훨씬 쉽다. 인터랙션 디자인은 사업하는 사람들이 투자수익률ROI, Return on Investment이라고 부르는 것을 계산하기 쉽지 않다. 만일 디자인이 기업의 ROI 목표를 달성하기 원한다면 디자이너는 먼저 성공을 계량화하기 위한 방법을 확실히 하고 나서 일을 시작해야 한다. 디자이너는 현재 상태로부터 앞으로 개선할 부분의 성과에 대한 지표가 되어줄 최소한의 요건들을 정리해볼 수 있다. 예를 들어 웹사이트의 등록 부분에 대한 리뉴얼 프로젝트를 시작하기 전에 일단 정량 데이터를 정리해본다. 말하자면 이런 식이다. "(이 사이트는) 등록까지 6분이 걸립니다. 사용자의 편의성을 1부터 5까지 재고, 5가 최고 수치라고 했을 때 사용자들의 현재 등록 수치는 2입니다. 서버 로그에 따르면 사용자 중 절반이 두 번째 페이지에서 등록 절차를 포기합니다." 이런 명확한 데이터를 보유하고 있으면 프로젝트가 끝났을 때 새로 만들어낸 해결책의 새로운 데이터와 옛 데이터를 비교해 볼 수 있으며 프로젝트의 목표 달성 여부도 측정할 수 있다. 디자이너가 좋은 결과를 냈다면 숫자가 이를 뒷받침해줄 것이다.

경쟁 분석

프로젝트에 진지하게 임하기 위해 인터랙션 디자이너는 현재 경쟁자들의 지형도를 이해할 필요가 있다. 시장의 전체적인 트렌드, 업계의 선도기업들이 무엇을 하고 있는지, 어떤 제품이 유명하고 잘 팔리며, 그 이유는 무엇인지, 최신의 기술상황은 어떠한지 같은 **시장 현황**을 이해하는 것이 중요하다. 디자이너들이 기존의 산업의 흐름을 무작정 따라야 한다고 이야기하는 것이 아니다. 대신 현재 시장에 어떤 제품이 존재하는지를 명확히 함으로써 기존에 존재하는 제품을 무심코 따라가서 전체 조직에 별다른 가치를 창출하지 못하는 결과를 낳지 말아야 한다는 뜻이다.

경쟁 분석이 필요한 또 다른 이유는 새로운 제품이 비집고 들어가 경쟁 우위를 차지할만한 시장의 틈새나 미해결 문제를 찾아내기 위해서다.

경쟁 분석을 할 때에는 현재 직접적인 시장 점유 경쟁 상태에 있는 전통적인 경쟁자는 물론이고 새로운 경쟁자도 찾아내야 한다. 예를 들어 언론사의 경쟁자는 전통적으로 다른 언론사였다. 하지만 이제 언론사들은 블로그, 사진 공유 사이트, 뉴스 공유 사이트들과 경쟁하고 있다. 이런 경쟁자들을 찾아내기 위해서는 "지금 있는 전통적인 회사들이 없으면 소비자들은 어떻게 되지? 무엇으로 이런 전통적인 방법을 대체할까?"라는 질문을 던져보는 것이다.

일단 경쟁자의 목록을 작성했으면 (이해관계자와의 인터뷰를 통해 새로 발견될 수도 있다) 그 다음으로 해야 할 일은 이들과 비교하고 대조할 기준을 찾아내는 것이다. 이는 넓은 기준(브랜드, 현황, 사용자) 세부적인 기준(특정한 요소의 현황/전망)일 수 있다.

이렇게 수집한 정보로 경쟁 분석을 할 때에는 간단한 '있음/없음' 표로부터 (검색 기능이 있다/없다) 다중 선택(검색 유형: 사이트 내부), 척도(1~10스케일로 나눴을 때 얼마나 검색이 잘 되는가?), 혹은 묘사(화면당 10개의 검색 결과 표시) 등 다양하게 표현할 수 있다.

경쟁자	터치스크린	시장경력	브랜드	소비자
경쟁자 1	없음	7	사용편의, 간편성	초보자
경쟁자 2	있음	1	파워풀, 탄탄함	전문가
경쟁자 3	없음	2	정교함	전문가

표 3.1 간단한 경쟁 분석

여기에 경쟁 분석으로부터 도출한 상세 데이터, 전망과 결론을 추가함으로써 현재의 시장 기회를 그려낼 수 있으며(그림 3.2) 내부적으로 프로젝트를 홍보할 수 있게 된다(이 장의 후반부에 있는 '시각화와 전망 제시' 참조).

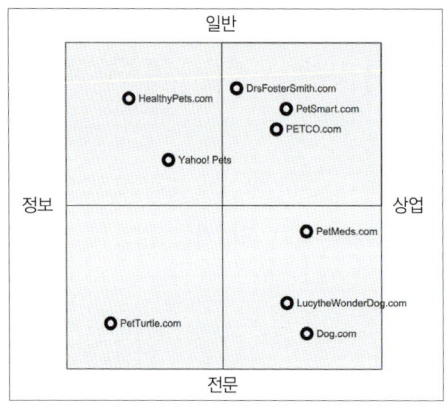

그림 3.2 2×2의 간단한 그래프 안에 차별점을 기반으로 만든 애완동물 웹사이트 비교표다. 그래프의 축은 컨텐츠의 특징(상업적 vs 정보제공)과 전문성(지원하는 애완동물의 종류)으로 나뉜다(댄 브라운 커뮤니케이션 디자인 제공).

이런 프레임 작업을 통해 몇 가지 결론을 얻게 된다. 프로젝트의 경계와 목표, 프로젝트에 대한 내부적 맥락(왜 이 사업에서 이 프로젝트가 필요한가)과 외부적 맥락(시장상황과 경쟁자), 그리고 프로젝트에 대한 몇 개의 중요한 지표들 말이다. 이제 제품을 이 시장환경에 맞게 포지셔닝하고 이를 전체 조직의 입장에서 성공적이고, 사용자들 입장에서는 가치가 있게(돈을 낼만하도록) 만들 시간이다.

차별점 정의하기

디자인 전략 프로세스에서 중요한 단계는 가치 제안value proposition을 정의하는 것이다. 가치 제안이란 사용자들이 다른 유사 제품이 아닌 바로 이 제품을 샀기 때문에 얻게 되는 가치를 뜻한다. 사용자에게 별다른 가치를 덧붙이지 못한다면 제품을 남들과 다른 제품이라는 것 외에는 차별화할 요소가 없게 되는데, 이를 좋은 디자인이라고 할 수는 없다.

도널드 라이너츠은 『Managing the Design Factory디자인 경영』에서 디자이너들에게 가치 제안을 25단어 내로 정의하라고 주문했다. 그의 말에 따르면 "가장 성공적이었던 제품들은 명백하고 짧은 가치 제안을 가진다. 소비자들은 보통 3~4개의 차별점 이내에서 제품을 비교한다"고 한다.

전통적으로 가치 제안은 두 가지로 나뉜다. 하나는 가격, 또 하나는 품질이다.

어떤 제품이든 경쟁자들보다 싸거나 (기준 소매 가격이 낮던가) 품질이 좋아야 한다 (이는 잘못된 이분법일 수 있다. 디자이너들은 언제나 가장 낮은 가격에 가능한 최고의 퀄리티를 목표로 삼아야 한다. 제품 가격이 제일 낮지 않다 하더라도 **최소한 제작단가**는 가장 낮아야 한다).

인터랙션 디자인은 제품의 품질에 점점 더 중요한 역할을 하고 있으며, 특히 제품이 어떻게 동작하는가 하는 부분에서 그렇다.[2] 2006년에 엘케 덴 오딘은 연구를 통해 매장으로 반품되는 대부분의 전자제품이 고장나서가 아니라 디자인된 대로 정확히 움직였는데도 반품됐다는 점을 발견했다. 이 제품들은 소비자들이 더 많은 기능을 기대했었거나, 디자인이 별로라서, 혹은 어떻게 동작하는지 잘 몰라서라는 이유로 반품됐다. 인터랙션 디자이너는 제품이 잘 동작하게 만드는 것만으로도 사업과 소비자에게 가치를 창출해낼 수 있다(그리고 반품되거나 버려지는 제품의 수도 줄일 수 있다).

그러나 이런 것들보다 제품을 사용하는 경험 자체가 가장 중요한 차별점이며, 인터랙션 디자인은 이의 대부분을 담당한다. 여태까지 소위 차별점—한 제품을 경쟁 제품과 다르게 하는 요소—은 많은 경우 기능 그 자체였다. "우리 웹사이트는 다른 소셜 네트워크와는 달라요. 이메일도 됩니다." 같은 식이다. 그러나 기능이라는 것은 딱히 특허로서 보호되지 않는 한은 (심지어 특허로 보호된다 하더라도) 베끼는 것이 가능하다. 또한 심지어 기능이 중요하다 해도 디자이너라면 장기적인 차별점을 만들어내기 위해 노력해야 한다. 이는 성취하기 어려운 전제지만, 디자이너들은 전체 디자인 프로세스를 통해, 특별히 동작 영역에서 이를 이뤄낼 가능성을 찾아야 한다.

인터랙션 디자이너는 '제품이 어떻게 동작하는가(7장과 8장 참조)' 뿐 아니라 그런 동작을 통해 제품이 일으키는 상황(그림 3.3)을 통해 차별점을 만들어낼 수 있다. 비디오 카메라를 예로 들어보자. 대부분의 비디오 카메라는 비디오를 찍는 동작에 초점을 맞추고 있다. 그러나 소니, 캐논, JVC 같은 쟁쟁한 카메라 제조사들과 경쟁하는 플립 비디오Flip Video는 비디오를 카메라에서 컴퓨터로 옮기는 과정에 초점을 맞춤으로써 경쟁 우위를 창출했다.

---

2 '부드러운 편의성: 품질 관리(혹은 사용성?)의 새로운 관점', www.uselog.com/2008/01/soft-reliability-angle-on-quality.html 참조

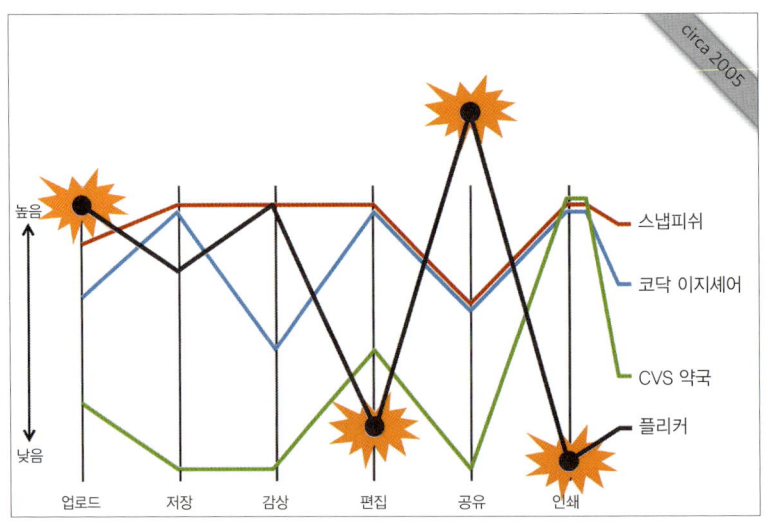

그림 3.3 사진 웹사이트 플리커(2005년 상황)의 차별화 차트. 김위찬과 르네 마보안 교수의 책 『블루오션 전략』을 참조했다. (브랜든 샤우어, 어댑티브 패스 제공)

제품의 동작 외에 제품을 차별화할 수 있는 요소들은 다음과 같다.

- **전문화** 현재 관심이 높지 않은 특정한 마켓에 집중하는 것이다. Kayak. com[3]은 여행이라는 한 부분에 초점을 맞춤으로써 구글과 차별화를 이뤄 냈다.

- **일반화** 전문화와는 반대로 전문성 있게 제작된 제품이나 디자인을 일반 대중까지 확대함으로써 시장을 넓히는 것이다. 고전적인 예로, 지금은 대중화된 바퀴 달린 여행가방은 처음에는 비행기 승무원용으로 제작된 제품이었다.

- **현지화, 혹은 컨텍스트의 변화** 하나의 컨텍스트 하에서 잘 동작하는 제품은 다른 컨텍스트에서도 잘 동작하게 다시 디자인될 수 있다. 각 공항에서는 최근 유행하는 셀프 체크인 기계가 도입되기 이전부터, 위치안내용의 터치 스크린 기기가 사용돼왔다.

---

3 미국의 여행 가격 비교 사이트 – 옮긴이

차별점은 가치 제안과 연관지어 검토해볼 필요가 있다. 그렇게 하지 않고 제품을 단지 다르게 만들기 위해서 차별화한다는 것은 일반적으로 좋은 디자인 방법이 아니다. 딱히 소비자로 하여금 이 제품을 사거나 사용하게 할 이유를 만들어주지 못하는 기능적 차별점은 사용자를 헷갈리게 하거나, 잘해봐야 조금 다른 제품을 만들어낼 뿐이다. 예를 들어 모든 사람들이 음악을 좋아하기는 하지만 그렇다고 디지털 기기마다 음악 재생 기능이 다 포함돼야 할 필요는 없는 것이다. 진짜 가치 제안에 대한 이해가 없이 덧붙여진 기능들은 가치를 높이는 데 이바지하지 않는다. 실제로 이들은 제품의 목표를 헷갈리게 만듦으로써 정반대의 역할을 한다. 보통은 쓸데없이 복잡한 인터페이스와 형태로 귀결된다.

디자이너 혼자서든 그룹으로든, 가치 제안과 핵심 차별점을 정의하기 위해 사용할만한 두 가지의 훈련방법이 있는데 엘리베이터 피치와 광고다. 엘리베이터 피치[4]는 라이너츠의 '25단어 이하'라는 목표를 실제 상황으로 재정의한 것이다. 자신이 어떤 것을 만들려고 하는지와 그 제품이 무엇이며 왜 특별하고 어째서 사람들이 다른 것 대신 그 제품을 선택해야 하는지를 설명하라. 이 제품에 대해 들어본 적 없는 사람이 30초 내에 그것을 확실하게 이해할 수 있게 설명해야 한다. 광고 연습도 이와 비슷하게 최종적으로 구상된 제품을 광고라는 형태로 포장해보는 연습이다. 온라인 배너 광고나 지면 광고, TV 광고든 뭐든 상관없다. 이 두 가지 훈련 모두 제품의 가치 제안과 차별점을 정의하는 데 도움이 되며, 내부적으로 프로젝트를 이해시키기 위해 유용한 도구다.

기능 추가병과 맞서 싸우기

사람들은 기능을 좋아한다. 우리는 제품을 하나하나 비교해보고 제일 기능이 많이 들어간 것을 선택하기를 즐긴다. 말하자면 논리적으로 같은 값에 가장 기능이 많은 제품이 가치가 높다고 생각하는 것이다. 회사들도 기능을 좋아한다. 기능은 시장에 설명하기가 편하다. 또한 기능을 덧붙임으로써 경쟁자들이 현재 만들어낸 제품을 진짜 차별점 없이 쉽게 베껴낼 수도 있다. 하지만 기능은 이전

4　Elevator Pitch: 엘리베이터 안에서 임의의 고객을 만나 1층에서 각자의 목표층으로 올라가는 동안, 즉 최대 30초 동안에 성공적으로 사업내용을 설명하는 것. 혹은 그렇게 짧은 시간으로 압축된 사업설명에 대한 용어 - 옮긴이

에도 말했듯이 경쟁자들도 쉽게 베끼기 때문에 장기적으로는 좋지 않은 전략이다. 또한 기능 추가가 더 나은 제품을 의미하지도 않는다. 실제로는 많은 기능은 사용성을 떨어뜨리고 더 헷갈리게 만들며 하나도 제대로 되는 게 없이 여러 가지가 다 잘 안 되게 할 뿐이다.

제임스 서로위키는 기능 패러독스에 대해 이렇게 이야기했다.[5] "사용자는 가전제품들이 점점 다루기 힘들다고 느끼면서도 이런게 매력적이라고 생각한다. 우리가 매장에서 새로운 제품을 볼때에는 더 많은 기능이 있을수록 더 좋은 물건이라고 느낀다. 이런 제품을 집안에 갖고 와서 사용하려고 노력할 때에서야 비로소 단순함의 미덕을 깨닫게 되는 것이다."

돈 노만[6]의 조언은 다음과 같다. "사람들은 더 단순해보이는 시스템이 덜 유능하다고 생각하므로 그것을 사고 싶어하지 않는다. 실제적인 복잡성을 낮추고, 진짜 단순성을 높여야 한다. 이는 정말 재미있는 디자인적 도전이다. 사용하기 쉽게 만드는 동시에 파워풀해보이도록 만들어라."

틱택토 게임에서처럼, 기능 추가 게임에서 승리하는 유일한 방법은 아예 이 게임을 시작하지 않는 것이다. 사람들은 자신들이 지불하는 가격에 적절한 가치가 있다는 느낌을 받고 싶어한다. 이것이 가치 제안이다. 욕망, 기쁨, 재미, 럭셔리 등의 다른 감정 대신 사람들은 두려움을 넘어설 파워를 원한다("진짜 못생겼지만 최소한 제대로 동작은 하겠지? 제발"). 기능 목록들은 사람들에게 선택할 때 조금 더 편안함을 느끼게 해준다.

제품 전략은 스토리 자체에 초점을 맞춰야 한다. 어떻게 그 제품이 사용자들이 원하는 것을 채워줄 뿐 아니라, 기존까지 시장에 비어 있던 부분을 공략해 사람들로 하여금 살 수밖에 없도록 만드는가, 혹은 완전히 새로운 시장을 창출하는가 하는 것 말이다. 기능은 이 스토리를 도울 뿐 이를 만들어내지는 못한다.

---

5 '기능 자랑하기', 2007년 5월 28일 「뉴요커」지. 온라인으로는 www.newyorker.com/talk/financial/2007/05/28ta_talk_surowiecki에서 볼 수 있다.

6 '과대평가된 단순성', 온라인으로는 www.jnd.org/dn.mss/simplicity_is_highly.html에서 볼 수 있다.

사례 연구   위Wii

회사
닌텐도, 세계 최대의 비디오 게임 제작사 중 하나

문제
2000년대 초에 닌텐도는 결단에 직면해 있었다. 1996년에 출시된 가장 고성능의 게임 콘솔이었던 닌텐도 64는 낡았고, 소니의 플레이스테이션과 새로운 경쟁자인 마이크로소프트의 엑스박스가 시장점유율을 확대해가는 것을 지켜볼 뿐이었다. 2002년 마이크로소프트는 북미시장에서 닌텐도를 게임 콘솔 업체 순위 3위로 밀어냈다. 닌텐도는 점점 치열해져가는 시장에서 어떻게 경쟁할지를 결정해야만 했다.

과정
닌텐도는 경쟁상황을 면밀하게 분석한 후 소니의 플레이스테이션과 엑스박스와 정면으로 맞붙어서 이기기는 어렵다고 결정했다. 이 두 게임 플랫폼은 완전히 같은 시장 안에서 같은 소비자를 대상으로 정면으로 맞붙어 기능 대 기능으로 치열한 경합을 벌이고 있었다. 대신 닌텐도는 플레이스테이션과 엑스박스가 이미 포기해버린 시장, 즉 자신들을 '게이머'라고 생각하지 않는 대상들이 즐길 수 있는 기기를 만들어내는 데 초점을 맞췄다. 그 차별점은 동작 인식 컨트롤이라는 게임이 플레이되는 방식에 있었다.

해결책
위가 만들어내는 행동(공간을 이용해 게임을 플레이하기)에 초점을 맞춤으로써 닌텐도는 게임에 완전히 새로운 시장을 열었으며, 현재 플레이스테이션과 엑스박스가 치열하게 싸우고 있는 시장에 그다지 가능성 없는 도전장을 내미는 대신 기존의 카테고리를 바꿔버렸다. 닌텐도는 여전히 하드웨어에 중심을 두면서도, 한 번도 플레이스테이션이나 엑스박스를 사려고 생각해본 적이 없을 법한 나이 든 사람들(위 볼링 토너먼트의 참가자들)부터 어린 아이들에 이르는 소비자들에게 디지털 게임을 플레이하는 새로운 방법을 제시해 강한 가치 제안을 창출했다.

위는 전례없이 놀라운 성공을 거두고 전 세계적인 현상이 됐으며, 수많은 상을 받고 수천만 불을 벌어들였다. NPD 그룹의 통계에 따르면, 2007년 상반기에만 위는 북미 시장에서 플레이스테이션 3와 엑스박스 360을 합친 것보다 더 많은 수를 판매했다. 많은 나라에서 위는 가장 많이 팔린 게임 콘솔이다. 닌텐도에 따르면 2009년 위의 총 판매량이 5,000만 대를 넘을 것으로 예상되며 출시 후 3년이 지난 지금까지도 시장에서는 여전히 품귀현상이 빚어지고 있다.[7]

---

7 2009년 12월 말의 누적 판매대수는 6,700만 대를 기록했다. – 옮긴이

가격

기능과 가격은 형제지간이다. 전략을 세우는 단계에서부터 누군가는 제품의 **수익 모델**revenue model을 검증하려고 할 것이다. 무료로 배포할 것인가? 월정액 서비스를 할 것인가? 프리미엄 아이템을 팔 것인가? 추가 아이템을 판매할 것인가? 광고 수익으로 이익을 낼 것인가?

기준 소매 가격price point은 굉장히 중요한 정보다. 디자인 과정 동안 내려질 수많은 결정들과 사용가능한 리소스들이 모두 여기에 영향을 받는다. 일반적으로 전문성 있는 하이엔드 제품인지, 대중용 값싼 제품인지에 따라 디자인하는데 주어지는 시간과 리소스에 현격한 차이가 있다.

어떻게 가격이 결정되는지는 일종의 흑마술이다. 일반적으로 경쟁자가 유사한 제품을 얼마의 가격으로 판매하는지가 결정에 많은 영향을 끼치지만 이 외에도 고려할 것들이 많다. **영업이익**profit margin이 먼저 결정돼야 한다. 영업이익이란 회사가 전체 디자인, 생산, 판매, 그리고 서비스에 들어가는 총 비용 대비 얼마나 이익을 올리기를 원하는가라는 것으로, 지나치게 이를 올리면 지나치게 고가의 제품으로 느껴지고 지나치게 낮으면 회사가 제품을 팔아서 남는 것이 없다.

상황을 더 복잡하게 만드는 것들은, 어떤 회사들은 영업이익을 낮게 가져가면서 판매를 많이 해 전체 매출을 올리는 전략(앞서 설명했던 가격 경쟁 전략)을 택하고, 또 다른 회사들은 적은 수의 제품을 높은 영업이익률로 판매하는 방법(차별화 전략)을 택한다. 또한 제품은 손해보면서 팔더라도 그 뒤에 필요한 서비스로 이익을 내는 방법을 택하는 경우도 점점 증가하고 있다(이동전화 사업자들이 일반적으로 사용하는 방법이다).

디자이너가 가격에 관여하는 경우도 있고 그렇지 않은 경우도 있다. 어쨌든 최소한 이후의 디자인 과정을 시작하기 전에 기준 소매 가격은 확인해둬야 한다.

시각화와 비전 제시

가치 제안과 차별점을 도출했으면 이제 이런 특징을 가진 가상의 제품을 형상화함으로써 제품이 어떻게 생겼을지를 고민할 시간이 됐다. 말하자면 시각화 Visualization와 비전 수립 Visioning이다.

이런 전략 업무를 하는 동안에 프로젝트는 수렁에 빠질 수 있다. 차별점이나 가치 제안을 도출하기는 쉽다고 할지라도 이해관계자들이 동의할만한 실제 프로젝트를 만들어내는 것은 상대적으로 어렵기 때문이다. 디자이너들이 시각적 (설득적) 도구를 사용할 때다. 커뮤니케이션 디자인에 사용하는 도구를 써서 디자인 전략의 내용을 시각화하면 전체 조직이 이를 행동에 옮길 결정을 내리는 데 도움이 된다(그림 3.4).

그림 3.4 이런 그래프는 마이크로소프트사의 매니저들로 하여금 현재의 오피스 수트를 근본적으로 뜯어고쳐야 할 니즈를 이해시키는 데 도움이 된다. (젠슨 해리스, 마이크로소프트 제공)

디자이너들은 그들이 생각한 것을 함축해서 유형화시킬 능력이 있으며 이것이야말로 디자인 프로세스의 전 단계(5장의 '리서치 데이터 모델링' 부분 참조)에서 사용되는 기술이다. 디자인 전략에 있어 전략의 시각화와 프로젝트 설명(그림 3.5)은 회사가 제안한 프로젝트를 진행하고 이를 성공시키기에 필요한 충분한 자원 (돈, 예산, 인력)을 주도록 설득한다.

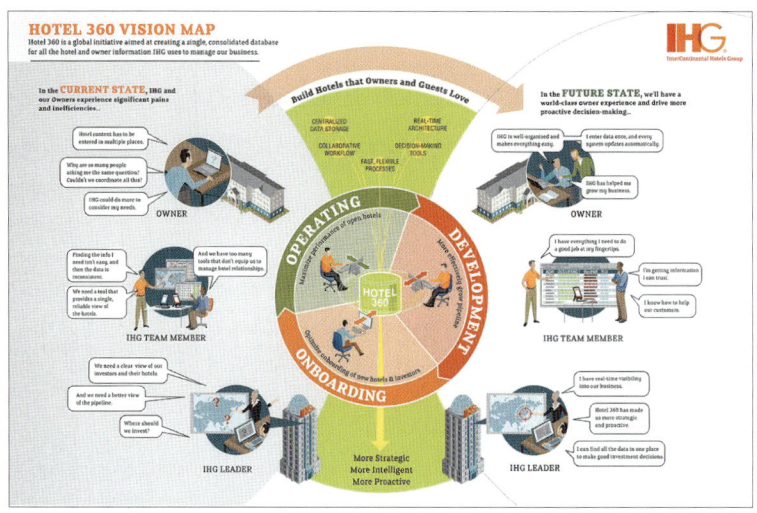

그림 3.5 호텔 360은 전사적인 모든 데이터들을 한번에 볼 수 있도록 하는 범용 데이터베이스와 애플리케이션 시리즈를 포괄하는 프로젝트다. 기존의 데이터베이스와 애플리케이션들이 서로 분절돼 있어 호텔의 경영자와 고용자들 사이에 큰 불편을 야기하고 있기 때문이다. 인터컨티넨탈 호텔 그룹이 겪고 있는 현재의 불편함과 앞으로 호텔 360을 통해 얻는 이익을 시각화했다. (엑스플레인, 인터컨티낸털 호텔 그룹 제공)

비전 수립은 문제 제기, 이해관계자와의 인터뷰, 경쟁 분석, 차별화를 통해 쌓아온 모든 아이디어들이 창조적으로 합성되는 작업이다. 전략을 성공 지표, 목표 시장, 가치 제안, 차별점 등의 형태로 분명히 표현하는 것이다. 이들을 통해 이후의 디자인 작업을 통해 만들어야 할 제품의 밑그림이 그려진다.

절대로 하면 안될 일은 이미 사람들이 알고 있는 내용을 그대로 전달하는 것이다. 특별한 경우, 즉 조직이 너무나 혼란스러워서 이해관계자가 원하는 내용을 그대로 전달하는 것이 필요할 상황이 아니고서는 적절한 분석 없이 현재의 데이터만을 제시하는 것에는 거의 아무 가치도 없다. 하지만 모은 정보를 통합하고, 분석하고, 시각화하는 것은 전체 전략 작업에서 디자이너의 중요성을 부각시킬 수 있다.

비전 수립 작업에서는 전체 조직이 제품의 성공을 무엇으로 가늠할 수 있을지를 제시하는 것이 중요하다. 비전 수립은 또한 **시장차별화**를 확실히 할 기회이기도 하다. 이 제품은 누구를 목표로 하는가? 누가 잠재적 고객이며 그 수는 얼마나 되는가? 이들의 행동은 어떻고 제시된 제품은 이와 어떤 관련이 있는가? 이 정보는 리서치(4장 참조) 이후에 다시 한 번 제대로 정리될 기회가 있겠지만, 앞으로의 리서치 기획을 짜기 위해서라도 예상되는 고객군에 대해서 알 필요가 있다.

시각화는 여러 가지 다양한 형태로 만들 수 있다. 차트, 그래프, 스토리보드, 포스터, 프리젠테이션 등 이런 시각화의 형태는 보통 조직 자체에 의해 정의된다. 어떤 형태의 시각화 산출물이 전체 조직에 가장 잘 먹힐 것인가? 조직 내에서 사람들이 아이디어를 공유하는 방식은 무엇인가? 기존에 많이 사용해오던 익숙한 형태가 받아들이기 편할 것이다. 그러나 디자이너라면 스프레드시트나 워드 파일 같이 너무 익숙해서 무시되기도 쉬운 파일 형태를 취하는 방법은 피하고 싶을 수도 있다. 일반적이지 않은 형식을 취한다면 사람들의 관심과 흥미를 불러일으켜 효과적인 결과를 얻을 수도 있다.

비전 프로토타입

비전 수립의 하나의 방법은 비전 프로토타입이다. 비전 프로토타입은 최종적으로 만들어질 디자인이 어떻게 생겼을지에 대한 임시 스크린샷, 3D 렌더링 이미지, 동영상, 애니메이션, 사진 같은 이미지들이다. 비전 프로토타입의 목적은 최종 형태를 유형화해 제시함으로써 이해관계자들의 열정을 불러일으켜 조직이 디자인 프로세스에 자원을 투입하게 하는 것이다.

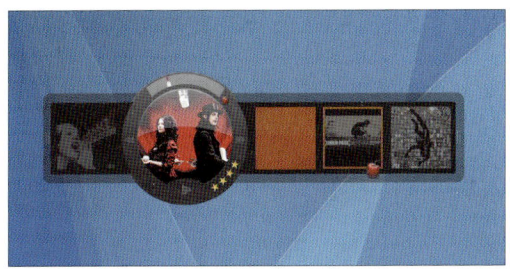

그림 3.6 사운드플레이버의 데스크톱 애플리케이션을 만들기 위한 전략 과정에서 제시된 비전 프로토타입. 애플리케이션의 세부 내용은 많이 바뀌었으나, 최종적인 형태와 기능들은 이 이미지의 영향을 많이 받았다. (사운드플레이버 제공)

비전 프로토타입은 대단히 위험한 도구이기도 하다. 디자인을 결과물을 만들어내기 위한 진짜 업무를 시작도 안한 상태에서 최종적인 디자인이 어떻게 생겼을지를 제시해버리는 일이기 때문이다. 이해관계자들은 종종 여기 현혹돼 이것이야말로 최종 디자인이라고 기대해버리곤 한다. 디자인이 눈에 띄게 변경될 때마다 사람들에게 왜 이것이 애초에 제시됐던 형태와 달라졌는지를 정의하고 설명해야 할 필요가 생긴다.

프로젝트 계획과 로드맵

전체적인 사업 주제와 현황을 이해하고, 차별점과 가치 제안을 정의하고 제품의 최종 형태를 전망해 이해관계자를 동의시켰으면 전술적으로 그 제품을 어떻게 만들어낼 것인지를 기획할 시점이다.

거의 모든 프로젝트들은 시간, 예산, 인력이라는 세 가지 요소의 제약을 받는다. 전략에 동의했다면 이들 리소스를 어떻게 효율적으로 분배할지를 정의하기 위한 프로젝트 계획을 세우고 검토한다.

최종 기한을 정하는 것부터 시작하자. 이는 결국 시장 동향market window을 예측하고 경쟁자가 이 시장에 뛰어들 때까지 걸릴 시간, 혹은 다른 경제적/사회적/기술적 요인으로 인해 기회가 사라져버릴 시점까지 얼마나 남아 있을지를 재는 일이다. 최종 기한이 대략 나오면 여기로부터 역산해서 디자인 프로세스의 다양한 내용들을 커다란 덩어리로 묶어 시간을 정한다. 리서치, 분석, 구상, 다듬기, 프로토타입 등이다. 만약 시간이 매우 한정돼 있다면 이들을 프로세스에서 빼거나, 그 중 일부를 과감하게 잘라내야 할 것이다. 리소스 분배에 대한 몇 가지 팁을 제시해보면 다음과 같다.

- '사용자' 혹은 '고객'이 잘못 정의돼 있거나 아무 결정(특히 상충하는 결정들)이건 정당화하기 위한 허수아비로 쓰인다면 퍼소나persona(5장에서 설명)를 도출하기 위한 사용자 행동 리서치(4장에서 설명)를 할 시간을 확보하라.
- 기존과는 다른 문화나 컨텍스트, 혹은 잘 이해하지 못한 대상을 위해 일하

- 게 됐다면 리서치와 테스트(8장)가 반드시 필요하다.
- 사업 논리나 제한사항의 난이도가 높다면 유스케이스, 기능 정의, 논리 플로우logic flow를 위한 시간을 남겨두라(7장).
- 디자인돼야 할 것에 활동이 포함돼 있으며 이 내용이 복잡하고 다양한 단계를 필요로 한다면 다이어그램 정렬(5장), 태스크 플로우, 시나리오, 스토리보드(7장)에 추가 시간을 할애하라.
- 하드웨어와 소프트웨어가 혼합된 제품을 위해 일하고 있다면 전체 구상화, 다듬기, 프로토타이핑 단계 모두에 양쪽을 합쳐보고 점검할 시간을 따로 만들어야 한다(6~8장).
- 이 단계에서는 확실히 말하기 어렵다하더라도 제작될 제품이 다양한 종류의 설명과 화면을 갖고 있을 것 같다면 스토리보드와 와이어프레임에 추가 시간을 남겨둬야 한다(7장).
- 새로운 기술이나 익숙하지 않은 플랫폼으로 일하고 있다면 개발과 프로토타입에 추가 기간을 넣어야 한다(8장).

엑셀이나 워드 같은 프로그램을 사용해서 프로젝트 계획을 만들고 이것을 팀원들이 다 볼 수 있게 벽에도 붙이고 온라인에도 게시한다. 출시에 관계된 중요한 일정들은 팀 멤버들과 관련된 이해관계자 모두에게 제대로 알리고 동의를 얻어야 한다. 프로젝트 계획을 통해 예산, 개별 진행구간별 일정, 독립성, 성공 가능성을 예측할 수 있게 된다.

프로젝트 계획은 제품, 사용자, 제한에 대한 정보가 새로 생겨날 때마다 지속적으로 변경될 것이라고 확실히 해두는 것이 중요하다. 프로젝트 계획은 변화하는 문서로 받아들여져야한다. 비록 실제로는 최종 일정을 변경하는 것이 정말 힘들고 불가능에 가깝다고는 해도 말이다.

제품 로드맵

제품은 고유의 라이프사이클이 있으며 이를 전체적으로 기획해두는 것이 필요하다. 사실 최초로 제품이 출시됐을 때 모든 기능이 다 들어 있기란 거의 불가능한 일이다. 제품 전략이란 미래를 예측해 전체 제품 일정을 만들어내는 일이다. 제품 로드맵은 이 제품이 시간이 지남에 따라 어떻게 진화할지를 대강 정의해 둔 문서다. 여기에는 시간이 지나면서 만들어지거나 추가될 전체의 기능/기술/플랫폼/하드웨어 업그레이드 목록의 세부내역이 정의돼 있다.

예를 들어 어떤 디지털 카메라가 처음 출시될 때에는 기본적인 기능만 갖고 있고 별다른 액세서리가 없다. 그러나 두 번째 제품에는 액세서리가 추가되고, 세 번째 제품에는 기능이 추가된다. 네 번째 프로젝트는 차세대의 카메라로 발전된 기술을 사용하고 몇 개의 빌트인 액세서리가 장착돼 있다는 식이다.

이런 제품 로드맵을 만들면 전체 조직이 프로젝트에 더 효율적으로 자원을 분배하고 제품에 대한 장기적 비전을 설정할 수 있게 된다. 또한 조직이 첫 제품 출시 하나에 너무 많은 것을 걸지 않도록 하는 역할도 한다. 사실 모든 기능을 한 번에 다 넣으려고 하면 제품이 아예 출시되지 못할 가능성이 높아진다.[8] 또한 전체 사업 전략에 맞춰 제품 로드맵을 정렬함으로써 특정 출시 단계마다의 지표와 매출 목표를 설정할 수 있게 된다.

요약

벅민스터 풀러는 "존재하는 현실과 맞서 싸워서는 아무것도 바꿀 수 없다. 무언가를 바꾸고 싶으면 현재 존재하는 것을 구식으로 만들어버릴 만한 새로운 모델을 출시하라"고 말했다. 이것이야말로 최선의 전략이다. 새로운 요구를 창출하고 제품이 발전할 새로운 영역을 열어라.

이제 관심을 돌려 인터랙션 디자이너가 만들어낼 제품을 사용할 사람들과 그들이 제품을 사용할 컨텍스트를 이해해보자.

---

8 스콧 로젠버그가 쓴 『드리밍 인 코드』(에이콘출판사, 2009)에서 악명 높은 '챈들러' 프로젝트에 대해서 설명한 부분 참조

더 읽을거리

- 『블루오션 전략』 김위찬, 르네 마보안 지음, 강혜구 옮김, 교보문고(2005)
- 『사용자 경험에 미쳐라: 불확실한 세상에서 위대한 서비스를 탄생시키는 UX 전략』 피터 머홀츠, 브랜든 샤우어 외 지음, 김소영 옮김, 한빛미디어(2009)
- 『Building Design Strategy: Using Design to Achieve Key Business Objectives』 Thomas Lockwood, Thomas Walton, Allworth Press(2008)
- 『Creating Breakthrough Product』 Craig M. Vogel, Jonathan Cagan, Financial Times(2001)
- 『Seeing Differently: Insights in Innovation』 John Seely Brown, Harvard Business Press(1997)
- 『마이클 포터의 경쟁전략: 경쟁우위에 서기 위한 분석과 전략』 마이클 포터 지음, 조동성 옮김, 21세기북스(2008)
- 『Managing the Design Factory』 Donald G. Reinertsen, Free Press(1997)
- 『The Reflective Practitioner: How Professionals Think in Action』 Donald A. Schön, Basic Books(1984)
- 『브랜드 반란을 꿈꾸다: 마케팅 전쟁을 승리로 이끄는 차별화 전략』 마티 뉴마이어 지음, 윤영삼 옮김, 21세기 북스(2007)

4장

디자인 리서치

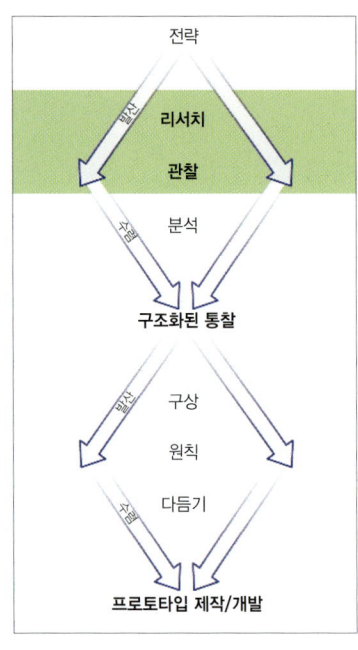

어딘가에 동물에 대해 아무것도 모르는 사육사들이 관리하는 동물원이 있고, 사육사들이 동물의 자연적 생태, 식사습관, 포식자에 대해서 딱히 배울 생각도 없다고 상상해보자. 사육사들이 동물들을 창살 우리에 가두고, 무작위로 동물을 섞어 넣고 주변에 있는 아무것이나 먹이로 던져준다. 그 결과로 확실히 벌어질 즐겁지 않은 (심지어 다치거나 죽는) 혼란을 생각해보자. 결코 우리 아이들을 데려가고 싶을 만한 장소는 아닐 것이다.

이렇게 극단적이지는 않아도 이 상상의 동물원은 오늘날의 많은 제품과 서비스에 대응시켜 볼 수 있다. 대부분의 비즈니스가 소비자에게 관심이 많고 제품과 서비스에 꽤 큰 돈을 투자하지만 많은 돈이 헛되게 쓰인다. 그 많은 시간, 비용, 리소스 중 일부를 디자인 리서치에 썼더라면 소비자와 사용자들을 관찰하고, 그들과 대화하고, 소비자와 함께 시제품을 만들어 봤더라면, 우리가 쓰는 많은 제품과 서비스는 훨씬 훌륭하게 발전했을 것이다.

디자인 리서치가 무엇인가?

디자인 리서치는 제품·서비스의 가능성이나 현재의 사용자나 시장 환경을 여러 가지 측면에서 조사하는 활동이다. 디자인 리서치는 문화인류학, 과학과 사회학 연구, 현장 조사, 디자인 그 자체의 방법론들을 모두 섞어서 이용한다. (뒤에서 좀 더 살펴보겠지만) 리서치의 방법론에는 조용히 관찰하는 것에서부터 역할극이나 시제품 제작같이 특정한 활동의 장을 만들고 적극적으로 관계를 맺는 것까지 모두 포함된다.

디자이너들은 이런 리서치 방법론을 통해 잘 모르는 주제나 환경에 대한 정보를 발견하거나 제품과 환경을 더 잘 디자인하기 위한 아이디어를 얻는 데까지 다양하게 이용한다. 디자이너들이 제품이나 서비스가 존재하는 감성적, 문화적, 심리적인 컨텍스트를 이해하는 것은 무엇보다 중요하며 이는 오직 리서치를 통해서만 얻어질 수 있다.

> **Note** 사용자들을 리서치 목적으로 디자인 프로세스에 참가시키는 것(아이디어를 모으고, 컨셉을 이야기하고, 프로토타입을 테스트하는 등)을 참여적 디자인(Participatory Design)이라고 부른다.

대부분의 디자인 리서치는 정성적 리서치이지 정량적 리서치가 아니다. **정성적 리서치**는 많은 경우 제한된 주제에 초점을 맞춰서 적은 수의, 적합한 타겟의 샘플을 대상으로 '왜', '어떻게'라는 질문을 하는 방식으로 이뤄진다. **정량적 리서치**는 이와는 반대로 대규모의, 무작위로 추출된, 통계적으로 의미가 있는 샘플을 대상으로 '무엇을'이라는 질문에 대답하도록 디자인돼 있다. 정량적 리서치의 결과물은 대부분 통계와 수량학적 모델을 기반으로 이뤄진 숫자 데이터이며, 정성적 리서치의 결과물은 (그렇지 않은 경우도 있지만) 주로 인터뷰 비디오, 사진 등의 '부드러운' 데이터로서 해석에 중점을 두고 있다. 물론 이 두 가지가 다 필요할 수 있겠지만 이 장에서는 정성적 방식의 리서치에 초점을 맞추도록 하겠다. 인터랙션 디자이너에게 더 가치있는 정보인 사람들의 영감, 기대, 동작에 대한 조사를 다루기 때문이다.

왜 디자인 리서치를 해야 하는가?

인터랙션 디자이너들은 일반적으로 디자인 리서치를 하도록 요구받지 않는다. 2장에서 살펴본 것 같이 대부분 디자이너들이 리서치를 하지 않는다. 이들은 유용하고 쓸만하고 사람들이 좋아하는 제품·서비스를 만드는 데 있어 자신의 본능과 지식과 경험을 믿는다. 이는 특히 작은 프로젝트이거나 디자이너가 잘 아는 영역에서는 옳은 접근방법일 수 있다. 그러나 프로젝트가 커지고 익숙하지 않은 영역과 문화, 잘 알려지지 않은 주제로 확장됐을 때 이런 식으로 접근하는 것은 위험이 크다. 제대로 된 초기 리서치 없이 디자인한다면 최악의 경우 제품 제작의 거의 막판 단계에서 테스트하다가(8장 참조), 더 나쁜 경우에는 제품이 이미 출시된 후에야 자신들이 만들어낸 제품이 사람들의 요구를 충족시키지 못하거나 사람들이 제품을 사용하는 환경에서 제대로 먹히지 않는다는 사실을 깨닫게 될 수 있다. 리서치를 통해서 이런 비싼 사고를 미연에 방지할 수 있다.

디자이너들은 보통 자신들이 익숙한 분야를 벗어난 다양한 프로젝트를 진행하게 된다. 엄청난 천재가 아닌 다음에야 이렇게 다양한 사람들이 살아가고 일하는 환경을 이해하려면 제대로 리서치를 하는 것 외에는 다른 방법이 없다. 딱 한 명의 사용자를 만나보는 것만으로도 제품을 바라보는 관점을 크게 바꿀 수 있다. 어떤 사람이 어떻게 일하는지 하루 동안만 관찰해봐도 다른 방식으로는 절대 얻을 수 없는, 그 직업에 대한 많은 이해를 얻을 수 있다.

디자인 리서치는 특히 제품의 특정한 기능이나 사용성이 특정 타입의 사용자를 위해 디자인된 경우에 특별히 도움이 된다. 일반적으로 파워유저라고 불리는 이런 사용자들은 디자이너들이 의도하지 않은 특정한 방식으로 제품을 사용한다. 때로는 리서치를 통해서만이 특정한 기능이 가진 미묘한 뉘앙스와 이 기능이 특정한 사용자 그룹에게 갖는 특별한 의미를 이해할 수 있다.

디자인 리서치는 디자이너들이 유저에게 **공감**할 수 있도록 돕는다. 유저와 그들을 둘러싼 환경을 이해하는 것은 디자이너들이 그들을 화나게, 부끄럽게, 혼란스럽게, 어쨌든 어렵게 만드는 불필요한 선택을 하지 않게 돕는다.

디자인 리서치는 또한 영감을 이끌어내기도 하는데, 예를 들어 리서치 대상자가 무언가 통찰을 주는 말을 하거나, 제품이 사용될 환경으로부터 제품에 대한 무언의 제안을 받을 수도 있다.

디자인 리서치: 브렌다 로렐 인터뷰

브렌다 로렐(Brenda Laurel) 박사는 캘리포니아 컬리지 오브 아트의 디자인 석사 프로그램의 학장이다. 그녀는 『컴퓨터는 극장이다』(커뮤니케이션북스, 2008)나 『HCI 디자인 기법』, 최근에 펴낸 『디자인 리서치: 시각과 방법론』 등 인터랙션 디자인에 대한 많은 글을 썼다.

▶ **왜 디자인 리서치가 중요합니까?**

제가 컴퓨터 업계에서 30년간 보아온 바로는, 엔지니어와 디자이너, 마케팅 담당자들이 빠져 있는 가장 치명적인 함정은 자신들이 사용자를 '당연히 잘 알고 있다'는 믿음인 것 같습니다. 숙련된 디자이너 중에도 이런 극단적인 사례가 있습니다만 크게 심각한 사례는 많지 않고, 이 업계에서 가장 성공한 사람들은 목표 사용자, 문화, 컨텍스트에 대한 깊은 이해와 주의 깊은 관찰을 바탕으로 자신들의 직관을 닦아나갑니다. 대부분 우리에게 최초의 훌륭한 아이디어는 어둠 속에서 다양한 방법과 정보를 모아 한줄기 작은 빛을 발전시켜 나가는 것입니다. 이런 작업 또한 디자이너들에게 큰 기쁨을 선사합니다.

완벽하게 다듬어진 아이디어나 혁신적인 제품들이 리서치 작업에서 얻어지는 것은 아닙니다. 디자이너들은 리서치를 하다가 발견한 결과물에 종속돼버릴 거라는 두려움을 가질 필요가 없습니다. 디자인 리서치는 결과물을 주의 깊게 해석하고, 이리저리 돌려보고, 패턴을 찾는 작업들을 포함합니다. 모든 일이 마무리될 때에, 잘 짜인 리서치 결과물을 통해 디자이너는 리서치 결과에도 나와 있지 않고, 디자이너 자신도 미처 생각하지 못했던 영감을 떠올릴 수 있습니다. 좋은 디자인 리서치는 디자이너의 창조성과 가치를 높여주는 도약대가 되어줍니다.

▶ **'급변하는 문화의 깊고 혼란스러운 현재'를 이해해야 좋은 디자인이 나온다고 박사님은 말씀하셨습니다. 디자인 리서치가 이런 현재를 꿰뚫어보기 위한 최선의 방법일까요?**

'리서치'는 매우 광범위한 용어입니다. 탐험, 조사, 관찰, 발견은 모두 리서치라는 말과 동의어입니다. 문화적인 제품을 만드는 비즈니스에서 대중을 대상으로 하는 미디어를 체험하는 것은 아주 기본적이고 중요한 리서치입니다. 모든 구경거리, 그러니까 텔레비전, 영화, 뉴스, 게임, 논픽션, SF 소설들이 변화의 방향에 대해 중요한 정보를 제공합니다. 여기서 얻을 수 있는 정보는 사람들이 무엇을 기다리고, 사람들이 어떤 것을 두려워하는지, 어떤 종류의 이야기들이 만들어지며 왜 그런 이야기들이 만들어지는지, 사람들이 세계에 어떤 변화가 왔을 때 그걸 어떻게 맞이하는지 등에 대한 정보입니다.

▶ **리서치를 수행할 때 어떤 것을 찾아야 하는지요?**

리서치의 사전적인 정의는 '과학적이거나 학구적인 조사활동'입니다. 가장 먼저 해야 할 일은 주제에 대한 본인의 편견이나 믿음을 주의 깊게 정의하고 혼자만의 생각에 빠지지 않도록 이들을 객관화하는 일입니다. 그리고 가장 효과적인 해결책을 얻도록 리서치를 위한 질문, 대상자층, 컨텍스트, 조사 방법론을 신중하게 골라냅니다. 여기서 '실행 가능한 결과물'이라는 말이 중요합니다. 리서치 프로그램의 성공은 대부분 질문을 어떻게 정의하는지에 달렸습니다.

▶ **이전에 디자인에 좀 더 활동적인 전문가들이 필요하다고 말씀한 적이 있었는데, 그런 것이 어떻게 디자인에 도움이 되나요?**

리서치를 통해 디자인의 범위는 더 넓어지고 더 강해집니다. 더 많이 알수록 실력이 늘어납니다. 만일 우리 시대의 진정한 욕구를 정의하고, 우리를 둘러싼 수많은 믿음, 활동, 경향, 희망, 두려움들을 주의 깊게 관찰하는 디자이너라면 단순히 기능을 예쁘게 꾸미는 것보다 훨씬 많은 일을 할 수 있습니다. 활동적인 디자인은 우리 앞에 새로운 도전의 길을 열어둡니다. 관절염 환자가 약병 뚜껑을 쉽게 열 수 있게 도와주는 것처럼 일상적인 문제에서부터 지속 가능한 디자인을 모든 사물에 적용하는 것과 같은 전 지구적 문제에 이르기까지, 인류의 기쁨은 늘리면서도 지구를 짓누르는 인간 발자국의 무게는 줄여야 하는 그러한 도전 말입니다.

리서치 계획하기

리서치를 할 때, 특히 다양한 지역에서 이뤄지는 큰 규모의 리서치일수록 리서치를 시작하기 전에 적절한 계획을 짜는 것이 도움이 된다. 이런 계획의 내용은 리서치를 할 대상으로부터 대상 지역, 어떤 활동을 연구할 것인가, 원하는 정보를 얻기 위해 어떤 질문을 할지 등이 해당된다. 간단히 말하면, 누구를 리서치할 것이며 그에게서 무엇을 얻고자 하는가다.

디자이너들이 초점이 흐트러지지 않게 하려면 목표 정의서hunt statement를 만들 수 있다. 이 문서에서는 디자이너들이 무엇을 리서치하고 왜 그렇게 하는지를 더욱 명확히 하기 위한 도구로서, 일반적으로 다음과 같은 형식을 사용한다. "우리는 X를 리서치함으로써 Y를 할 수 있다." 여기서 X는 활동이고, Y는 프로젝트의 목표거나 대상 범위다. 예를 들면 "의사들이 근무 중에 노트북을 사용하는 방법을 리서치해 그들을 위한 노트북을 디자인한다." 같은 식이다. 목표 정의서는 리서치에 들어가기 전에 만들고 해당 리서치 상황의 목표를 기술한다. 이 문서는 자세히 쓸수록 좋다.

비용과 시간

디자인 리서치는 비용이 많이 들고 시간이 오래 걸리는 작업이라고 잘못 생각하는 사람들이 많다. 물론 개중에는 드물긴 하지만 수십억 원과 몇 년의 시간이 소요되는 리서치 프로젝트도 존재한다. 그러나 대부분의 디자인 리서치는 며칠에서 몇 주에 걸쳐 몇천만 원 이내의 비용으로 진행된다. 이렇게 비용과 시간을 들일 만한 값어치는 충분하다.

디자인 리서치를 간단한 필기도구만 갖고 하는 때도 있지만 특별한 소프트웨어나 비디오 레코더 등 복잡한 장비가 필요할 수도 있다. 리서치 팀은 하나의 장비가 동작하지 않을 때를 대비해 노트북 두 대, 카메라 두 대, 펜 네 자루 등 모든 장비를 복수로 갖추는 게 이상적이다. 리서치 팀은 인터뷰를 하는 역할과 리서치 진행을 담당하는 역할을 서로 맞바꿔가면서 진행할 최소한 두 명 이상의 인원으로 구성한다.

리서치에 걸리는 시간은 각 건마다 차이가 크다. 아주 오랫동안 충분한 시간이 필요할 수도 있지만 단 하루만으로도 프로젝트의 결과물을 개선할 수 있는 심도 있는 조사결과를 얻을 수 있다. 물론 디자이너는 다양한 사용자 군을 대표할 수 있는 사람들을 모두 인터뷰하고 관찰하고 싶어한다. 대부분 이 사용자 그룹은 10명 이상에서 40명 이내다. 이 사람들을 모두 모아 리서치를 진행하는 것뿐 아니라 대상자를 섭외하는 작업만으로도 꽤 오랜 시간이 필요하다. 어쨌든 대부분의 디자인 리서치는 이런 준비기간을 포함해 짧게는 한 주에서 길게는 두 달 정도의 기간이 소요된다.

대상자 구하기

리서치 데이터의 유효성은 온전히 리서치에 적합한 대상자를 찾았는가에 달렸다. 필드로 나가기 전에 누구와 대화할지를 정하고 그들을 찾기 위해 노력하라. 이를 위해서는 자신이 대화하려는 사람들의 성향을 제대로 짚어내야 한다. 나이, 성별, 지역 등을 포함하는 '사업적 분류'일 수도 있고, 전문성, 제품에 대한 태도, 제품의 사용 빈도와 사용 방식 등 행동으로 분류된 영역일수도 있다.

사용자(혹은 잠재적 사용자)가 엄청나게 좁은 범위의 사람들이 아닌 다음에야 더 나은 리서치 데이터와 관점, 행동에 있어 적절하게 다양한 결과를 얻기 위해서는 리서치 대상자가 어느 정도의 다양성을 지니고 있어야 한다. 이런 대상들을 선택할 때에 **무의식적 왜곡**Unconscious bias이 일어나지 않도록 주의해야 한다. 인간은 무의식적으로 자신과 비슷한 사람들을 좋아하는 경향이 있다. 디자인 리서치에서 이런 무의식적인 왜곡이 벌어지면 완전히 다른 관점을 가진 소중한 리서치 대상자를 만날 기회가 사라져버린다.

전체 범위를 정했으면 각 범위별로 만날 사용자들의 숫자를 정한다. 일반적으로 각 주요 성향별로 4~6명이 적당하다고 여기는데, 이런 성향을 적절히 그룹화한다. '현재 이 제품을 사용하는 18~30세의 여자' 같은 식으로 정의하면 대상자를 찾는 데 도움이 된다. 각 부분별로 제대로 대상자가 모집되는지를 파악하기 위해 엑셀 시트로 정리해둔다.

또한 옳은 사람들을 모았는지 판별하기 위해 **점검표**를 만들어보자. 점검표는 이 대상자들이 자신이 원하는 성향에 잘 들어맞는지를 확인하기 위한 기본 질문 목록이다. 이런 점검표를 구체적으로 활용함으로써 대상자들이 적절한 사람들인지를 알아낼 수 있다. 여기에는 "여자인가?", "나이는 몇 살인가?"라는 등의 일반적인 질문 외에도 이 리서치 대상 후보자가 리서치에 거짓 대답을 하게 될 상황을 피하기 위한 특정한 질문들도 들어 있어야 한다. 세상에는 오직 돈을 목적으로 리서치에 자원하는 사람들이 있다. 이들은 자기가 적합한 대상자인지 아닌지 신경도 쓰지 않는다. 그러므로 이들을 연구하는 데 시간과 돈을 낭비할 경우를 피하기 위해 이들을 걸러내려고 노력할 필요가 있다. 예를 들어 주식을 거래하는 사람들을 상대로 한 프로젝트를 진행한다고 하자. 리서치 후보자에게 주식기호[1] 같은 주제를 물어보면 이들이 진짜 주식 거래를 해본 적이 있는 사람인지를 알 수 있다. 물론 리서치를 진행하다 보면 대상자가 가짜인지를 확실히 가려낼 수 있겠지만, 인터뷰하다 말고 점검표를 들이대는 것보다야 사전에 이들을 걸러내는 편이 훨씬 낫다. 되도록 많은 후보자를 확보하기 위해서는, 식별 질문을 던지기 전에 미리 리서치의 대가에 대해서 언급하는 편이

---

1 미국 주식시장에서 기업을 식별하기 위해 사용되는 알파벳기호. 예를 들어 마이크로소프트(Microsoft)는 MSFT 라고 표기한다. 한국에서는 6자리의 숫자를 쓴다. – 옮긴이

좋다.

이런 식의 점검표를 제공해 리서치 대상자를 찾아주는 회사들이 있다. 이런 회사들은 보통 점검표를 미리 제시해볼 수 있는 고객 명단을 보유하고 있다. 이런 회사들 외에도 크레이그스리스트Craigslist 같은 사이트의 구인란을 이용한다든가, 특정한 웹사이트를 방문하는 사람들 중에서 잠재적인 후보자를 걸러 내주는 볼트|피터스의 에쓰니오Ethnio 같은 툴(그림 4.1)을 이용할 수도 있다.

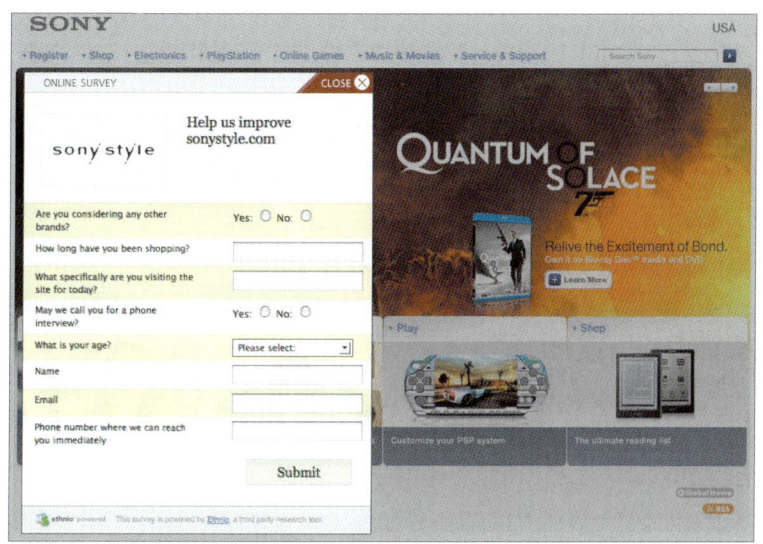

그림 4.1 리서치 대상자는 에쓰니오 같은 툴을 사용해서 온라인으로 찾아볼 수도 있다. 에씨노는 웹사이트에 팝업으로 점검표를 보여준다. (볼트|피터스 제공)

이 중에 어떤 방법을 취하든지 사람을 구하는 데에는 시간이 걸린다. 대상자가 희귀한 경우에는 리서치를 하는 것보다 적당한 대상을 찾는 데 시간이 더 걸리는 경우도 있을 수 있다.

진행 대본

좋은 데이터를 얻으려면 올바른 질문을 해야 하며, 이를 얻기 위해서는 리서치 기간 전에 진행 대본을 정리해두는 것이 좋다. 진행 대본은 인터뷰를 진행하는 사람이 대상자들과 리서치를 진행하는 동안 무엇을 말하고 어떤 순서로 말해야 하는지를 알려준다.

진행 대본(대화가이드, 프로토콜이라고도 한다)은 대상자로부터 적절한 데이터를 얻기 위해 만들어진 질문만을 뜻하는 것은 아니다. 진행 대본에는 리서치 진행자를 위한 전체 진행사항도 포함된다. 리서치 기간은 때로 굉장히 스트레스 받는 환경일 수도 있고 비디오 카메라를 켠다든지 활동 셋팅을 되돌려놓는다든지 하는 굉장히 기본적인 일을 잊어버리기도 쉽다. 이런 세세한 진행사항들을 적어두면 전체 리서치가 원활히 진행되는 데에 도움을 준다.

가능하다면 '네', '아니오'로 대답할 수 있는 간단한 질문들은 피하는 것이 좋다. 전체 스토리를 그려내고 어떻게, 무엇을, 왜라는 질문을 하도록 초점을 맞추자. 어떻게 그것을 동작시키는가? 왜 그게 그런 식으로 동작하는가? 그것을 위해 쓰는 도구에는 무엇이 있는가? 그 도구가 없으면 어떻게 해결할 것인가? 등의 질문이다.

또한 특정한 대답을 유도하는 뻔한 질문들을 피하고 ("이 제품이 얼마나 좋아요?") 대신 **중도적이고** 객관적인 톤을 유지하라. 리서치 대상자들은 인터뷰되고 관찰 당하는 익숙하지 않은 환경에 놓여있다는 사실을 기억하라. 이들은 리서치하는 사람들이 원하는 대답을 주고 싶어하고, 던져지는 질문과 행위를 통해 자신들이 어떻게 대답하면 좋을지에 대한 힌트를 무의식적으로 찾아낸다. 그러므로 리서치 하는 사람들은 리서치 대상자에게 무의식적인 질문을 통해 영향을 주게 될지도 모른다("그 위젯 쓰기 짜증나지 않아요?"). 특정한 대답이 나오지 않도록 질문을 주의깊게 던져야 한다.

진행 대본은 지속적으로 고쳐질 수 있어야 한다. 인터뷰를 몇 번 진행한 후라면 리서치에서 어떤 부분을 고치고 다듬어야 할지가 좀 더 명확해진다. 그렇다면 진행 대본을 고쳐야 한다. 물론 리서치를 진행하는 동안에 대본에서 벗어나서 더 재미있거나 새로운 내용들을 파고드는 것도 당연히 괜찮다. 리서치 전체가 이런 쪽으로만 흘러가면 안되겠지만 적당한 이유가 있다면야 리서치에서는 적극적으로 흥미로운 부분들에 대해서도 탐구돼야 한다. 어쨌든 리서치의 주제로부터 크게 벗어나지 않도록 노력하고, 필요하다면 목표 정의서도 틈틈이 참고하면 좋겠다.

디자인 리서치 수행하기

문화인류학자인 릭 E.로빈슨[2]은 문화인류학에서 끌어낸 다음 세 가지 중요한 규칙을 디자인 리서치에 적용했다.

- **직접 가라** 디자이너들이 편안한 사무실에 앉아서 리서치 조사원들이 만들어낸 결과물을 읽고만 있으면 안 된다. 디자이너는 대상자들이 익숙치 않은 곳에 마련된 인공적인 테스트환경으로 오게 하면 안 된다. 주요한 활동들이 벌어지는 환경을 관찰하라. 그것이 모든 리서치에서 가장 중요한 요소다.

- **당신이 직접 대화하라('당신'이 중요하다)** 디자이너들은 자신의 대상자에 대한 자료를 그냥 읽거나 다른 사람들에게 대상자들에 대해 물으면 안 된다. 사람들이 자신의 방식으로 자신의 이야기를 하게 해야 한다. 이야기가 어떻게 진행되는지에 대한 미묘한 뉘앙스가 스토리 자체보다 많은 것을 디자이너에게 말해줄 수 있다.

- **직접 기록하라** 인간의 기억력은 틀리기 쉽다. 디자이너들이 대화를 하면서 보고 들은 것을 리서치 현장에서 바로 기록할 수 없는 상황이라면 그 직후에 정리해둬라.

금지사항

지난 수년간의 마케팅 방법론이 끼친 영향 때문에, 디자인 리서치에서 사용자를 조사해야 할 때는 대부분 제일 먼저 포커스 그룹을 구성하는 것부터 생각한다. **이렇게 하지 마라.** 포커스 그룹은 인공적으로 구성됐고, 미국의 배심원 제도에서도 보이듯이 강한 의견을 내는 사람에 의해 영향을 받거나 설득당함으로써 자연스러운 결과를 얻기가 어렵다. 인공으로 구성된 그룹의 사람들을 반투명

---

2 www.rickerobinson에서 로빈슨 박사의 논문과 프리젠테이션을 찾아볼 수 있다.

거울이 있는 방 같은 인공적인 환경에 모아놓고 조작된 질문을 던지는 방식은 디자인 리서치에 그다지 도움이 되지 않는다. 규칙 1: 직접 가라.

디자인 팀원 중에 누군가 그 일을 맡은 것이 아니라면 타인이 진행한 리서치 결과에 기대면 안 된다. 리서치가 실제로 이루어지는 환경과 방법론을 이해하지 못한다면 리서치의 결과가 좋은지 어떤지를 판단할 수 없으며, 얻어진 기록 중에 어느 부분이 가장 중요한 부분인지도 알 도리가 없다. 또한 대체 어떤 환경에서 그런 내용이 도출된 것인지도 알기가 어렵다. 마케팅 리서치들이 보통 이런 식의 데이터를 내놓는데, 마케팅 리서치에서는 아주 중요할 수도 있는, 인구통계학적으로 각 계층이 상품을 대하는 태도에 대한 데이터 같은 것은 디자이너로서는 그리 쓸만한 데이터가 아니다. 규칙 2: 당신이 직접 대화하라. 당신 자신이 '직접' 대화하라는 뜻이다.

리서치 진행을 기록할 때 타인이 녹화하는 비디오테이프나 녹취록에 기대면 안 된다. 특정한 순간의 기록을 다시 찾는 게 아니고서야 남들에 의해 기록된 육성 녹음이나 비디오테이프를 모두 다시 보는 것은 매우 짜증 나는 과정이며 얻는 것도 별로 없다. 테이프에 녹음한 것을 녹취록으로 바꿔주는 외부 서비스를 이용하는 것도 시간 절약에 도움이 되겠지만, 보통은 외부에 맡긴 녹취록을 받아보기 전에 리서치 결과가 필요하게 마련이다. 또한 비디오 카메라가 제대로 동작하지 않아서 귀중한 인터뷰 결과를 날려버릴 위험도 언제나 존재한다. 디자이너들은 안전을 위해서, 그리고 요점을 정확히 파악하기 위해서 리서치에 입회해서 기록할 필요가 있다. 규칙 3: 직접 기록하라.

윤리적인 리서치

리서치를 할 때, 대상자를 윤리적으로 대해야 한다. 이렇게 하는 것이 옳은 일이기도 하거니와, 결과도 더 좋다. 조사 대상자들은 자신과 자신들의 데이터가 안전하게 잘 다뤄진다는 확신이 있을 때 더 적극적으로 활동한다. 윤리적인 리서치는 다음의 가이드라인을 따른다.

- **대상자로부터 동의서를 받는다** 디자이너는 해당 리서치와 연구의 주제와 목

적을 설명해야 한다. 대상자들은 무엇이 진행되고 있는지를 충분히 이해하고 참가에 동의하는 동의서를 작성하게 된다. 연구 대상에 따라 부모나 보호자의 동의서가 필요할 수도 있다. 그러나 공공장소에서 대규모 리서치를 수행한다면 어차피 사람을 오랫동안 집중적으로 잡아두는 일이 불가능하기 때문에 굳이 동의서까지는 필요하지 않을 것이다.

- **연구의 이익과 위험요소에 대해 설명한다** 어떤 연구조사는 위험요소를 안고 있다. 디자이너는 대상자들이 실제로는 알리기를 원치 않던 무언가를 듣거나 보게 될 수도 있다. 디자이너가 직접 대상자를 대면하는 상황이 위험하거나 리서치에 방해만 될 수도 있다. 어쨌든 디자이너는 이 연구의 결과로 무엇을 개선하려고 하는지를 설명해야 한다. "볼 베어링의 출하에 쓰일 더 나은 시스템을 만들려고 해요"라고 미리 설명을 해준다면 대상자들에게 믿음을 주고 좋은 결과를 얻을 수 있는 협조를 이끌어낼 수 있다.

- **대상자의 개인정보를 보호한다** 절대로 대상자의 실제 이름이나 누구인지를 추측할 수 있는 세부 데이터를 사용하지 않는다. 사진은 모자이크 처리를 하거나 감춰준다. 이렇게 해서 대상자가 조사에 협조한 내용 때문에 개인적인 불이익을 당할 위험을 피할 수 있다.

- **대상자들의 시간을 보상한다** 시간은 귀한 것이므로 디자이너에게 자신의 시간과 아이디어를 제공한 사람들은 단지 몇 푼이라도 그에 대한 보상을 받을 권리가 있다. 대상자에게 가치를 지니는 다른 것이 제공된다면 굳이 현금의 형태가 아니어도 상관없다.

- **대상자가 요구한다면, 그에게 얻은 데이터와 리서치 결과를 제공해야 한다** 최종적으로 기록된 결과물의 열람을 요구하는 사람이 있을지도 모른다. 디자이너들은 이런 요구를 존중해야 한다.

무엇을 찾고 어떻게 기록하는가

현장에 나갔을 때 디자이너들은 갑자기 쏟아진 데이터의 양에 휘둘리기 쉽다. 갑작스럽게 낯선 사람들을 상대하는 익숙하지 않은 환경에 처하면 모두가 새롭고 모든 것이 중요하게 느껴진다. 그러나 디자이너는 정말 중요한 것, 말하자면 특정한 활동과 그 활동이 일어나는 환경, 그리고 활동 중에 벌어지는 사람들 간의 인터랙션을 관찰하는 일에 집중해야 한다.

패턴과 현상

현장에서 디자이너가 찾아야 하는 가장 중요한 것은 패턴과 독특한 현상이다.

패턴은 행동 패턴일 수 있고, 이야기 패턴일 수도 있고, 특정한 질문에 대한 반응 패턴일 수도 있다. 어쨌든 반복해서 일어나는 행동이나 생각들이 패턴이다. 가장 중요한 규칙은 다음과 같다.

- 한 번 듣거나 봤다면 그것은 '현상'이다. 기록하라.
- 두 번 듣거나 봤다면 우연의 일치일지도 모르고 패턴일 수도 있다. 기록하라.
- 세 번 듣거나 봤다면 그것은 패턴이다. 기록하라.

리서치 데이터가 모두 분석되기 전까지는 발견되지 않는 패턴도 있고(5장 참조) 리서치 중간에 너무나 명확히 드러나는 패턴노 있다. 어쨌든 꼭 기억해야 할 것은 만일 리서치 중에 많은 패턴이 발견되면 의미 있는 결론을 내기 위해 충분한 조사를 행해야 한다는 것이다.

현상 또한 디자이너에게 상당히 흥미로운 주제다. 대상자의 특이한 행동, 무엇보다도 특이한 작동 방식은 다른 사람들에게 도움을 주는 새로운 방향을 제시해줄지도 모른다. 스프레드시트 소프트웨어를 창의적인 방식으로 사용하는 회계사가 있다고 해보자. 그가 쓰는 방식을 소프트웨어 개발에 도입하면 다른 사람들도 그 기능을 유용하게 쓸 수 있을지도 모른다.

> **Note** 혼자 리서치를 진행하는 방법은 좋지 않다. 타인의 눈과 귀, 손을 통해서 리서치 과정 중의 관찰과 듣기, 기록, 리서치 데이터에 대한 의견 교환과 분석에 이르기까지 아주 값진 도움을 얻을 수 있을 것이다. 두 명이 같은 현상을 관찰했다 하더라도 이것으로부터 서로 다른 두 개의 결론이 도출될지도 모른다. 다른 사람의 존재는 더 풍부한 데이터를 얻어내는 데도 필요하다. 패턴은 혼자 알아채기엔 지나치게 미미할 수도 있고 놓쳐버리기도 쉽다.

현장 기록

관찰의 결과나 중요한 문장은 바로 써두는 것이 중요하다. 노트북이나 스마트폰보다는 종이로 된 노트쪽이 제일 좋고 덜 번거롭다. 사무실 셋팅 같이 종이 노트를 사용하는 것이 더 어색한 업무환경이 아니라면야 손으로 기록하는 편이 제일 좋다.

현장 기록은 동일한 방식으로 시작한다. 리서치 대상자의 이름, 날짜, 시간, 장소를 기록한다. 프로젝트 진행 도중에 리서치 했던 내용을 다시 찾아봐야 할 필요가 있을지 모르기 때문에 제대로 적어둬야 한다. 나중에 "식당에서 만난 여자 생각나? 지난주 화요일에 인터뷰했던 사람 말야. 그 사람이 뭐라고 했었지?" 이와 같은 대화들이 흔하게 오가기 때문이다. 나중에 인터뷰 수당을 지급하려고 이름 이외의 개인 정보를 기록해야 할 수도 있다. 이를 테면 보상을 하기 위한 목적 등으로 대상자의 이름 등의 데이터를 적어야 할 일이 있더라도, 현장 기록 노트에는 익명성을 위해 별칭만 적고, 실제 이름은 다른 곳에 적는 것이 좋다. 이름 이외에도 별도로 적어야 하는 것이 있다. 대상자, 관찰된 활동, 혹은 우연히 듣게 된 대화 등에 대한 개인적 견해는 아무리 현장 기록 노트에 적고 싶더라도 다른 곳에 적어야 한다. 대상자나 클라이언트, 다른 팀원들이 현장 기록을 보자고 할 가능성이 있으므로 편향된 시각을 드러내는 것은 전문가답지 못할 뿐 아니라 잘못된 리서치다. 편견을 아예 안 가지는 것은 불가능하지만 어쨌든 최소화시켜야 한다.

각 디자이너들은 리서치가 진행되는 동안에 발견된 패턴이나 갑작스레 떠오른 생각이나 느낌을 개별적으로 기록해둔다. 이렇게 순간적으로 떠오른 아이디어들을 나중에 잊지 않고 생각할 시간을 갖게 된다.

현장 기록에 같이 기록해야 하는 기타 발견사항은 다음과 같다.

- 감정과 톤을 알 수 있는 대사는 그대로 기록한다.
  (예. 밥: "아, 물론 이 기능 좋죠."(반어적으로))
- 주석과 자세한 내용을 곁들여서 장소를 묘사해둔다.
- 모든 활동의 일정, 진행, 상황에 대한 설명

시기와 장소가 적당하다면 사진을 찍어두는 것도 좋다. 이상적으로는, 이렇게 찍은 사진은 인쇄해 관련된 현장 기록에 붙여두고 제목을 적거나, 다른 기록물에 붙여놓자. 인터뷰 대상자만 찍지 말고, 전체 배경이나 인터뷰 중에 언급된 다른 사물, 또는 진행된 활동에 대한 사진들도 잊지 말고 반드시 찍어둬야 한다.

리서치 방법

디자인 리서치에는 지난 수년간 디자이너들에 의해서 만들어졌거나 다른 분야에서 도입된 방법들이 많다. 이들은 크게 관찰, 인터뷰, 활동이라는 세 가지 영역으로 나눌 수 있다. 여기에서 말하는 활동에는 대상자들에게 직접 무언가를 만들게 하고 그 과정을 스스로 기록해 보고하게 하는 것도 포함된다.

   디자인 리서치 방법을 제대로 다루는 데만도 여러 책이 이미 쓰여있지만 4장 끝부분의 '더 읽을거리' 목록을 참고하도록 하고, 여기서는 기본적인 몇 가지만 살펴보고 넘어가겠다.

관찰

모든 디자인 리서치 방법 중 가장 쉽고도 제일 효과적인 방법은 사람들이 무얼 하는지 관찰하는 것이다. 디자이너들은 숨어서 지켜보거나 사람들과 대화하거나, 혹은 대상자를 쫓아다니면서 무엇을 했으며 왜 했는지를 물어보기도 한다.

- **구경** 활동이 벌어지는 현장으로 가서 무슨 일이 벌어지는지 눈에 띄지 않게 관찰한다. 예를 들면 쇼핑몰에 가서 사람들이 쇼핑하는 걸 지켜보는 일 등이다.
- **추적** 대상자들이 고유한 행동을 하는 것을 따라다닌다. 디자이너가 대상자를 온종일 따라다니려면 공식적인 동의가 필요할 것이다. 어떤 일이 있었고 어떤 말들이 오갔는지 녹화하라
- **탐문** 추적의 한 형태로서 대상자의 활동 장소에 가서 그 행동에 대한 질문을 던진다. "방금 그 행동은 왜 했나요? 설명해주실 수 있습니까?"
- **잠입** 사람들에게 알리지 않고 직접 인터랙션하면서 벌어지는 일을 관찰한

다. 어떤 서비스에 대해 알고 싶다면 소비자인 척하고 서비스를 직접 이용해볼 수 있다.

관찰을 하려거든 눈에 띄지 않는 차림을 하라. 중요한 것은 관찰자가 눈에 띄지 않고 배경에 녹아드는 것이다. 평범하고 튀지 않는 차림과 자리에 어울리는 옷을 입을수록 상황에 자연스럽게 조화될 수 있다. 필요하다면 조력자를 대동하라. 관찰자가 평범하게 보이려면 특정한 아이템이 필요한 환경이 있다. 예를 들어 학교라면 가방을 멘다거나, 공사장에서는 안전모를 쓴다든가, 보수적인 업무환경이라면 정장을 입어야 할 것이다.

관찰자들이 있을 곳을 신중하게 선택하고, 만일 그 장소가 좋은 결과를 얻지 못할 것 같으면 다른 장소로 이동한다. 눈에 띄지 않고 관찰하기 좋은 장소에 앉아야 하는데, 대상자들과 시선을 정면으로 마주치지 않으려면 관찰 대상자의 정면이나 등 뒤는 피하라.

카메라 폰은 공공장소에서 눈에 띄지 않고 사진을 찍는 데 아주 유용하다. 단지 이런 행동과 사진들은 윤리적 기준에 맞춰 사용돼야 함을 명심하라.

인터뷰

단지 질문을 던지는 것만으로도 놀라운 결과물을 얻을 수 있다. 사람들에게 말을 건네고 이야기를 듣는 것은 사람들의 다양한 태도와 경험을 얻는 좋은 방법이다. 그러나 사람들이 자신이 한다고 말하는 것과 진짜로 하는 일 사이에는 큰 차이가 있으므로 주의해야 한다. 사람들과 대화하는 데는 몇 가지 방식이 있다.

- **지시된 스토리텔링** 대상자로 하여금 그들이 해당 제품이나 서비스에 대해 행동을 취하거나 인터랙션 했던 순간들을 직접 설명하게 한다. 여기서 이야기하는 순간들이란 처음 제품을 접했거나 특정한 행동을 했던 첫 번째 순간이거나("그 시스템을 처음 제대로 움직였을 때에 대해서 말해주세요.") 혹은 어떤 제품이나 서비스가 제대로 동작하지 않았던 때다("휴대폰이 원하는 대로 동작하지 않는다고 느낄 때가 언제였나요?"). 혹은 그들이 새로운 뭔가를 했던 때다("왜

드라이버로 전화기를 열어봐야겠다고 생각했나요?").

- **언포커스 그룹** 디자인 회사인 IDEO[3]에서 이용한 방법으로, 이 접근법은 기존의 포커스 그룹에 대한 생각을 정반대로 바꿨다. 여러 스타일의 사용자를 모은 그룹을 회의실에 몰아넣고 특정 주제나 제품에 대해 이야기하게 하는 대신에 이 방법론은 필드에서 각종 전문가를 인터뷰해서 마니아, 예술가 등의 사람들이 각자 자신의 관점에서 그 주제나 제품에 대해 이야기하게 한다. 이 인터뷰의 목적은 일반적인 사용자의 시각을 얻는 것이 아니라 주제에 대해 틀에 박히지 않은 시각을 얻는 것이다.

- **롤플레잉** 자발적인 참여자 개인이나 그룹에게 각각 다른 시나리오에 따라 역할극을 하게 함으로써 리서치의 주제, 제품이나 서비스에 대해 다양한 감정이나 태도를 이끌어 낼 수 있으며, 아주 신선한 반응을 얻는 때도 있다("제가 소비자인 척하고 당신과 이야기해볼게요. 괜찮죠?").

- **한계 사용자 인터뷰** IDEO에서 이용하는 또 하나의 방법은 해당 주제에 대해서 완전히 아무것도 모르는 사람과 인터뷰하는 방법이다. 예를 들어 쌍방향 TV 프로젝트를 진행하는 디자이너가 아예 TV를 갖고 있지 않은 사람을 만나는 식이다.

- **책상/지갑/가방 탐색** 대상자에게 책상을 볼 수 있겠느냐고 묻거나 지갑이나 가방 안의 내용물을 볼 수 있겠느냐고 묻는다(그림 4.2). 사람들의 책상을 보면 그들의 업무 습관과 성격에 대해 대단히 많은 것을 알 수 있다. 어지러운가, 아니면 깔끔한가? 잘 정돈되어 있는가, 정리를 잘 못하는가? 업무에 있어 특별한 시스템을 갖고 있는가? 책상 위에 가족 사진이 놓여 있는가?

대상자에게 말을 걸 때는 불교에서 이야기하는 '초심자의 마음'을 갖는 것이 중요하다. 열린 마음으로 편견 없이 그들의 말을 듣고, 그들이 대답하기 전에 무슨 대답이 나올지 미리 넘겨짚지 말아야 한다. 간단한 질문이 중요한 대답을 얻어낸다.

---

[3] IDEO의 방법들에 대해서 더 알고 싶다면 www.ideo.com/work/item/method-card를 참조하라.

그림 4.2 책상은 사람들이 자신의 개인공간을 어떻게 꾸미는지를 보여주고, 대상자가 누락한 내용에 대한 단서를 제공해준다.

활동

디자인 리서치의 최근 경향은 단지 사용자를 관찰하거나 이야기를 듣는 것이 아니라, 특정한 물건을 만들어내는 활동에 같이 참여하게 하는 것이다. 사람들이 직접 활동에 참여함으로써 대상에 대해 어떻게 생각하는지를 이해하고 공감할 수 있게 된다. 또한 디자이너는 대상자들의 창조성을 자유롭게 끌어낼 수 있는 활동을 통해 자유롭게 자신을 표현할 수 있게 함으로써 인터뷰보다 많은 것을 얻어낼 수 있다. 대상자들과 함께 특정한 물건을 만들어내는 방법들은 다음과 같다.

- **꼴라주** 이미지와 단어를 사용해서 대상자들이 리서치 중인 제품이나 서비스와 관련된 꼴라주를 만든다(그림 4.3). 휴대폰 프로젝트라면 디자이너들이 이동성에 관련된 꼴라주를 과제로 준다. 이 꼴라주 이미지는 잡지나 웹, 혹은 사진 이미지 모음 등에서 뽑아낸 것으로 광범위한 대상과 감정에 대한

이미지들을 포함한다. 단어 또한 이런 방식으로 선택해서 약 200여 개의 긍정적인 단어와 부정적인 단어를 프린트해둔다. 물론 대상자들이 원하는 말을 직접 쓸 수도 있다.

그림 4.3 꼴라쥬는 대상자들이 주제에 대해 어떻게 생각하고 느끼는지를 그림과 말을 조합해 표현하게 해준다.

- **모형 제작** modeling 모형 제작용 찰흙, 스펀지 pipe cleaner, 스티로폼 블록, 두꺼운 종이, 풀 등의 도구를 사용해서 대상자들이 제품에 대한 실제 모형을 만들게 한다. 심지어는 디지털 제품조차도 이런 식으로 만들어보게 할 수 있다. 디자이너는 게이머들에게 자신들이 생각하는 궁극적인 게임 콘솔의 형태나, 플라이트 시뮬레이션에 적합한 컨트롤 패널의 이상적인 형태를 디자인하게 해볼 수 있다.

- **그림 그리기** 대상자들에게 그림 도구와 종이를 주고 제품·서비스에 대한 자신들의 경험을 그림으로 표현하게 한다(그림 4.4). 이메일에 대한 프로젝트라면 대상자들은 자신의 컴퓨터 안에서의 이메일의 라이프사이클을 그림으로 표현해볼 수 있을 것이다.

그림 4.4 그림을 그리는 작업을 통해 대상자들의 숨은 생각과 감정이 드러난다.

실제로 대상자에게 물건을 제작하게 하는 활동에서 가장 중요한 부분은 작업이 끝난 후 자신의 결과물에 대해 설명하게 하는 시간이다(그림 4.5). 이런 설명 작업이 없다면 디자이너가 이해할 방도가 없는 조잡한 결과물만 남는다. 왜 대상자가 비슷한 단어 중에서 하필 부정적인 단어를 골랐는지, 왜 대상자가 로봇을 그런 식으로 만들었는지 질문하라. 그러나 좋은 결과를 내고 싶다면 최종적인 설명 시간 전에 디자이너가 결과물에 대해 먼저 말을 건네면 안 된다. 자칫 사람들이 일을 끝내는 걸 방해할 수 있다.

그림 4.5 직접 대상자가 무언가를 만들어보도록 하는 일에서 가장 중요한 것은 스스로 왜 그런 선택을 했는지를 설명하는 시간을 갖는 것이다.

이런 제작 활동에는 다른 어떤 리서치보다도 많은 준비가 필요하다. 디자이너들은 결과물을 만드는 툴 이외에도 다양한 도구를 모으고 선택해야 한다.

자기 관찰

활동의 다른 방식으로 '자기 관찰'이 있다. 이 방식에서는 리서치 수행자가 아니라 대상자가 자신의 활동과 생각을 기록하고, 리서치를 수행하는 쪽에서는 대상자가 이 작업을 끝낸 후 기록물을 모아서 분석한다. 자기 관찰은 복수의 장소에서 벌어지는 장기간의 리서치라서 디자이너에게 일일이 결과물을 전달하는 것이 불가능한 경우에 아주 적합한 방법이다. 또한 자기 관찰은 디자이너에게 자신들의 생각을 직접 이야기하기가 쑥스럽거나 부끄러운 경우에도 좋은 방법이다. 자기 관찰에는 다음과 같은 방법이 있다.

- **일지** 대상자가 특정한 주제에 대해 정기적으로 일지를 작성한다. 잘 알려진 예로 닐슨 가족이 2주간 TV를 보면서 작성한 일지를 들 수 있는데, 이 결과물에서 '닐슨 지표'가 탄생했다.
- **호출기 연구** 대상자들은 무선 호출기를 지급받고, 디자이너들이 하루 중 적당한 시간에 연락한다. 호출기가 울리면 대상자들은 자신이 그 시간에 무엇을 하고 있었는지를 일지에 기록한다.
- **사진/동영상 일지** 대상자들은 지급된 카메라로 자신들의 특정한 활동이나 일상에 대해서 기록할 것을 요청받는다. 저녁 식사에 대한 리서치라면 대상자들이 식사하거나 요리하는 광경을 기록해달라고 요청한다.

자기 관찰은 대상자가 많은 시간과 노력을 들여야 하므로, 적합한 사람들을 선택해야 하고 적질한 보상을 해주는 것이 중요하다.

요약

디자인 리서치는 인터랙션 디자이너가 사용할 수 있는 강력한 도구다. 이를 통해 디자이너들이 자신의 사무실을 벗어나 제품이 실제로 사용되는 현장으로 나갈 기회를 갖게 된다. 또한 이렇게 얻은 영감과 인사이트는 단지 최종 제품을 바꾸는 데에만 쓰이는 것이 아니라 전체 전략 진행에 일조하게 된다. 새로운 시장과 기회를 찾을 수 있고, 디자이너는 주제에 대해 깊은 식견을 얻게 된다.

그러나 제시 제임스 가렛이 에세이 'IA/Recon'에서 언급했듯이, '리서치는 우리가 좋은 생각을 하도록 도와준다. 하지만 리서치는 우리의 전문적인 판단에 도움만 줘야지, 이를 대체해서는 안 된다.'

리서치 하나만으로는 거의 쓸모가 없다. 리서치가 끝난 다음에 산더미처럼 쌓인 관찰 결과와 데이터는 대부분 정형화돼 있지 않고 딱히 어디에 쓸모가 있을지 확실치 않다. 리서치 데이터는 분석돼 구조화된 결과물로 바뀌어야 한다. 이 중요한 다음 단계 없이는 리서치를 통해 듣고 본 것들은 제품에 반영될 기회가 없다. 리서치 분석과 구조화된 결과물을 만드는 것이 다음 장의 주제다.

더 읽을거리

- 『Design Research: Methods and Perspectives』 Brenda Laurel, Peter Lunenfeld, MIT Press(2003)
- 『디자이너를 위한 리서치 매뉴얼』 제니퍼 비쇼키 오그래디, 케네스 비쇼키 오그래디 지음, 우정준 옮김, 디자인 리서치 앤 플래닝 출판(2008)
- 『Observing the User Experience: A Practitioner's Guide to User Research』 Mike Kuniavsky, Morgan Kaufmann Publishers(2003)
- 『Understanding Your Users: A Prctical Guide to User Requirements』 Catherine Courage, Kathy Baxter, Morgan Kaufmann Publishers(2005)
- 『Through Navajo Eyes: An Exploration in Film Communication and Anthropology』 Sol Worth, John Adair, Indiana University Press(1972)
- 『Learning From Strangers: The Art and Method of Qualitative Interview Studies』 Robert S. Weiss, Free Press(1995)
- 『The Ethnographer's Toolkit, Volume 1~7』 Margaret Daine LeCompte, Jean J. Schensul, Rowman & Littlefield Pub Inc(2007)

5장

체계적인 결과물

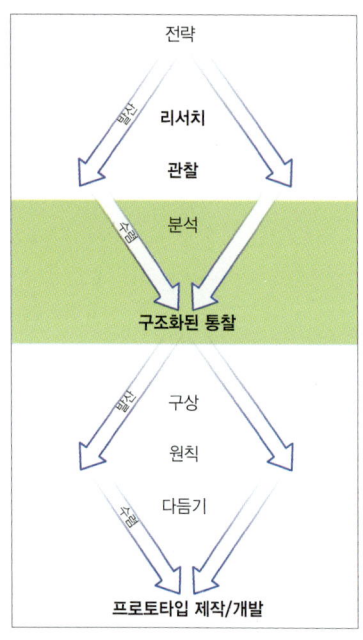

기록, 사진, 녹음, 녹화한 영상, 감상, 관찰, 디자인 리서치 후에 보통 이런 것들이 남는다. 이렇게 헝클어진 채로의 데이터는 쓸모 없을 뿐더러 혼란스럽고 갑갑하기만 하다. 이들을 디자이너(와 전체 제품 개발팀과 이해관계자)들이 이해하고 사용할만한 형태로 바꿔야 한다. 헝클어진 데이터 덩어리들은 **체계적인 결과물**로 바뀌어야 할 필요가 있다.

체계적인 결과물이란 이해하기 편한 형태로 바뀐 리서치 데이터다. 이는 정리되지 않은 데이터를 쓸모 있고 쓸 수 있는 형태로 바꿔주는 이야기, 모델, 시각화, 퍼소나persona 등의 방법이 모두 포함된다.

세상의 어떠한 디자인 리서치도 디자이너들의 마음, 사고, 손에 의해 다시 태어나 제품에 기여하지 않을 거라면 아무 쓸모가 없다. 이를 위해 리서치를 분석해 체계적인 결과물로 만드는 작업이 가장 중요하다. 놀랍게도 이 중요한 일을 잊는 경우가 많다.

데이터 준비하기

리서치 데이터를 이해하려면 먼저 분석을 해야 한다. 분석의 첫 번째 업무는 자신이 가진 데이터가 무엇인지를 일단 나열해보는 것이다.

데이터 실체화하기

일반적으로 리서치 데이터는 이리저리 흩어진 형태로, 즉 리서치에 사용한 공책, 노트북, 카메라 등에 각각 나눠 휘날려 쓴 아날로그 메모부터 몇 시간에 걸친 비디오테이프에 이르는 다양한 포맷으로 존재하고 있을 것이다. 이 모든 데이터를 한곳에 모아 적절한 포맷으로 바꿈으로써 비로소 분석하고 실험하고 평가하기에 적당한 형태가 된다. 이를 위해서는 데이터를 실체적으로, 가시적으로 만들어야 한다. 사진을 프린트하고 비디오 화면의 스크린을 캡처한다. 중요한 내용을 포스트잇에 적는다(그림 5.1). 인터뷰에서 중요한 내용들을 읽기 좋은 크기로 인쇄해 방 안에 붙인다.

그림 5.1 데이터를 모은 후에는 중요한 내용을 적은 노트, 사진, 스케치를 벽에 붙여 이를 실체화한다.

이 모든 내용을 시각적으로 실제로 만드는 이유는 다양한 데이터 조각들 간의 관계를 그려보기 위해서다. 실제로 데이터를 보고 물리적으로 이들을 조작하기 전에는 이런 관계를 찾아내기가 어렵다. 모든 데이터들이 인쇄되고 포스트잇에 적혀있다면, 그림을 한데 모으고 스케치와 대사들을 분류하는 것은 그리 어렵지 않은 일이 된다. 이렇게 함으로써 각각 다른 포맷, 애플리케이션, 장소에 흩어져 있는 기초 데이터 사이에 존재하는 장벽을 없앨 수 있다.

데이터를 실체화하면 다른 일을 하는 동안에도 무의식적으로 데이터를 처리할 수 있게 된다. 벽에 가득한 이미지와 대사들에 파묻혀서 일하다 보면 뜻하지 않은 인사이트를 얻거나 이전에는 눈치채지 못했던 새로운 관계를 발견할 수도 있을 것이다.

데이터를 벽에 붙임으로써 얻을 수 있는 강력한 부수 효과는 이 데이터들을 우연히 접하게 된 다양한 사람들과 비동시적으로 대화를 진행할 수 있게 된다는 점이다. 그 장소에 들어가거나 그 장소를 지나치는 사람들이라면 비록 해당 프로젝트에 직접 관여하는 사람들이 아니라 할지라도 이 프로젝트와 관계를 맺을 수 있을 것이다!

이를 위해서는 리서치 분석이 진행되는 기간, 필요하다고 여기는 적절한 시간 동안 데이터가 전시될 공간이 필요하다. 이는 아마 프로젝트 마감까지 계속 필요할지도 모른다. 충분한 (프로젝트 룸으로 불리는) 물리적 공간이 마련되지 않았다면 커다란 크기의 하드보드나 폼보드에 붙이는 식으로 만들어두면 이방 저방으로 갖고 다닐 수도 있고 필요 없을 때는 접어서 보관할 수도 있다.

데이터 변형하기

데이터가 시각화되고 실체화됐으면 이를 갖고 놀 시간이다. 데이터 변형은 다음과 같이 설명할 수 있다.

- 비슷한 데이터 조각들끼리 모으기
- 필요없는 데이터를 합치거나 지움(집합)
- 관계있는 데이터끼리 병치
- 결과 데이터 모음에 이름 붙이기
- 관계없는 데이터끼리 비교

마지막의 '관계없는 데이터끼리 비교'는 참 중요하지만 자주 무시되는 항목이다. 서로 유사성이 없어 보이는 두 개의 내용을 늘어놓고 둘 사이의 관계를 찾기 위해 노력한다. 그 안의 스토리, 프레임워크, 메타포를 관련맺을 수 있을까? 이런 관계에서 인사이트가 튀어나온다. 그림 5.2를 보자.

리서치가 진행되고 데이터가 정리돼가면서 패턴이 드러나기 시작할 것이다. 데이터 간의 연관성을 통해 패턴이 모습을 드러내며, 결과물을 정리하는 것도 결국은 패턴을 찾기 위한 작업이다.

그림 5.2 병원 접수 프로세스를 위해서 데이터를 정리하기. 각 집합 간의 관계를 마커로 표현한 것에 주목하자. (피트 웬델 & 지오네트릭 제공)

데이터 분류하기

데이터를 분류하는 기본적인 방법은 다음과 같다.

- 알파벳 순서
- 숫자 순서
- 시간 순서
- 빈도별
- 주제별(그림 5.3)

인포메이션 디자이너인 리처드 솔 워먼은 1989년에 쓴 『21세기 정보 뱅크 Information Anxiety』(평범사 출판, 1993)에서 정보를 정리하는 데 도움이 되는 일련의 목록들을 제시했다. 지역Location, 알파벳 순서Alphabetical, 시간Time, 주제Category, 서열Hierachy(영문 앞글자만 따서 LATCH로 쓴다) 혹은 데이터를 다루는 '다섯 개의 톱니바퀴'로 알려졌다. 지역이란 물리적 지역일 수도 있으며 사회심리학적인 영역을 말하기도 한다. 알파벳 순서는 책이나 이름 등, 유사한 형태를 가진 많은 양의 데이터를 다루는 데 효과적이다. 시간은 특정 시퀀스나 일정 시간에 걸쳐 이뤄진 행동을 나열하는 데에 사용된다. 주제는 유사한 대상/형태를 나누는 데 적합하고, 서열은 데이터의 중요도를 결정할 때 쓰는 방법이다. 평범한 것과 그렇지 않은 것, 큰 것과 작은 것, 비싼 것과 작은 것, 중요한 것과 쓸모없는 것 순서로 나누는 식이다.

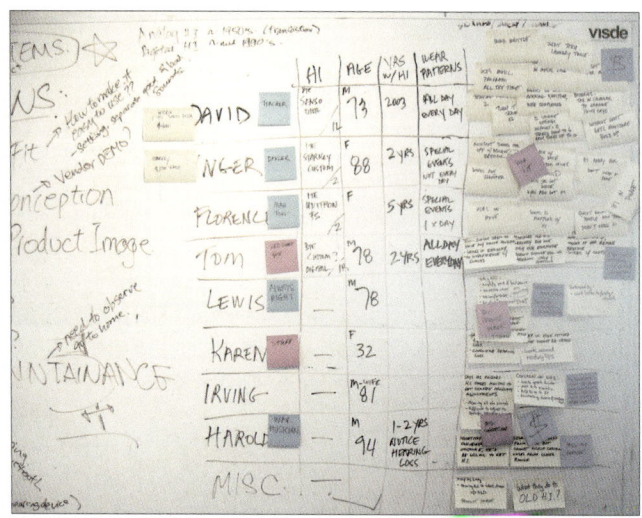

그림 5.3 보청기에 대한 리서치. 대상자에 따라 분류해 봤다. (레이첼 파워스 & VISDE 제공)

데이터를 분류하는 데에 쓰이는 또 하나의 연상법은 '아에이오우(AEIOU: Action, Environment, Interaction, Object, Users)', 즉 동작, 환경, 인터랙션, 대상, 사용자다.

결과물을 정리하기 시작한 때부터 데이터는 계속해서 실제 공간에서 다뤄지며 이렇게 함으로써 분석 단계의 마지막에 개념 모델을 도출해낸다.

데이터 분석하기

이제 실제 데이터 분석을 시작할 때가 됐다. 데이터를 분석하는 데는 다음 네 가지의 방법 중 하나가 주로 쓰인다.

- 분석
- 요약
- 외삽
- 추상

각 방법 모두 데이터를 특정한 방법으로 변형한다. 조각으로 나누거나(분석), 전체를 요약하거나, 데이터를 통해 새로운 무언가를 만들어내는(외삽, 추상) 것이다.

이 작업들의 최종 목표가 데이터 분석 자체에 있지 않다는 사실을 기억하라. 이는 단지 자신이 리서치를 통해 찾아낸 것들과 그 중요성을 설명하기 위해서 사용하는 체계화의 일부분일 뿐이다.

분석

일반적인 작업에서 사용하는 분석이라는 용어는 데이터를 다룰 때에도 의미 있게 사용할 수 있다. 분석이란 전체 프로세스, 활동, 대상, 환경을 그것들을 구성하는 요소로 쪼개는 작업이다. 그렇게 쪼개진 각 부분들은 개별적인 성격과 특성을 발견하기 위해서 다시 관찰된다.

분석은 일반적으로 플로우와 타임라인timeline 같이 전체 단계를 개별 순간으로 쪼개는 형태의 모델을 만들어낸다.

정렬 다이어그램

분석을 통해 만들어지는 것 중에 정렬 다이어그램(그림 5.4)을 살펴보자. 정렬 다이어그램이란 프로세스를 별개의 단계로 나누고, 각 단계마다 그에 해당하는 문제와 이슈, 혹은 사용자들이 전체 동작 중 해당 단계를 완수하도록 돕는 도구다.

정렬 다이어그램은 복잡한 업무를 잘게 나눠 전체 프로세스 안에 어떤 문제와 가능성들이 있는지를 발견하는 데 효과적이다. 정렬 다이어그램은 사용자들이 어디에서 중요한 결정을 내리거나 중요한 행동을 하는데 도움을 받을 도구가 없음을 쉽게 보여준다. 사용자가 불편을 겪는 순간이 근사한 디자인이 될 가능성이 있다.

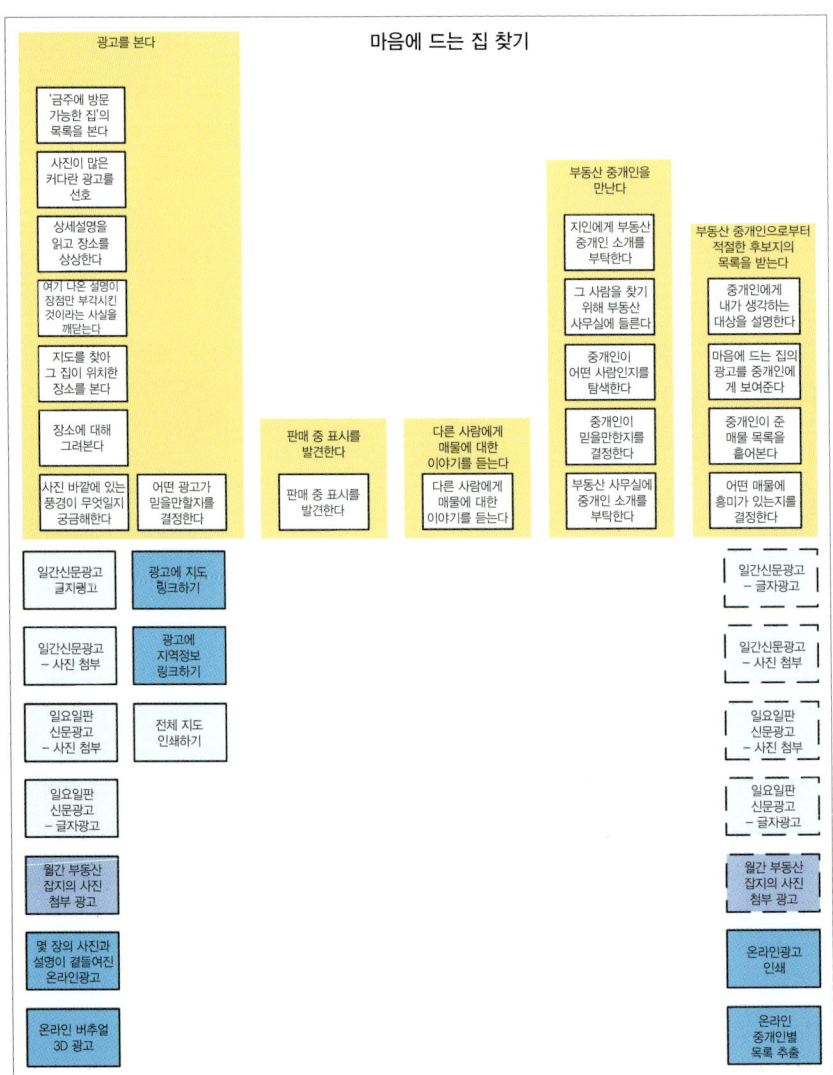

그림 5.4 집을 사는 의사결정에 대한 70인치 길이에 이르는 긴 정렬 다이어그램(심리 모델이라고도 부른다)의 일부를 발췌한 것이다. 행위는 다이어그램의 위쪽에 위치하고, 이런 행위를 도와주는 도구들이 아래에 나열돼있다. (인디 영 제공)

터치포인트의 목록

분석을 위한 방법 중 하나는 모든 터치포인트touchpoint의 목록을 만드는 것이다. 서비스에서 터치포인트란 디자이너들이 고치거나 만들어내야 하는 가장 근본적인 것들이다. 예를 들어 공항에서 체크인을 할 때라면 터치포인트란 창구 직원, 자동 발권기, 항공권, 항공권 봉투, 그리고 수속 카운터가 된다.

터치포인트에는 다음과 같은 것들이 있으며, 물론 이 목록으로 한정되지 않는다.

- 물리적 위치
- 지역 내의 특정 장소
- 하드웨어
- 소프트웨어
- 표지판
- 오브젝트
- 웹사이트
- 우편물(과 이메일)
- 대화로 이뤄지는 커뮤니케이션
- 인쇄물로 이뤄지는 커뮤니케이션(영수증, 지도, 티켓 등)
- 애플리케이션
- 기계장치
- 고객 서비스
- 파트너

이런 터치포인트가 이미 존재하는가 아니면 새로 만들어내야 하는가? 그것들은 잘 디자인돼 있는가? 아니면 문제가 있는가? 터치포인트 지도는 서비스의 전체 모습을 한눈에 보게 해준다.

프로세스 맵

정렬 다이어그램과 유사한 것으로 프로세스 맵(그림 5.5)이 있다. 프로세스 맵이란 전체 서비스의 전개, 그것들의 각 단계, 그리고 무엇보다도 전체 서비스 중에서 이번 프로젝트에서 다루는 부분이 어딘지를 보여준다. 프로세스 맵은 프로젝트의 경계를 보여주며, 또한 프로젝트에서 디자인되지 않을 영역과 프로젝트를 진행하면서 변화되는 내용에 영향을 받게 될 부분들을 알 수 있다. 예를 들어 공항의 체크인 서비스를 변화시킨다면 수하물 찾기, 고객 서비스, 온라인 예약 등에 두루 영향을 끼치게 된다.

프로세스 맵은 또한 각 프로세스 단계별 터치포인트가 어디에 있는지를 보여준다.

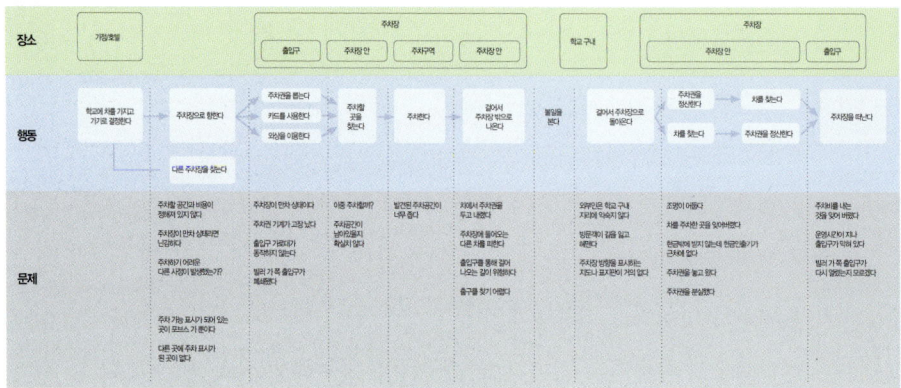

그림 5.5 프로세스 맵은 전체 서비스에서 어떤 부분이 디자인돼야 하고 어느 부분에 문제가 있는지를 한눈에 볼 수 있게 해준다.

작업 분석

리서치 분석에서 많이 쓰이는 또 다른 일반적인 방법은 작업 분석이다. 작업 분석이란 전체 디자인을 통해 진행하게 될 모든 행동들의 목록이다. 예를 들어 새로운 웹브라우저를 디자인한다고 하면 사용자들은 다음의 일들을 할 수 있어야 한다.

- 주소를 직접 입력해 해당 페이지로 이동한다.
- 즐겨찾기를 통해 해당 페이지로 이동한다.
- 즐겨찾기에 새 항목을 추가한다.

- 즐겨찾기에서 항목을 제거한다.
- 즐겨찾기를 폴더의 형식으로 구성한다.
- 페이지를 인쇄한다.
- 페이지를 새로 고침한다.
- 이전 페이지로 돌아간다.
- 기타 일반 사용자들은 거의 쓰지 않는 기능들. 페이지 소스코드를 보여주거나 자바스크립트 입력창을 여는 등의 기능

작업 분석은 엑셀 시트나 워드 문서 형태로 문서로 만들 수 있다. 와이어프레임(7장 참조)을 써서 각 작업이 개별 페이지에서 어떻게 동작하는지를 그려볼 수 있다. 또한 작업은 기능, 사용자 등급(기본 사용자 작업, 로그인한 사용자 작업, 관리자 작업 등)이나 심지어는 해당 작업을 진행하는 퍼소나(이 장의 후반부 참조)에 따라 각 영역으로 나눠진다.

작업 분석은 필요한 작업들에 대해 빠짐없이 디자인하고 있는지를 체크하는 데 필요하다. 잘 쓰이지 않지만 중요한 작업들이 종종 잊혀지게 마련인데, 작업 분석을 통해 모든 요구 사항이 잘 충족되도록 디자인하고 있는지를 확인할 수 있다.

요약

데이터 조각을 모아 전체 결론을 도출하는 작업을 요약이라고 한다. 요약을 통해 많은 분량의 기초 데이터들을 간단명료한 개개의 부분으로 압축하고 나아가 이들에게 단순한 합계 이상의 특성을 부여할 수 있다.

요약은 녹화한 영상을 묘사하는 것처럼 매우 작은 부분에서 이뤄질 수도 있고('대상자는 자동 발권기를 사용해보려고 노력했으나 포기했다'), 전체에 대한 것일수도 있다(인터뷰한 사람들 전체가 모두 이 제품사용을 진짜 싫어했다).

요약은 수량적 데이터를 모으는 데도 적절하다. 예를 들어 리서치 대상자의 75%가 특정한 행동을 했다는 것은, 이 행동을 잘하게 만드는 목적의 디자인 결정을 내리는 아주 중요한 근거가 된다.

환경 묘사

요약은 단지 몇 개의 글자나 숫자로 이뤄질 필요는 없다. 지도, 스크린 샷, 다이어그램, 그리고 비디오 또한 요약을 위해서 사용될 수 있다. 특히 서비스에 대한 디자인을 시작하기 전이라면 디자이너들은 자신들의 서비스가 위치하게 될 (혹은 이미 위치하고 있는) 장소에 대해서 최대한 많이 알아야 할 필요가 있다. 이런 **환경에 대한 묘사**는 해당 위치에 대한 자세한 내용을 가능한 한 많이 담는 것이 목적이다. 주석이 들어간 사진(그림 5.6)은 데이터를 정리해 도출된 환경 묘사를 위해 사용하기에 훌륭한 방법이다.

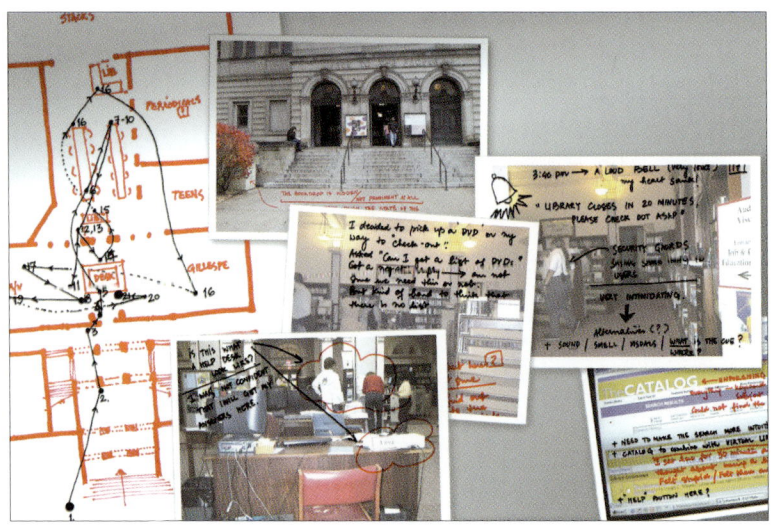

그림 5.6 마야 디자인이 피츠버그의 카네기 도서관을 위해 만든 주석 달린 사진들
(마야 디자인 제공)

외삽

요약과 유사하지만 이보다 한발 더 나아간 방법으로서 외삽법이란 현재 존재하는 데이터에 의해 제시된 새로운 무언가를 보여주기에 적합한 방법이다. 외삽은 분석과는 정반대의 방법으로 분석이 전체를 조각으로 쪼개어 관찰하는 데 반해 외삽은 개별 조각으로부터 무언가 새롭고 다른 전체를 발견한다. 어떤 면에서는 리서치에 기반한 디자인은 모두 외삽법을 사용한다고 볼 수 있다. 디자이너들은 사용자에 대해서 이해한 것으로부터 새로운 제품을 이끌어낸다.

외삽법을 통해 얻어낼 수 있는 체계적인 결과물은 스토리거나 내러티브다. 각 데이터를 모아서 이들을 완전히 새로운 '어떤 하루' 타입의 내러티브로 만들고, 사용자의 일과에 대한 사진을 제시한 후에 '빈칸 채우기'를 하거나, 디자이너가 사용자의 일상에 새 제품이 소개되면서 바뀌게 될 미래의 청사진을 그려 보는 등의 활동을 해볼 수 있다. 실제 제품의 디테일들이 아직 확정되지 않았기 때문에(7장 참조) 이 시나리오를 통해 제품 자체보다는 이것이 어떻게 사용자의 삶에 영향을 끼칠지를 전체적으로 보게 된다.

추상화

데이터를 분석하는 네 번째 방법은 대상에 대한 이해를 돕기 위한 추상화다. 추상이란 데이터를 가장 중요한 내용만 빼고 다 제거하는 것이다. 이렇게 남게 된 중요한 내용을 개념 모델로 만든다.

데이터를 추상화할 때는 대부분의 데이터가 갖고 있는 군더더기를 제거하는 데에서 그치는 것이 아니라 남은 데이터를 시각적으로 표현해 효과적인 도구로 삼을 수 있어야 한다. 3장에서 이야기된 바 있는 전략적 시각화처럼 리서치의 시각화도 이해관계자와 팀 멤버들을 이해시키고, 설득하고, 디자인과 리서치의 중요성을 부각하기 위해 행해져야 한다.

추상화를 할 때에는 언제나 데이터의 왜곡이나 잘못된 시각화로 인해 전체의 이해를 더 어렵게 만들어버리는 등의 문제가 생길 수 있다. 그러므로 디자이너는 데이터를 가능한 한 작게 압축해 결과물이 시각적으로 최대한 정돈되고 확실히 보이게 만들어야 한다.

개념 모델

추상화의 결과물은 일반적으로 **개념 모델**Conceptual Model이다. 개념 모델이란 릭 로빈슨의 말을 빌리면 '가지고 생각할 거리'로서, 데이터에서 가장 관련이 깊은 조각들을 정리해 새로운 방식으로 생각하게끔 만드는 시각적 도구다. 개념 모델은 또한 외삽법에서와 같이 개별 부분의 합으로부터 새로운 무언가를 만들어내는 시각화 방법이기도 하다. 그림 5.7을 보자.

그림 5.7 가장 유명한 개념 모델은 제임스 왓슨과 프랜시스 크릭의 DNA 모델이다.

개념 모델은 단순한 목록이나 번호의 나열이어서는 안 된다. 비주얼로 마음을 끌 수 있는 시각디자인 결과물로서 기억하기 쉽고, 그 형태를 기반으로 관찰되고, 이해되고, 공유돼야 한다.

개념 모델은 훌륭한 **경계물**Boundary Object을 만들어낸다.[1] 경계물이란 동시에 복수의 커뮤니케이션 안에 존재함으로써 각각의 주제에 대한 대화 속에서 공통적으로 이해되는 대상을 말한다. 잘 만들어진 개념 모델은 다양한 내부 조직 간에, 혹은 클라이언트와 디자이너 간에 이것이 가능하도록 만든다.

디자인 리서치로부터 도출되는 훌륭한 개념 모델은 (직접적으로 혹은 간접적으로) 다음 세 가지를 보여준다.

- **불편점** 프로세스에서 어려움이 있는 곳은 어디인가? 왜 사용자들이 그 부분을 좋아하지 않는가? 무엇이 불필요한 노력을 하게 하는가? 어떤 것이 비효율적이고 사람들을 불편하게 하는가?
- **가능성** 개선을 통해 얻어지는 가능성이 무엇인가? 어떤 방법을 통해 사용자들을 도울 수 있겠는가? 개선될 수 있는데 무시돼왔던 영역이 어디인가?

---

1 『사물의 분류(Sorting Things Out):Classification and Its Consequences』 제프리 C. 보커, 수잔 리 스타 지음, 현실문화연구 출판(2005)

- **실행 유도** 문제점을 해결하고 가능성을 실현하기 위해 어떤 것이 필요한가? 가장 중요하게 수행돼야 하는 인터랙션 디자인 과제는 무엇인가?

예를 들어 그림 5.8은 인트라넷의 사용자들과 대화를 나누고 얻은 데이터로 만든 것이다. 이 데이터를 통해 인트라넷의 대부분 기능이 사용되지 않음을 알 수 있다. 심지어는 인트라넷에 사용자들이 필요하다고 말하는 기능들이 이미 포함돼 있는데도 말이다. 이런 기능들이 제대로 쓰이지 않은 이유 중 하나는 사용자들이 그 기능이 있는지조차 몰랐기 때문이었다. 이 기능들은 그저 시스템 한 켠에 묻혀 있었다. 해결책은 간단하다. 이 그림에 존재하는 구분선들의 위치를 변경하라. 시스템의 대부분 기능들이 잘 알려지고 선호되도록 만들어라.

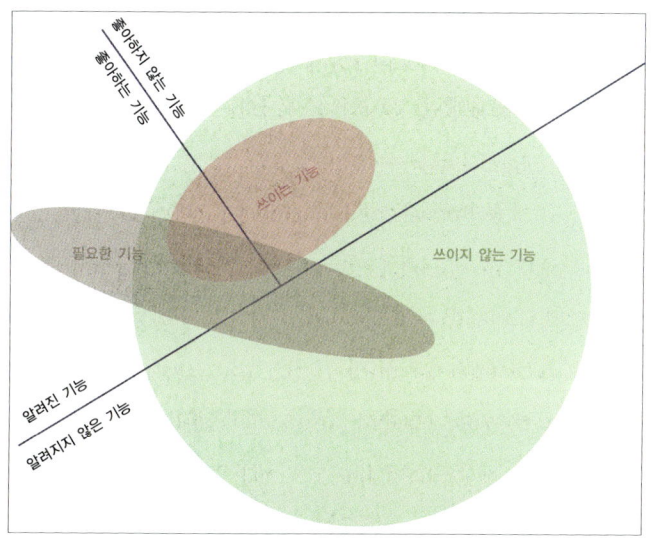

그림 5.8 리서치를 통해 얻은 모델의 일례. 리서치 결과 인트라넷 시스템의 대부분 기능이 제대로 알려지지 않았거나 쓰이지 않았으며, 기껏 쓰이는 기능의 선호도는 매우 낮았다.

이 모든 정보는 당연히 앞 단락에서와 같이 글로 표현되거나, 통계 도표로 표현될 수 있다. 그러나 이런 것들이 모델만큼 강한 임팩트를 주지는 못한다. 모델은 프로젝트가 진행되는 동안 지속적으로 참조되는 디자인 도구다. 여기의 예에서 디자이너는 모델을 사용함으로써 가장 중요한 문제는 사용자들이 쓰고 싶어하는 기능이 시스템에 존재하는데도 찾을 수 없다는 문제라는 사실을 클라이언트에게 쉽게 보여주고 설명할 수 있다.

리서치 데이터를 설명하기 위한 일반적인 도구는 다음과 같다.

- **선형 플로우** 시간이 지남에 따라 프로세스가 어떻게 풀려갈지를 설명한다(그림 5.9). 선형 플로우는 현재의 프로세스 어디에 문제점이 존재하는지를 설명하는 데 편리하다.

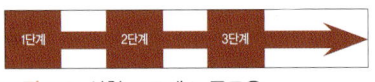

그림 5.9 선형 프로세스 플로우

- **원형 플로우** 프로세스가 어떻게 일정한 궤도를 그리면서 반복되는지를 보여준다(그림 5.10).

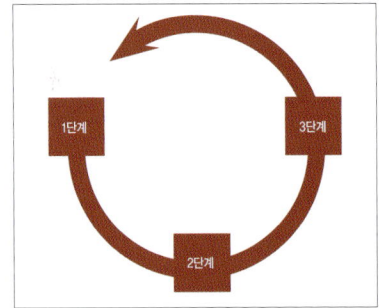

그림 5.10 원형 프로세스 플로우

- **거미 다이어그램** 데이터 포인트 사이의 연결점을 보여준다. 다이어그램의 중심에 존재하는 데이터가 있으며 다른 데이터가 이를 둘러싼다(그림 5.11).

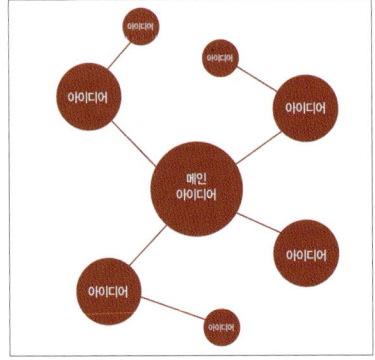

그림 5.11 거미 다이어그램

- **집합** 데이터 지점들 사이의 관계를 보여준다(그림 5.12).

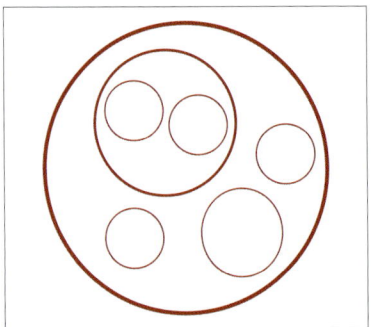

그림 5.12 집합

- **벤 다이어그램** 집합과 비슷하게 서로 겹치는 원을 통해 데이터의 집합과 상호 관계를 보여준다(그림 5.13). 그림 5.8 또한 벤 다이어그램이다.

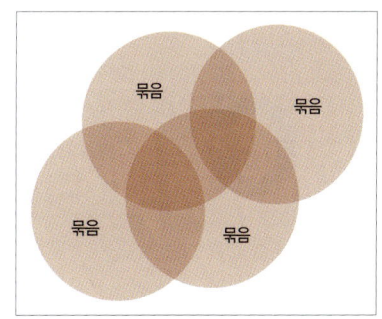

그림 5.13 벤 다이어그램

- **2×2 매트릭스** 두 개의 축을 가진 데이터 포인트 사이에서 데이터 간의 관계를 보여준다. 이 두 개의 간결한 가변 축을 통해 데이터를 4분면으로 나눈다(그림 5.14).

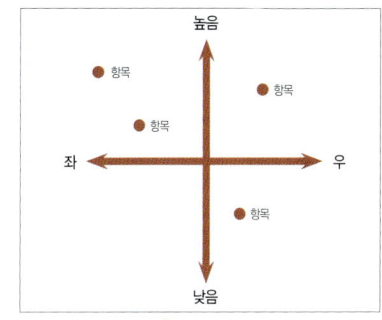

그림 5.14 2×2 매트릭스

- **지도** 특별한 관계를 보여준다(그림 5.15).

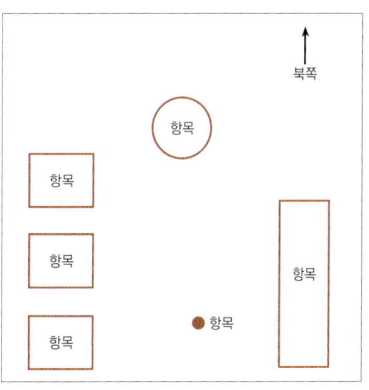

그림 5.15 지도

대부분의 경우 데이터 자체가 적절한 표현 방법을 제시한다. 만약 디자이너가 한 단계 한 단계씩 진행되면서 반복되는 패턴을 관찰했다면, 이를 표현하는 데는 원형 플로우가 적절할 것이다.

퍼소나

퍼소나는 행동과 동기, 기대에 의해 사용자들의 경계를 정하기 위해 사용되는 개념 모델의 특정 유형이다. 퍼소나persona(그림 5.16)는 그 제품·서비스에 관련될 사람들의 특정 유형을 나열한 것이다. 디자이너는 이를 통해 '사용자들'이 아니라 특정한 사람을 위해 디자인한다는 느낌을 갖게 된다. 그러나 만약 이 설정이 잘못된다면 디자인은 왜곡되고 제대로 된 결과를 내기 어려울 것이다("이런 유형의 사람들은 모든 페이지마다 새로 암호를 입력하는 걸 선호한대요!").

그림 5.16 퍼소나 설정은 '사용자'를 특정한 한 사람의 인간으로 바꿔놓는다.

디자이너는 사용자를 관찰하고 직접 대화를 나눠본 결과로 퍼소나를 만들어낸다. 퍼소나는 일반적으로 비슷한 목적, 의도, 행동방식을 공유하는 복수의 사람들을 합쳐놓은 것이다. 각 퍼소나 사이의 차이는 반드시 이러한 깊은 특성들에 기반한 것이어야 한다. 그들이 뭘하며(활동과 행동), 그들의 기대는 무엇인지, 왜 그걸 하는지 말이다.

단순히 인구통계학적으로 유사한 사용자들을 묶는 식으로 퍼소나를 만들어서는 안 된다. 인구통계학적인 배경의 다양성에만 초점을 맞추면 퍼소나가 아니라 시장의 인구 분포만을 보여주게 된다. 인물의 배경이 중요한 건 이런 배경이 사용자의 행동에 영향을 끼칠 때뿐이다. 13살짜리 아이는 83세 노인과는 다른 방식으로 제품을 사용할 것이다. 아일랜드에서 석탄 캐는 광부는 서울에 사는 경제 분석가와는 다른 방식으로 제품을 사용할 것이다. 그러나 그렇지 않을 수도 있다. 배경이 모든 걸 설명하지는 않는다. 사실 인구통계학적으로 고민하는 일은 퍼소나를 유용하게 사용하는 걸 제한하고 훼방 놓을 수도 있다. 수백만 명의 사람들이 사용하는 제품에 대해 독특한 유형의 사용자를 몇백 명이라도 만들어낼 수 있겠지만, 이렇게 많은 퍼소나는 아무짝에도 쓸모가 없다.

퍼소나를 만들어내기 위해서는 리서치 대상자들의 특정한 행동이나 의도에서 공통분모를 찾아낸다. 이 공통분모가 퍼소나의 바탕이 되고, 여기에 이름과 사진, 배경 데이터를 덧붙임으로써 진짜 사람과 같은 퍼소나가 만들어진다.

예를 들어 비행기 여행과 관련된 디자인 프로젝트가 있다. 디자이너들은 비행기를 타는 사람들에게서 세 가지 그룹의 행동 방식을 찾아냈다. 업무용 출장을 위한 정기적인 비행기 탑승, 휴가를 위해 가끔 비행기 탑승, 매년 봄과 겨울마다 규칙적으로 비행기를 타는 경우가 있었다(철새 현상). 각 그룹끼리는 여행 중에 완전히 다른 행동방식을 보이며, 그 목적과 의도도 전혀 다르다. 이 세 가지 행동 방식은 세 명의 퍼소나의 바탕이 된다. 정기적인 탑승자인 밥, 휴가를 즐기는 수잔, 그리고 철새 월마다.

리서치 과정에서 나온 말들은 퍼소나를 구별하고 성격을 규정하는 데 효과적이다.("적어도 한 주일에 한 번은 비행기를 타요.") 여기서 간단한 타이틀이 만들어지기도 한다.('정기적 탑승자') 퍼소나를 정의한 문서는 이들의 행동, 의도, 목적을 기술하고 그들을 다른 사람과 구별 짓는다. 밥은 여행 때마다 업무 미팅이나 묵을 호텔을 걱정하는 반면 월마는 비행기에서 내리면 무슨 일이 벌어질지에 대해 훨씬 편안한 마음을 갖고 있다.

대부분 프로젝트에서 퍼소나의 숫자는 많지 않아야 한다. 어찌 되었건 1명에서 9명 사이다. 퍼소나가 10명을 넘어가면 그들을 기억하고 다른 사람과 구별하기가 어려워진다. 더 중요한 것은 많은 사람을 위해 디자인하려면 작업이 더 힘들어진다는 사실이다. 12명의 전혀 다른 사람을 위해 휴대폰을 디자인하는 작업을 하고 있다고 생각해보라. 무언가를 결정하기 위해 이 사람들이 갖고 있는 각기 다른 의견을 조정하기란 참으로 어려운 일일 것이다. 비록 몇백만 명의 사람들이 쓸 물건을 만들고 있다고 해도, 디자인을 위한 가상 퍼소나의 숫자는 10명 이하여야 한다. 디자이너와 클라이언트 모두 프로젝트의 결과로 만들어질 제품·서비스가 훨씬 다양한 부류의 사람들에 의해 쓰이기를 바란다고 해도, 9명이면 95%의 사용자를 대표할 수 있다. 이보다 더 많은 퍼소나를 만족시키기 위한 제품이나 서비스를 디자인하고 있다면, 아직 충분히 집중을 못한 것일지도 모른다.

퍼소나에게는 각각 얼굴을 붙여준다. 진짜 사진을 쓰는 것이 더욱 인간적으로 보이고 기억하기도 쉽다. 어차피 이런 퍼소나를 외부에 공개할 것도 아니라면야 커뮤니티 사이트를 검색해서 사진을 얻는 것이 제일 편하다. 다양한 성별, 지역, 인종, 나이 등 다양한 성격들을 풍부하게 보여줄 수 있는 사진으로 고른다.

퍼소나를 설정하는 것만으로는 아무 결과도 얻을 수 없다. 이들에게 시나리오를 부여해 각 인물 유형별 선호도와 사용 목적에 맞는 기능을 테스트할 때만이 쓸모가 있다. 퍼소나를 설정한 다음에는 이런 질문들을 해볼 수 있다. 이 퍼소나가 이런 작업을 할까? 이 퍼소나가 이 작업을 우리 의도대로 수행할까?

디자이너(와 사업 담당자)는 퍼소나에게 우선순위를 설정할 수 있다. 제품을 가장 많이 이용하는 사용자 군을 대표하는 퍼소나라고 해도 제품의 가치를 가장 잘 만들어내는 사용자가 아닐 수도 있다. 다른 퍼소나가 더 많은 돈을 벌게 하는 요소를 갖고 있거나, 제품을 더욱 제대로 사용하거나 더 많은 기능을 사용할지도 모른다. 전략적으로 퍼소나의 우선순위를 결정해야 한다.

퍼소나를 설정하는 것이 도움되는 경우가 많지만 어떤 디자이너들은 여기에 크게 신경 쓰지 않는다. 이런 디자이너들은 이런 가공의 인물 유형이 제품과 진정한 사용자 사이를 가로막는 인공적인 장벽이라고 느낀다. 작은 프로젝트에서 모든 부류의 사람들을 망라하는 건 적절하지 않다. 그러나 그 퍼소나가 리서치에 기반을 두고 있으며 올바른 특성(행동, 의도, 목적)에 초점을 맞추고 있다면, 퍼소나는 값진 도구다.

퍼소나: 로버트 라이만 인터뷰

로버트 라이만(Robert Reimann)은 인터랙션 디자인 협회 회장이자, 프로그 디자인의 크리에이티브 디렉터다. 그는 앨런 쿠퍼와 데이비드 크로닌이 쓴 인터랙션 디자인에 대한 책인『퍼소나로 완성하는 인터랙션 디자인 About Face 3』(에이콘출판사, 2010)의 집필을 '말 그대로' 도왔다.

▶ **어떻게 '퍼소나'에 대한 아이디어를 만들어냈습니까?**

퍼소나에 대한 아이디어나 이와 유사한 도구는 오랫동안 존재해왔습니다. 80년대에서 90년대에는 디자인이나 마케팅, 사용성 분석의 전문가들이 '사용자 프로필'이라는 것을 통해서 누가 그 제품의 소비자가 될지를 그려보고 그들이 제품과 관련된 어떤 요구사항과 바람이 있는지를 분석했습니다.

우리가 현재 이야기하는 방식의 도구로서의 '퍼소나'를 정의해낸 것은 앨런 쿠퍼로서 그 첫 작업은 1983년에 컴퓨터 어소시에이트를 위해서 만든 '슈퍼 프로젝트'라는 소프트웨어 패키지를 디자인하면서였습니다. 나중에 마이크로소프트의 비주얼 베이식이 된 물건에서도 이 기법을 사용했습니다.

쿠퍼의 초기 퍼소나는 특정 역할을 하는 소수의 사람들을 개인적으로 관찰해 만든 소박한 것이었습니다. 하지만 쿠퍼의 핵심적인 통찰은 이러한 대표성을 갖는 캐릭터들에게는 제품이 달성시켜줄 수 있는 목표와 행위가 존재한다는 점이었습니다. 가장 중요한 목표를 일일이 열거하고 이를 퍼소나에 대한 묘사에 덧붙임으로써 그는 이것을 강력한 디자인 방법론으로 발전시켰습니다. 각 퍼소나의 행동 방식에 맞춰 이들이 주요 목적을 달성할 수 있게 디자인함으로써 더 성공적인 결과를 얻을 수 있다는 것입니다.

쿠퍼의 이 작업에 제가 기여한 부분은 퍼소나를 구성하기 위한 정보를 얻는 데이터 수집 방법 등 더욱 틀이 잡힌 문화인류학 분야의 조사 방법을 소개한 것과 킴 굿윈과 함께 한 작업을 통해 퍼소나의 목표를 세 가지 타입으로 정의하는 것 등이 있습니다. 이 세 가지 타입은 다음과 같습니다. 하나는 경험의 목적으로, 사용자가 그 제품을 사용할 때 어떤 것을 느끼고 싶어하는가(느끼고 싶어하지 않는가)입니다. 또 하나는 결과의 목적으로, 사용자들이 실제로 그 제품을 통해 충족시키기 원하는 기대와 요구입니다. 마지막 하나는 인생의 목적으로서, 퍼소나들이 제품과 맺는 관계를 더 넓은 시야에서 묘사하고 이 제품이 퍼소나에게 어떤 의미를 갖는지를 설명합니다. 개별 퍼소나가 가진 목표와 행동 방식에 중심을 두고 이런 요구들을 시나리오 기반의 기법과 결합해 디자인 방법론적으로 해석한 것이 쿠퍼의 퍼소나 설정 방법론을 독특하고 강력하게 만든 요소입니다.

▶ 퍼소나는 어디에 좋은가요?

퍼소나는 사용자의 행동, 요구, 욕망, 컨텍스트를 이해하고 커뮤니케이션하기 위한 최고의 도구입니다. 특히 다음과 같은 상황에 강력하게 이용될 수 있습니다.

1. 제품 디자인의 방향을 제시한다. 퍼소나의 목표와 행동이 제품과 그 인터페이스의 구성과 행동에 중요한 단서를 준다.

2. 이해관계자에게 디자인 해결법을 설명하는 데 이용한다. 스토리보드와 시나리오에 퍼소나를 이용하는 것은 제품에 대한 스토리를 설명하는 매우 효과적인 방법이며, 어째서 이런 디자인 결정이 내려졌는지를 특히 잘 이해시킬 수 있다.

3. 디자인에 대한 공감과 헌신을 이끌어낸다. 팀원들 간에 우선순위, 기능, 그리고 사용자들의 이익으로 연결되는 모든 디자인 결정에 대해 이해할 수 있게 하는 공통 언어를 갖게 됨으로써 타겟 사용자에게 걸맞은 최선의 제품을 만들어낼 수 있다.

4. 디자인의 효율도를 측정한다. 디자인적인 결정들을 화이트보드상에서나마 퍼소나의 행동, 컨텍스트, 기대에 맞춰 테스트해볼 수 있다. 나중에 있을 프로토타입 혹은 최종 제품 단계에서 더 상세히 테스트될 기회가 있겠지만 디자인 프로세스의 앞쪽에서 이를 예상함으로써 좀 더 좋은 결과를 낼 수 있다.

5. 개발이 아닌 영역에도 효과적으로 이용된다. 퍼소나를 통해 얻어진 정보와 스토리보드는 마케팅, 광고, 판매, 심지어는 회사 내부의 전략적 기획에 유용한 시사점을 주거나 유용하게 쓰일 수 있다.

▶ 퍼소나에게 가장 중요한 요소는 무엇입니까?

어느 퍼소나에게라도 가장 중요한 요소는 문화인류학적인 조사와 분석을 통해 찾아낸 행동 방식, 그리고 여기서 도출된 목표입니다. 또한 디자인에 적용될 개별 퍼소나들의 우선순위를 이해하는 것도 중요합니다. 예를 들어 주연급인가(제품의 주요 타겟인가), 혹은 조연급인가(주연급 퍼소나가 이끌어낸 인터페이스를 사용하되 이들을 위한 몇 가지 추가 기능이 있음) 혹은 제품에 전혀 관련이 없는 타입인가? 또한 여기에 더해서 가상의 이름과 사진, 그리고 약간의 인물 배경을 추가함으로써 현실적으로 느껴지고 디자이너와 이해관계자가 공감할 수 있게 됩니다. 이 가상의 인물이 신뢰가 가고 진짜 존재하는 사람 같아야 디자인과 개발 도구로서의 효과가 극대화됩니다.

요약

디자이너 조앤 버밋의 말을 인용한다. "내 개인적인 창작 과정은 우선 이론과 증거로 높은 구조물을 쌓아 올린 다음, 이게 다 만들어지면 직관의 행글라이더를 타고 이 구조물 위에서 뛰어내립니다. 직접 몸을 던지기 전까지 많은 생각과 실험이 필요한 것 같아요. 하지만 결국엔 뛰어내립니다. 이 구조물은 결국 뛰어내리기 위해 만든 것이니까요."[2]

이 뒤에 이어지는 3개 장의 내용은 제품이 조직과 사용자의 목표를 만족시켰는지 검증하기 위해 이 구조물을 쌓는 일에 대한 것이다. 이 장들을 통해 어떻게 제품을 구상하고, 다듬고, 프로토타이핑하고, 개발하는지를 살펴보겠다.

더 읽을거리

- 『Visual Explanations: Images and Quantities, Evidence and Narrative』 Edward R. Tufte, Graphics Press(1997)
- 『The Visual Display of Quantitive Information, 2nd』 Edward R. Tufte, Graphics Press(2001)
- 『Visualizing Data』 William S. Cleveland, Hobart Press(1993)
- 『새빨간 거짓말, 통계』 대릴 허프 지음, 박영훈 옮김, 더불어책 출판(2004)
- 『Information Dashboard Design: The Effective Visual Communication of Data』 Stephen Few, O'reilly(2006)
- 『Designing for the Digital Age: How to Create Human-Centered Products and Services』 Kim Goodwin, Alan Cooper, Wiley(2009)
- 『정신병원에서 뛰쳐나온 디자인』 앨런 쿠퍼 지음, 이구형 옮김, 안그라픽스 출판(2004)

---

2 인터랙션 디자인 협회의 메일링 리스트에서 발췌. 전문은 http://lists.whatwg.org/pipermail/discuss-interactiondesigners.com/2007-August/019765.html

- 『퍼소나로 완성하는 인터랙션 디자인 About Face 3』앨런 쿠퍼, 로버트 라이만, 데이비드 크로닌 지음, 김나영, 고태호, 유지선 옮김, 에이콘출판사(2010)
- 『The User Is Always Right: A Practical Guide to Creating and Using Personas for the Web』Steve Mulder, Ziv Yaar, New Riders(2006)
- 『The Persona Lifecycle: Keeping People in Mind Throyghout Product Design』John S. Pruitt, Tamara Adlin, Morgan Kaufmann Publishers.(2006)

6장

구상화와 디자인 원칙

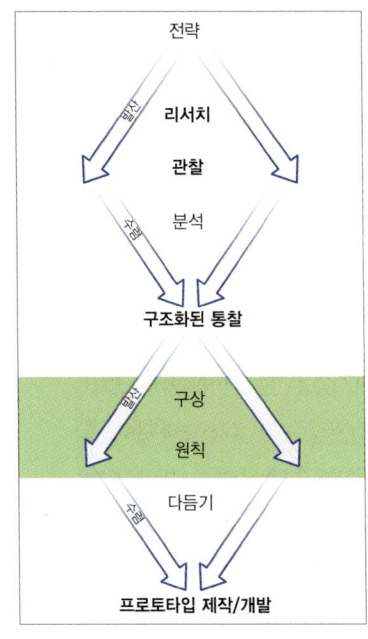

이제 당신은 어떤 것을 디자인해야 할지를 안다. 이해관계자와 사용자의 의견도 들었고 전략과 디자인 리서치로부터 모델도 도출했다. 이제 눈앞에 빈 종이, 흰 화면이 펼쳐져 있다. 이제 실제로 **무언가**를 디자인해야 한다. 구상이 시작될 때다.

여기까지 오는 동안 수많은 아이디어가 떠올랐지만 대체 이들 중 무엇이 좋을지를 어떻게 고를 것인가? 이제 가장 좋은 아이디어를 고르도록 도와주고 이를 다듬고, 프로토타입, 개발, 그리고 그 이상을 진행할 수 있게 이끌어줄 디자인 원칙에 대해 설명하겠다.

그러나 일단 이 이야기를 잠시 접어두고 컨셉부터 시작하자.

컨셉 만들기

브레인스토밍의 목적은 하나의 완전한 디자인 결과물을 만들어내는 것이 아니다. 이건 나중에 할 일이다. 브레인스토밍은 최대한 빠른 시간에 최대한 많은 컨셉을 생각해보는 것이다. 디자인 프로세스의 이 단계에서 가장 중요한 것은 질이 아니라 양이다. 프로젝트를 다양한 각도에서 바라보는 많은 양의 컨셉이 필요하다. 완전히 이상하고 말도 안되는 아이디어들도 환영받는다. 이런 생각들로부터 실현가능한 무언가가 도출될지도 모르기 때문이다(그림 6.1).

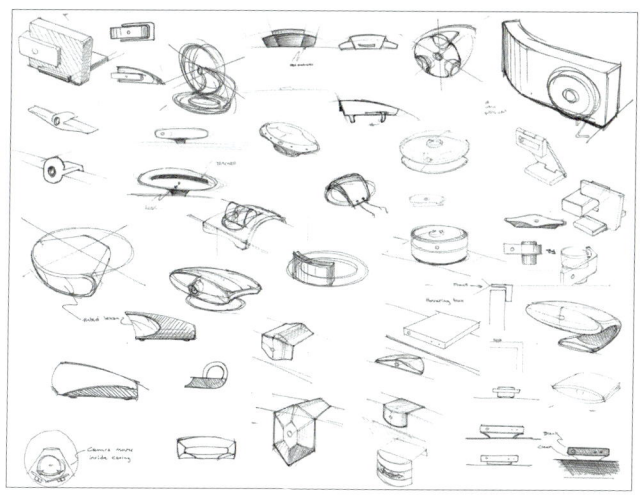

그림 6.1 구상화 단계에서는 짧은 시간 동안 가능한 많은 컨셉을 짜내는 것이 중요하다. (톰 마요나라 & 키커 스튜디오 제공)

이상적으로 짧게는 한 시간 정도인 매번의 브레인스토밍 세션에서 수십 개씩의 아이디어를 짜내야 한다. 새로운 프로젝트라면 수백 개의 아이디어, 컨셉, 아이디어의 조각을 만들어내기 위해 며칠 동안 브레인스토밍을 계속한다. 이들이 하나의 아이디어에 대한 지속적인 변형이든, 이전에 나온 아이디어를 반복하는 것이든 중요하지 않다. 어쨌든 이 아이디어들을 기록하고 다른 아이디어로 옮겨가라.

이를 위해서 필요한 것은 여기서 나온 모든 아이디어를 종이에 글이 아니라 스케치의 형식으로 (물론 제품명의 컨셉을 기록한다든가 스케치를 설명하기 위한 단어를 쓰는 것은 유용할 수도 있지만) 기록해 나중에 더 고민할 수 있게 하는 것이다. 최대한 구체적으로 기록하라. '드롭다운 관련해 고치기' 식의 기록은 안 된다. 머리에 떠오른 해결책을 그려보라. 스케치의 퀄리티는 중요하지 않다.

브레인스토밍을 할 때에는 준비물이 필요하다. 일단, 현재 존재하는 기술의 한계상 디지털 도구는 적당치 않다. 브레인스토밍은 종이, 연필, 펜, 마커, 화이트보드, 포스트잇으로 진행한다. 아이디어를 재빠르게 적어 옆으로 밀어놓고 다음 아이디어로 이동한다. 디지털 기계들은 걸리적거릴 뿐이다. 필요하면 나중에 아이디어를 디지털 카메라로 찍어놓을 수는 있겠지만 연필과 종이라는 아날로그 방식이 여기서는 최고다.

브레인스토밍을 할 때 디자이너들은 참조를 위해서, 혹은 영감을 얻기 위해서 리서치의 결과물과 모델 등을 문서로 출력해서 손에 들거나 벽에 붙인다. 브레인스토밍을 같은 팀 디자이너들로만 구성할 필요도 없다. 이해관계자, 개발자, 디자이너, 혹은 우리가 생각치 못한 생각을 할만한 외부인 누구든지 초대하라. 다만 모두가 브레인스토밍의 규칙을 이해하고 있어야 한다.

- **나쁜 아이디어는 없다** 다른 사람의 아이디어를 평가하지 말라.
- **주제에 집중한다** 정돈되지 않은 생각이나 별 관련이 없는 아이디어는 따로 모아둔다. 이런 지나가는 생각들을 모아서 따로 적어둘 곳을 마련하되, 그에 대해 별도로 토론하지는 않는다.
- **한 아이디어에 많은 시간을 쓰지 않는다** 초기의 브레인스토밍 세션의 목적은 특히 최대한 많은 아이디어를 끌어내는 것이다. 특정한 하나의 아이디어에 대해서 깊이 생각할 시간은 나중으로 미뤄둔다. 지금은, 많이 생각한다. 무조건 많이.
- **방 하나를 통째로 사용한다** 모든 것을 벽에 붙인다. 모든 아이디어를 한눈에 보는 것만으로 그들 간의 연결점이 찾아지고 새로운 아이디어가 샘솟기도 한다.
- **딴짓하지 마라** 이메일 읽고, 메신저 하고, 쪽지 보내고, 다른 일 하면서 브레인스토밍이 제대로 될 리가 없다. 현재 하는 활동에 집중하고 딴 짓 할 만한 물건은 가능한 한 옆으로 밀어둔다.

인터랙션 디자인의 법칙: 래리 테슬러 인터뷰

래리 테슬러(Larry Tesler)의 이력서에는 인터랙션 디자인의 역사 자체가 들어 있다. 테슬러는 제록스, 애플과 아마존, 야후를 거쳐 현재는 23andMe에서 일한다. 그는 제록스 파크(PARC)에서 팝업 메뉴나 자르기/붙여넣기 편집과 같은 인터랙션 디자인의 몇몇 초기 언어를 만들어냈다. 이 장에서 설명한 복잡성 보존의 법칙(7장 참조)은 프로그래머와 디자이너들에게 널리 알려졌다.

▶ **테슬러씨는 제록스 파크와 애플, 아마존, 야후 같은 인터랙션 디자인에 있어 아주 중요한 회사에서 일해오셨는데요, 이들 회사 간에 공통점이 있습니까?**

그 회사들은 모두 앞선 기술과 고객을 높은 가치로 여겼습니다.

▶ **훌륭한 인터랙션 디자이너가 되려면 어떤 개인적인 가치가 중요하다고 생각하십니까?**

스스로 어떤 디자인적인 문제도 해결할 수 있다고 믿는 자기확신과 자신이 낸 대부분의 초기 아이디어가 쓰레기일 수 있다는 것을 이해할 정도의 겸손함입니다. 자기 생각보다 나은 다른 사람들의 생각에 귀 기울일 수 있는 겸손함과 다른 사람들의 아이디어를 따르는 것이 본인의 디자이너로서의 가치를 망가뜨리지 않는다고 믿을 수 있는 자기확신도 필요하죠.

사용자와 함께 일하는 팀원을 포함해서, 타인의 편리함과 행복에 대해 진심으로 관심을 기울이는 것은 정말 중요합니다. 만약 좋은 팀웍이 없다면 제품이 사용자 친화적이기는 어려울 겁니다. 타인에게 관심을 두라고 해서 중요한 사안에 대해 자신의 주장과 그를 뒷받침할 충분한 데이터도 있는 상황에서 남의 의견에 휘둘리라는 건 아닙니다. 그러나 성공을 판단할 때는 본인이 행한 좁은 범위의 기여가 성공적이었는지 여부가 아니라 제품의 성공, 팀의 성공도 함께 생각해야 합니다.

물론 이런 가치 외에도 디테일에 대한 관심이라든가 객관성, 유머를 이해하는 능력, 심미적인 역량, 사용자와 쓰임새의 데이터에 대한 올바른 이해 등 중요한 개인적 가치가 많습니다.

▶ **이제 막 시작하는 인터랙션 디자이너들이 범하기 쉬운 실수에는 어떤 것이 있을까요?**

어떤 교육현장에서는, 특히 컴퓨터 공학 분야에서는 학생들에게 자신들을 사용자로 생각하고 디자인하라고 가르칩니다. 이것이 말 그대로 컴퓨터 공학과 학생밖에는 사용할 수 없는 인터페이스가 만들어진 이유지요.

저는 사용자와 같은 경험을 하는 법을 배워야만이 '나를 위한 디자인'이 진정으로 사용자를 위한 디자인이 되는 길이라고 생각합니다. 저는 이 방법을 '메소드 디자인'이라고 부르는데, 그 이유는 스타니슬라브스키의 '메소드 연기'와 유사한 심리적 방법을 사용하기 때문입니다.[1] 말하자면 자기

---

1 메소드 연기: 등장인물에 배우 자신의 생활과 감정을 실생활에서 몰입시켜, 완전히 동화돼 연기하는 것 – 옮긴이

자신을 위해 디자인하는 것이 아니라. '자신의 캐릭터'를 위해 디자인하는 것입니다. 훌륭한 메소드 디자이너가 되려면 자신의 캐릭터를 잘 이해할 필요가 있지요. 그러니 디자이너는 민족학적 연구나 사용성 연구에 관심을 가질 필요가 있습니다.

초보자들은 가끔 관리자들의 '경비 절약'에 대한 압력에 굴복해서 진지하게 탐색돼야만 할 의문들이 남아 있음에도 불구하고 사용성 테스트 절차를 빼먹습니다. 혹은 정반대로 필요한 것보다 훨씬 많이 테스트를 하고, 쓸데없이 많은 대상자를 연구하고, 리포트를 쓰는 데에 너무 많은 시간을 허비하고, 어떤 부분에 집중할지 찾아내는 데에 실패합니다.

사용성 연구는 디자이너가 여태껏 시도해보지 않았던, 혹은 논란이 있는 인터페이스 요소를 확정하기 전에 반드시 거쳐야 합니다. 하지만 테스트 자체는 최대한 저렴하게 진행돼야 합니다. 또한 리서치의 가치에 대해 회의적인 사람들에게 이것이 얼마나 유용한지를 확인시켜줄 필요도 있습니다. 이런 경우에는 사용자들의 혼란이 얼마나 심한지를 보여주기 위해서 영상물을 편집하는 데에 공을 들일 필요가 있습니다.

또 다른 종류의 초보 디자이너들이 숙련된 디자이너에 비해 많이 범하는 실수는 표준을 무시하거나, 별 생각 없이 표준을 맹신하는 것입니다. 일관성은 일반적으로 좋은 것이므로, 표준을 따르지 않으려면 그에 적합한 이유가 필요합니다. 하지만 실제 사용자들이 표준을 개선한 디자인 요소를 정말로 잘 받아들여 사용한다는 증거가 없이는 이런 주장이 쉽지 않을 겁니다.

단어를 주의 깊게 선택하는 것은 중요합니다. 보통은 짧을수록 좋습니다. 하지만 짧게 'x'라고 써놓고는 그게 무슨 뜻인지에 대해 사용자에게 (최악의 경우 같은 팀원들에게) 설명할 필요가 있다면, 그 'x'라는 말 대신 그 말을 설명하기 위해서 쓴 일반적인 다른 말들로 대체하는 게 낫습니다.

내 생각에 숙련 디자이너와 초보 디자이너의 가장 큰 차이는 큰 범위의 가능한 해결책 중에서 해답을 그려내는 능력입니다. 어떤 문제가 주어졌을 때, 초보자든 숙련자든 처음에 생각한 해결책은 똑같을 수도 있습니다. 말하자면 다양한 형태를 가진 몇 페이지에 걸친 플로우라고 해보지요. 신참자는 비록 이 해결책이라는 게 엄청나게 복잡하다고 해도 이대로 진행할 겁니다. 하지만 고참 디자이너라면 이것을 해결할 근본적인 해답을 찾으려고 노력하겠지요. 예를 들어 사용자들이 데이터와 함께 최종 결과를 보면서 실시간으로 데이터를 고칠 수 있게 한다든가 하는 식으로요.

숙련된 디자이너라면 디자인이 충분히 단순해질 때까지 끊임없이 단순화해나가야 합니다. 이런 단순화 작업을 진행하는 게 몇 달씩이나 걸리는 일도 아니에요. 단지 며칠, 몇 시간, 몇 분이면 충분합니다. 훌륭한 디자인을 하려면 시간이 걸리곤 합니다만 최종 결과물로 쓰일 수 있을 만큼 충분히 단순하지 않은 접근법에 시간을 쓰는 것은 낭비지요.

▶ **인터랙션 디자인에 불변의 법칙이라는 것이 존재합니까?**

딱 하나뿐입니다. 사용자를 위해 디자인하라는 것이지요.

시작하기

구상화 작업은 빠른 두뇌활동을 필요로 한다. 그러니 사람들의 두뇌를 회전시킬만한 간단한 준비운동으로 시작하자. 좀 넉넉한 마음으로 주제를 가볍게 다뤄보는 것이다. 미술관을 위한 웹사이트를 구축하는 프로젝트라면 처음 10분간은 예술이란 무엇이고 미술관이란 무엇인지를 생각해보는 단어 모으기 게임을 해보면 어떨까. 혹은 유명한 예술가의 그림에 기초한 그림을 그려본다든가. 혹은 방 안에 있는 모든 사람들과 각자 경험했던 최고나 최악의 미술관 관람기에 대해서 말해보는 시간도 괜찮다. 어차피 이건 그리 중요한 게 아니다. 포인트는 아이디어를 만들어내기 위해서 머리와 손과 입을 움직이는 연습을 해두는 것이다(그림 6.2).

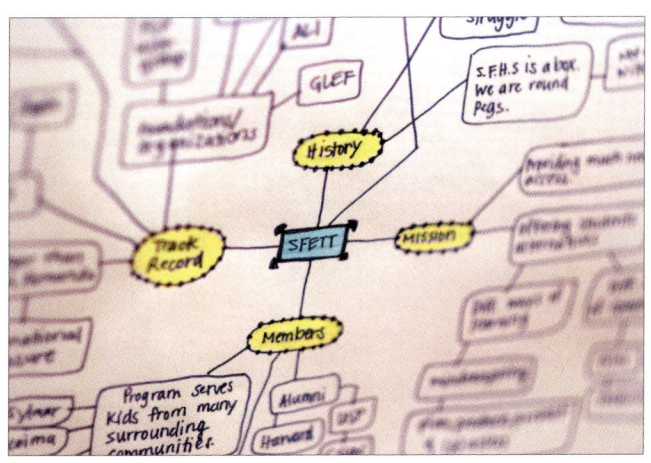

그림 6.2 마인드맵은 준비운동을 하거나 일반적인 주제 영역을 탐색하기에 적당한 도구다. 하나의 단어나 컨셉으로 시작해서 가지를 쳐 나간다. (마르코 안토니오 토레스 제공)

브레인스토밍 시간을 정한다. 보통 한 번에 두 시간을 넘지 않게 한다. 세션들 사이에 쉬는 시간을 둔다. 브레인스토밍은 꽤 지치는 작업이므로 중간에 쉴 시간이 없다면 아주 짜증나고 고된 작업이 돼버린다. 며칠에 걸쳐 브레인스토밍을 진행하는 것이 가장 좋다. 무의식은 사람들이 자는 동안, 씻는 동안, 걷는 동안 문제에 대해서 생각해볼 수도 있고 조금 길게 컨셉과 아이디어에 대해서 생각할 시간을 준다.

디자인 프로세스의 이 구간에서는 나쁜 아이디어란 없다. 기술적으로, 사용자에 대해, 혹은 사업 환경에 대해 알고 있는 내용을 모두 옆으로 미뤄두라(나중에 이들을 활용할 시간이 있을 것이다). 지금은 앨런 쿠퍼가 인터랙션 디자이너들에게 각자 자문하라던 질문을 스스로에게 던질 때다. 마법이 있다면 어떻게 될까?[2] 만약 모든 제약조건이 사라지고 사용자들이 버튼을 누르기만 하면 된다면 무슨 일이 벌어질까? 시스템이 어떻게 업무를 완수할까? 피드백(7장 참조)은 어떨까?

체계적인 브레인스토밍

앨런 쿠퍼의 '마법'이라는 방식은 체계적인 브레인스토밍의 한 예이다. 만약 조금이라도 창조적인 업무에 종사했던 경험이 있는 사람이라면 가장 어려운 일 중 하나가 시작하는 것임을 익히 알고 있을 것이다. 아무 체계 없이는 아이디어 한두 개로 끝나거나 빈 종이를 쳐다보면서 멍해져 버릴 것이다.

브레인스토밍에서 활용할 수 있는 일반적인 체계에는 다음과 같은 것이 있다.

- **불편점** 일이 잘 풀렸다면 디자인 리서치에서 프로세스나 활동의 어느 부분이 문제가 있고 어느 부분이 어려운지 발견할 수 있었을 것이다. 이 부분에 집중해 브레인스토밍을 진행한다면 좋을 것이다.
- **가능성** 만약 어느 부분을 개선할지 알고 있다면 이를 주제로 시작하면 좋을 것이다.
- **프로세스의 순간들** 만약 활동 중 이미 알려진 단계가 있다면 이 단계 주변에서부터 구상을 시작할 수 있을 것이다. 물론 결과적으로는 전체 조각을 하나로 맞춰야 하겠지만 각 조각들은 더 큰 전체, 즉 프레임워크를 제시하는 경우도 있다.
- **퍼소나** 디자인 리서치를 통해 만들어진 퍼소나도 체계적 브레인스토밍을 위한 용도로 쓰일 수 있다. 한 번에 한 퍼소나씩 선택해 그 퍼소나의 직접적인 기대, 동기, 행동에만 초점을 맞춰 브레인스토밍을 하는 것이다.

---

2 『정신병원에서 뛰쳐나온 디자인』 앨런 쿠퍼 지음, 안 그라픽스(2004) 참조

- **메타포** 사람의 뇌는 메타포[3]에 반응한다. 우리는 서로 유사하지 않은 사물을 비교하는 이 천부적인 능력을 브레인스토밍에 사용할 수 있다. 때로 메타포를 사용함으로써 전체 프로젝트를 아우르는 프레임워크를 발견할 수 있을지도 모른다. 이 제품은 무엇과 닮았는가? 혹은 무엇과 닮지 않았는가? 예를 들어 모바일 기기를 장난감으로 생각해보면 어떤가? 악기라면 어떨까? 조리도구라면? 가끔은 굉장히 엉뚱한 메타포가 기존에는 생각지 못하던 디자인 방법을 제시해주기도 한다.

일정 시간(30~60분) 동안 각각 문제점, 가능성, 프로세스 순간, 퍼소나, 메타포 등에 집중하고 휴식시간을 갖는다. 그리고 다음 세션으로 넘어간다(그림 6.3).

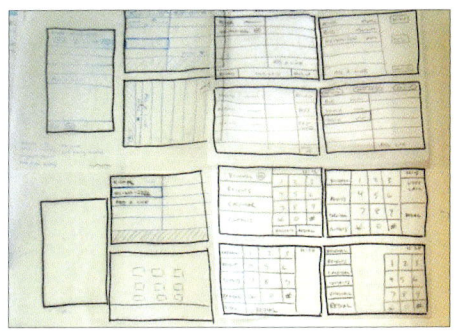

그림 6.3 다양한 레이아웃을 가진 화면 하나에 대한 구상. 기존 물건 위에 기름종이를 겹쳐 스케치했다. (키커 스튜디오 제공)

이외에도 구상 작업을 체계화하는 것을 도와주는 다양한 브레인스토밍 기법[4]이 있다. 이 중에 인터랙션 디자이너에게 쓸만한 것들의 목록을 나열해보았다.

- **이어쓰기** 시작하면 각 사람들이 서로 대화하지 않고 종이에 쓰거나 스케치를 한다. 단어 한 개, 간단한 도형 정도일 수도 있다. 3분 후, 이 종이를 옆 사람에게 주고 그 뒤를 이어나간다. 종이가 한 바퀴 돌아서 주인에게 돌아올 때까지 이를 반복한다.
- **규칙 파괴** 현재 주어진 제한을 그냥 무시하는 것이 아니라, 현재 있는 제한의 목록을 작성한 후 하나하나를 어떻게 깨뜨릴지를 고민한다.

---

3 『삶으로서의 은유』 조지 레이코프, 마크 존슨 지음, 박이정출판사(2006) 참조 (하나의 대상을 다른 대상에 투여하는 것, 비유 – 옮긴이)
4 모든 아이디어 생성 방법들에 대해 엮은 놀랄 만큼 완벽한 리스트. 잭 마틴 리이스의 홈페이지 참조(http://www.jackmartinleith.com/idea-generation-methods/) (현재 이 페이지 주소는 유효하지 않다. – 옮긴이)

- **강제로 맞추기** 문제를 압축해 서로 상충되는 두 개의 단어 집합으로 분류한 후, 이들을 무작위로 붙여본다. 예를 들어 '강한 조용함' 같은 식이다. 이 구절이 말이 되는 것이 세상에 어떤 상태가 있는지 곰곰이 생각해본 후, 여기서 얻은 영감을 프로젝트에 대입해본다. 자연과 예술이 종종 여기에 잘 들어맞는다.

- **시** 문제를 하이쿠[5]나 짧은 시로 표현해본다. 이렇게 짧은 형태로 줄이면 어느 것이 가장 중요한지가 잘 드러난다.

- **질문** 굉장히 일반적인 개념으로 시작해 계속해서 "왜?", "어떻게?"라는 두 가지 질문을 해나간다. 예를 들면 "소셜네트워킹 사이트를 만들 것이다.", 왜? "음반 수집가들이 자기가 가진 앨범을 교환하게", 어떻게? "자기들이 가진 희귀앨범을 업로드해서", 어떻게? 등

- **사다리 오르내리기** 추상화 단계를 올라가든가(이걸 어떤 문제에 속한 사례로 봐야 하지?) 아니면 기본적인 단계로 내려간다(문제의 예를 들어보면?). 사다리 오르내리기는 막힌 상황을 풀기에 좋은 방법이다.

- **스위핑** 스위핑은 다른 영역이나 필드로부터 좋은 아이디어를 훔쳐오는 것이다. 문제를 추상화한 후('이건 작은 것을 찾는 것과 관련이 있어'), 이 추상화된 문제를 다룰 수 있는 다른 제품이나 분야가 있는지 찾아본다.

- **정반대 세상** 반대되는 제품이나 반대의 결과를 만들기 원한다고 가정한다. 모든 것을 거꾸로 생각한다(여기에서는 좋은 것이 나쁜 것이며, 사람들이 좋아하는 것이 그렇지 않다 등).

생각을 많이 해낼수록 포상을 주는 것도 좋다. 가장 많이 아이디어를 낸 사람에게 작은 보상이나 상품을 주거나, 100개의 생각을 해내면 팀 포상을 하거나, 어쨌든 사람들의 열의를 일으키기 위해서 이런 방법도 고민해보라. 되도록 평등하게 하고 싶으면 아이디어를 낼 때마다 응모권을 한장씩 주고, 세션이 끝나면 당첨자를 선발하라.

---

5 일본의 짧은 시 형식 – 옮긴이

컨셉 정리하기

컨셉을 만들었으면 시간을 들여 이를 정리하라. 디자인 리서치에서 데이터를 정리하듯이, 아이디어를 모으고, 이름 붙이고 분류해서 이들을 검증하고, 이들에 대해 대화하기가 편하게 만들자(그림 6.4).

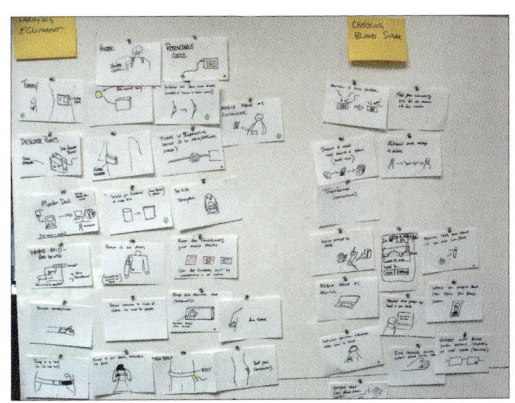

그림 6.4 다이어트에 대한 컨셉을 활동별로 모아보았다.
(어댑티브 패스 제공)

각각 이들에게 숫자, 혹은 적절한 이름을 붙이자. 주요한 컨셉에는 특히 이름이 필요하다. 중복된 내용이 많을 것이므로 유사한 컨셉들을 한곳으로 모은다.

컨셉을 비교하기 위해서는 이들을 다양한 분류에 따라 나눠야 한다. 연속성을 한 눈에 볼 수 있게 이들을 2×2 매트릭스(5장 참조) 위에 배치한다. 혹은 이들을 속성에 따라 분리한 ('안전한', '강력한' 등) 스프레드시트에 넣어본다.

이렇게 컨셉을 잘 정리해두는 이유는 나중에 프로젝트를 진행하기 위한 적절한 디자인 원칙을 만들었을 때, 이미 만들어둔 아이디어에 해당 원칙을 적용해서 진행하기 쉽게 하기 위해서다.

디자인 원칙 만들기

컨셉을 다 만들었으니 이 중 어떤 것을 골라서 해야 할지 결정해야 하지 않겠는가? 이제 디자인 원칙이 필요하다.

디자인 원칙은 앞으로 남은 디자인 단계 동안(더 나아가 프로젝트 출시에 이르기까지) 디자인 결정을 돕기 위해 만든 구절들의 모음이다. 이들은 특정한 문제를 풀기 위해 정해진 해결책은 아니겠지만, 거의 디자인 요구서만큼의 중요도를 가진다. 이들은 프로젝트 전체 과정에 적용될 전반적인 원칙들이다. 이를 사업 전략에 대응되는 디자인 전략으로 생각하라.

예를 들어 부엌에 놓을 신개념 요리법 디스플레이에 대해 고민한다고 하자. 사람들의 손은 요리하느라고 밀가루와 요리재료로 범벅이 돼 대부분의 컨트롤 패널들을 조작하기에는 많이 지저분할 것이다. 그러니 디자인 원칙 항목 중 하나는 '더러운 손으로 조작 가능'이어야 한다. 요구사항과 유사하지만 프로젝트를 위해 제안된 컨셉과 수많은 기능에 전반적으로 적용된다. 이 원칙을 사용함으로써 쉽게 닦이지 않는 소재를 사용하거나 작은 버튼을 피하게 되고, 구상 단계 중에 떠올랐던 많은 컨셉들을 자연스럽게 배제할 수 있게 된다.

디자인 원칙은 다음 세 가지의 조합이다.

- 사용자, 사용하는 컨텍스트, 디자인 전략에 대해 알려진 것들
- 구상 단계에서 나온 가장 훌륭한 아이디어나 테마
- 디자이너가 경험이나 대상에 대한 전문 지식을 통해 도출한, 성공적인 프로젝트를 위해 가장 필요하다고 생각하는 것

요리법 디스플레이를 계속 예로 든다면 또 다른 원칙들은 '부엌 반대편에서도 도움이 될 것', '자기 마음대로도 사용 가능', '부주방장처럼' 같은 것들이다.

가장 좋은 디자인 원칙은 다음과 같다.

- **간결한** 짧은 구절이 최고다. 구구절절한 설명이 필요하다면 못할 것은 아니지만 만들려는 제품 자체에서 군더더기를 없애는 것이 목적이니만큼 짧게 하라.

- **기억하기 좋은** 가장 좋은 디자인 원칙은 팀원들 모두가 쉽게 기억할 수 있어야 한다. 웃기고 센스있고 도발적인 구호와 말장난이 잘 먹힌다.

- **전반적인** 디자인 원칙은 제품 전반에 적용가능해야 한다. 특정 기능 하나 외에는 쓸만하지 않다면 해당 기능의 요구서에 들어갈 항목이지 원칙이 되면 안된다.

- **구체적인** '사용하기 편리한'은 디자인 원칙이 아니다. 너무 일반적이라 개선을 위해서 미리 생각한 선택지들 중에 결정을 내리는 데 아무 도움도 주지 못한다. 물론 이런 말들을 쓰면 간단하지만 (직관적이고, 즐겁고, 혁신적이고 등등 뻔한 상투적인 말들) 대체 이 제품을 특별하게 만드는 요소가 무엇인가?

- **차별화된** 자신의 디자인 원칙을 만들었으면 이를 경쟁자에게도 그대로 적용할 수 있을지를 생각해보라. 만일 경쟁자도 이를 할 수 있다면 디자인 원칙이 확실히 차별적이거나 제품이 차별화됐다고 말하기는 힘들 것이다.

- **모순없는** 제품이 서로 조화를 이루기를 바란다면, 원칙들 간에 충돌이 있으면 안된다. 실제로 적용했을 때 서로 모순을 일으킬 수 있는 원칙을 만들지 않도록 조심해야 한다. 예를 들어 "물어보지 말라(기계가 다 알아서 한다)"와 "사용자가 모든 것을 정한다"는 두 개의 원칙은 서로 맞지 않는다.

사례 연구 **티보** Tivo

회사
티보, 독보적인 디지털 영상 녹화기(DVR) 제조사

과제
1990년대 후반에는 아무도 DVR을 갖고 있지 않았다. 왜냐하면 그런 물건이 세상에 없었기 때문이다. 티보의 과제는 다음과 같았다. 사람들이 기존에 TV를 보는 방식을 완전히 바꾸는 제품을 만든다. 이것은 사람들의 생활, 특히 거실에서의 생활을 잘 이해하고, 편리하게 잘 들어맞도록 디자인되고 출시돼야 한다.

프로세스
티보 팀은 몇 개의 원칙을 정했다(팀원들은 이걸 교리라고 불렀다). 이들 중 일부는 십 년간 살아남아 이후에 만들어질 제품들에도 적용됐다. 이 주문들은 이런 식이다.

- 엔터테인먼트다, 바보!
- TV다, 멍청아!
- 비디오라니까, 젠장!
- 모든 게 물 흐르듯이 부드러워.
- 모드나 깊은 계층구조는 없다.
- 시청자의 프라이버시 보호
- TV처럼 견고한 가전제품

티보 제작자들이 이런 것을 만든 이유는 단지 티보를 사용하는 경험을 가이드하기 위해서만이 아니라 내부 팀원들이 티보를 컴퓨터로 생각하지 않게 하기 위해서였다(사실 티보는 컴퓨터가 맞다. 대용량 하드 드라이브와 리눅스 운영체제가 탑재돼있다). 사용자들은 이것을 컴퓨터로 사용하지 않을 것이다. 사람들은 소파에 앉아 화면에서 몇 미터 떨어진 상태일 테고, 그저 즐기기를 바라지 복잡한 결정을 내리고 싶어하지 않는다. 새로 선보이는 기술인 이상, 자신의 가치를 증명하도록 디자인됐느냐에 따라 사람들이 이런 기계를 사용할지의 여부가 결정될 것이다.

해결책

티보가 텔레비전의 속성 자체를 바꾸었다는 데에는 이의를 가진 사람이 많지 않을 것이다. 이 제품이 출시된 이후 십여 년간 에미상(미국 텔레비전 예술과학 아카데미가 수여하는 텔레비전 업종 간 게지의 업적을 지하하는 상)을 포함해 수많은 상을 획득했다. 이런 업적을 이룰 수 있었던 이유 중 하나는 디자인 교리를 충실히 따른 데 힘입은 것으로, 이는 여전히 티보가 경쟁자들과 차별화되는 요소를 만들어주고 있다. 티보는 여전히 '올해 최고의 제품'상 후보에 오르내리고 있다.

일단 자신만의 고유한 디자인 원칙을 도출했다면 기존에 만들어둔 컨셉에 이를 적용해 어떤 것이 가장 잘 들어맞는지를 맞춰본다. 몇몇 아이디어는 이 가이드라인에 잘 들어맞거나 조금 고치면 맞출 수 있을 것이다.

그러나 디자인 원칙은 이후의 과정에서 디자인 결정들이 필요할 때에 지속적으로 사용할 수 있다. 만약 몇 가지 해결책 중에 골라야만 하는 상황이 온다면 (사용자들에게 물어볼까 아니면 제품이 알아서 대신 해줄까) 디자인 원칙을 통해 무엇이 옳은 결정인지를 걸러낼 수 있을 것이다.

디자인 원칙은 가끔 해당 제품을 넘어서도 살아남고, 혹은 전체 제품군으로 확장돼 이들이 유사한 원칙으로 다듬어지게끔 만들기도 한다.

요약

브레인스토밍은 알 수 없는 작업이다. 가끔 좋은 아이디어가 브레인스토밍하지 않을 때에 튀어나오기도 한다. 아이디어는 스스로 탄생하기도 하지만 어떨 때는 노력해서 만들어내야 할 수도 있다. 이럴 때에 구상화가 그 역할을 해줄 수 있다.

디자이너가 만들어낸 디자인 원칙은 이후로 만들어내는 아이디어의 가치와 적합성을 잴 때 적용시킬 수 있는 방법을, 객관적인 방법을 마련해준다. 하지만 실제로 아이디어가 옳았는지는 실제로 그것을 써보고 테스트하고 다듬는 작업을 통해서만 검증할 수 있다. 이것이 다음 장에서 다룰 내용이다.

더 읽을거리

- 『생각이 솔솔 여섯 색깔 모자』 에드워드 드 보노 지음, 정대선 옮김, 한언 (2011)
- 『아이디어를 내는 방법』 제임스 W. 양 지음, 신인섭 옮김, 커뮤니케이션북스 (2005)

- 『창의적 자유인』 마이클 미칼코 지음, 박종안 옮김, 푸른솔(2003)
- 『The seed of innovation: Cultivating the synergy that fosters new ideas』 Elaine Dundon, Amacom Books(2002)

7장

다듬기

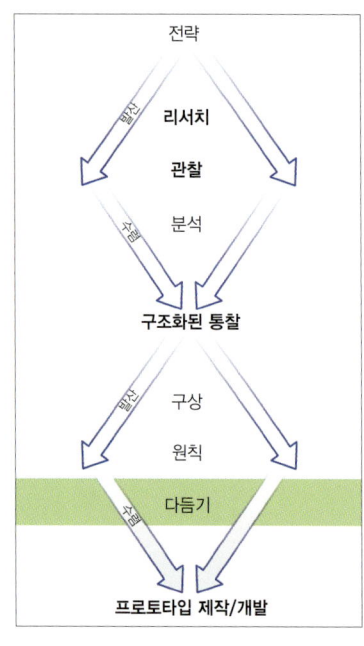

컨셉이 아무리 멋지게 나왔어도 그것만으로 제품이 다 되는 것은 아니다. 컨셉은 정말 상대적으로 쉽게 만들어진다. 진짜 중요한 것은 이 컨셉을 어떻게 구현하는가이며, 구현이란 컨셉의 디테일을 다듬어 이것이 진짜로 잘 동작하고 심미적으로 아름다워질 때까지 살을 붙여가는 작업이다. 구현이란 각 **디테일**이 제대로 동작하도록 다듬는 작업이다.

디테일이란 디자인의 세부사항으로서 디자이너들의 주요한 일거리다. 디테일들이 효율적인 순간을 낳고 사용자에게 기쁨을 주며, 개발자, 사업부서와 생산부서 사람들로부터 디자이너들이 신뢰를 얻게 만든다. 디테일은 컨셉 프로젝트에서는 종종 간과되는 부분이나, 제한 사항 역시 실제 제품이 어떻게 동작할지 구체화하기 전 단계인 컨셉 업무에서는 그리 중요하게 다뤄지지 않는다.

제약조건

이제부터 프로세스에서 제약조건들의 좋지 않은 문제가 드러난다. 이쯤 됐으면 이해관계자 인터뷰와 디자인 리서치(와 경험)을 통해 기본적인 제한에 대해서 알고 있을 것이다.

- **시간** 프로젝트를 언제까지 끝내야 하는가? 제품은 언제 출시/공개돼야 하는가?
- **돈** 제품을 완료할때까지 예산이 얼마인가? 이 제품의 비즈니스 모델은 무엇이고 기준 소매 가격은 얼마인가?
- **기술** 이 솔루션은 어떤 플랫폼을 기반으로 만들어야 하는가? 이 일을 하기 위해 어떤 시스템이 필요한가? 주어진 시간과 자원으로 적절한 기술을 확

보하는 것이 가능한가?

- **사업적 니즈** 이 일의 사업적 성공 기준은 무엇인가? 어떤 부서가 이 제품의 판매를 진행할 것인가?
- **사용자 니즈** 사용자가 원하는 것은 무엇인가? 다른 해결책보다 이 방법이 나은 이유는 무엇인가? 이 제품은 장애인들이 사용가능하게 만들어져야 하는가?
- **컨텍스트** 크기와 무게에 물리적인 제한이 있는가? 제품은 어떤 상황에서 사용되며, 여기에 영향을 끼치는 요소는 무엇인가?
- **도구** 이 제품을 만들고 유지하기 위해서 어떤 도구(소프트웨어, 생산공정)가 필요한가?
- **팀** 어떻게 팀을 구성할 것인가? 그들이 가진 스킬은 무엇인가? 현실적으로 주어진 시간 안에 확보가능한 사람들은 누구인가?
- **나 자신** 어떤 스킬을 갖고 있는가? 나의 약점은 무엇이며, 어떻게 하면 이를 극복할 수 있는가?

제약조건은 우리가 인정하고 싶어하는 것 이상으로 제품에 영향을 준다. 최고의 디자이너는 가장 많은 제약 조건을 다뤄낼 수 있는 이들이다. 찰스 이엄은 "디자인이란 대체로 제약조건에 의해 정해진다"고 말했다. 핵심은 충분한 노력이 주어질 경우, 어떤 제약조건이 넘을 수 없는 장벽이고 어떤 제약조건이 옮기거나 바꿀 수 있는 것인지를 밝혀내는 것이다.

주어진 제약조건이 무엇이든 간에 모든 프로젝트는 인터랙션 디자인의 기본적인 법칙들을 따라야 한다.

인터랙션 디자인의 법칙

인터랙션 디자인은 새로운 영역이라서 딱히 견고한 규칙이나 '법칙'이라고 할만한 것이 별로 없다. 그러한 의미에서, 디자이너들은 여전히 자신의 업무에 필요한 기본 원칙들을 찾아내는 중이다. 그럼에도 불구하고 인터랙션 디자이너가 때때로 참고하거나 전체 디자인 작업 전반에 법칙으로 삼을만한 몇 가지 유용한 법칙들이 있다. 이들을 무작정 따르라는 것이 아니라, 업무의 지침으로 삼아야 할 것이다.

직접 조작과 간접 조작

물건은 직접적인 방식과 간접적인 방식, 두 가지 방식으로 조작된다. 기술적으로 모든 디지털 기기가 간접적으로만 조작되기는 하지만(비트와 바이트로 이루어진 것을 사람 손으로 만질 수는 없으니까) 직접 조작과 간접 조작은 물건을 어떻게 다룰지에 대해 생각할 수 있는 두 가지 방법이다.

직접 조작은 1980년대 초 메릴랜드 대학의 벤 슈나이더만 교수가 만들어낸 개념이다. 이는 손가락이나 마우스, 혹은 손과 연결된 다른 확장자를 이용해 특정한 디지털 오브젝트를 선택함으로써 시작되는 프로세스다. 그러고 나서 이 오브젝트를 움직이거나, 바꾸거나, 휴지통으로 드래그하거나, 색깔을 바꾸는 등 다른 행동을 할 수 있다. 우리는 실재하는 세계에서 비슷한 오브젝트에 하는 것과 같은 행위를 모방한다. 예를 들어 오브젝트의 크기를 키우려면 가장자리를 드래그한다. 직접 조작은 우리의 물리적인 경험의 방식과 맞닿아있기 때문에, 디지털 공간에서 3D 오브젝트를 조작하는 등의 일은 더욱 쉽게 배우고 이용할 수 있다.

당연하게도 우리는 실제로 존재하는 물건에 대해서 버튼을 누르고 다이얼을 돌리고 스위치를 켜는 등의 직접 조작을 행하고, 이들은 기계적이거나 디지털 효과를 만들어낸다. 센서를 통해 실제의 움직임을 오브젝트의 행동으로 옮길 수 있다. 예를 들어 가속계를 내장한 MP3 플레이어를 흔들면 셔플 모드로 전환된다는 식이다.

간접 조작에서는 명령어, 메뉴, 공간에서의 몸짓, 음성 명령 등 조작하고자 하는 디지털 오브젝트의 일부분이 아닌 것들을 사용해 해당 오브젝트를 변경한다. 애플리케이션 인터페이스에서 '모두 선택' 명령을 선택한 후 키보드의 Delete 키를 누르는 것이 간접 조작의 한 예일 수 있다. 과거에, 특히 매킨토시가 GUI를 일반화하기 이전에는 모든 컴퓨터의 명령이 간접 조작이었다.

인터랙션 디자이너들은 제품에서 어떻게 디지털 오브젝트를 조작할지 결정해야 한다. 직접적일지, 간접적일지, 혹은 (최근 추세로) 양쪽 다 사용할지를 말이다.

어포던스

물건의 외형은 그 물건이 어떻게 기능하고 사람이 그 물건과 어떻게 상호작용하는지에 대한 힌트를 준다(그림 7.1). 모바일 기기의 크기, 모양, 무게를 보면 사람이 지니고 다닐 수 있는 물건인지를 알 수 있다. 티보TiVo 같은 디지털 비디오 레코더의 반짝반짝한 검은색과 은색의 외관은 이것이 전자 기기이며 외부에서 스테레오와 텔레비전 시청 기능이 가능함을 표현한다.

그림 7.1 이 문고리의 디자인은 외형적으로 어떻게 써야할지를 알려주는 외형적 어포던스를 제공한다.

외형은 심리학자 제임스 깁슨이 1966년 이름 붙인 '어포던스affordance, 지원성'에서 중요한 부분을 담당한다. 깁슨은 1979년 출간한 『The Ecology Approach to Visual Perception생태학적 시각론』이라는 책에서 이 아이디어를 발전시켰고, 1988년 돈 노만의 책 『디자인과 인간심리』(학지사, 1996)를 통해 통해 디자인계에 널리 퍼지게 되었다. 어포던스란 해당 물건과 어떻게 상호작용할지를 알려주는, 개별 사물의 속성 혹은 속성의 모음이다. 의자는 앉을 수 있는 형태의 어포던스를 갖고 있다. 버튼은 그 모양과 움직이는 방식(혹은 움직이게 생긴 방식)이 누르게 하는 어포던스를 갖고 있다. 컵의 공간은 액체를 담을 수 있다는 생각이 드는 어포던스다. 어포던스(혹은 인식된 어포던스)는 컨텍스트적이며 문화적이다. 우리는 이전에도 버튼을 눌러본 적이 있으므로 버튼을 보면 직관적으로 누를 줄 안다.

반면 젓가락을 한 번도 본 적 없는 사람은 이걸로 뭘 해야 하는지 당황할 수밖에 없을 것이다.

인터랙션 디자인은 특히 다듬는 단계에서 제품에 어포던스를 부여해 제품의 요소와 기능들이 발견될 수 있고 적합하게 사용되도록 해야 한다.

피드백과 피드포워드

피드백은 인터랙션 디자인에서는 어떤 일이 벌어졌음을 알리는 것을 말한다. 피드백은 부정 투표처럼 진행돼야 한다(빠르게, 자주 벌어져야 한다). 제품이나 서비스를 이용하는 사람의 모든 행위에는, 그 행위가 아무리 사소한 것이라도, 행위가 인식됐음을 알리는 신호가 동반돼야 한다. 마우스를 움직이면 커서가 따라 움직여야 하고, 휴대폰에서 키를 누르면 숫자가 표시돼야 한다.

이와 다른 방식으로 진행된다면 오류로 인식되고, 이들 중 일부는 아주 심각할 수 있다. 만일 즉각적이고도 명백하게 피드백이 주어지지 않는다면 사용자들은 자신들이 방금 했던 동작을 몇 번이고 반복할 것이다. 버튼을 두 번씩 누르는 것 같이 말이다. 두말할 것도 없이 이는 문제를 일으킨다. 같은 제품을 두 번 사게 된다든지, 돈을 두 번 이체해버릴 수 있다. 만일 위험한 기계에 달린 버튼을 몇 번이고 반복해서 눌렀다면, 자칫 사람이 다치거나 심지어는 죽을 수도 있다. 사람들은 피드백이 필요하다.

적절한 피드백을 디자인하는 일은 디자이너의 임무다. 디자이너는 제품과 서비스에서 얼마나 빠르게, 어떤 피드백이 주어질지를 결정해야 한다. 피드백은 워드프로세서에서 키보드의 키를 입력할 때처럼 스크린에 글자가 표시되는 것일 수도 있고 혹은 주식 거래를 확인하는 모니터에 표시되는 LED 패턴처럼 복잡한 표식일 수도 있다.

반응하지 않는 사람에게 말할 때의 느낌은 그냥 짜증난다는 표현으로 그치지 않는다. 제품이나 서비스와의 '대화'에서도 똑같은 일이 벌어진다. 우리는 그 제품이 우리가 말하려는 바를 제대로 '들었는지', 그리고 제대로 일하고 있는지 알고 싶어한다. 돌아가는 동그라미나 작은 모래시계 아이콘만으로는 화면 뒤에서 무슨 일이 벌어지는지에 대해 사용자에게 충분히 알려주고 있는 것이 아니다.

만일 어떤 동작에 대한 반응에 일정한 시간이 걸릴 수밖에 없다면, 그 반응이 1초 이상이라서 사용자들이 길게 느낄 수밖에 없다면 사용자들에게 현재 시스템이 명령을 알아들었고 뭔가 반응하는 중이라는 사실을 알려주는 특정한 메커니즘을 제공하는 것이 좋은 디자인이다(그림 7.2). 이 기능이 기다리는 시간을 줄여주지는 못하지만 기다리는 시간을 덜 지루하게 만들어줄 수는 있다. 이런 기능의 가장 좋은 예는 소프트웨어가 설치될 때 전체 실행이 얼마나 걸릴지 알려주는 진행상태 표시줄이다. 이런 표시줄은 사용자들에게 프로세스가 무한루프에 들어가서 시스템이 정지한 게 아니라는 사실을 보증해주는 효과가 있다.

그림 7.2 오르비츠 검색 화면이 검색을 더 빨리 진행하는 것은 아니지만, 그 반응성으로 인해 사용자가 이 시간을 좀 짧게 느끼게 해줄 것이다. (오르비츠 제공)

디지털 제품의 이런 반응성은 사용자의 입력에서 제품이 반응하는 데까지 걸리는 시간에 따라 다음의 네 단계로 나눠볼 수 있다.

- **즉각** 제품이 0.1초 이내로 반응한다면 사용자는 아무 끊김을 느끼지 못한 채 즉시 반응이 있다고 느끼고 자연스럽게 행동한다. 키보드의 키를 눌렀을 때 화면에 바로 해당 글자가 나타나면 이것이 즉각 반응이다.

- **지연** 제품이나 서비스가 0.1초에서 1초 사이 정도의 시간차를 두고 반응한다면 사용자는 지연을 알아챈다. 이런 일이 몇 번 벌어진다면야 크게 신경 쓰지 않고 하던 일을 계속하겠지만 이런 지연이 지속적으로 일어나면 굉장히 신경에 거슬린다. 예를 들어 키보드의 키를 칠 때마다 스크린에 글자가 나타날 때까지 일 초씩 걸린다면 누구나 이를 알아챌 수 있다. 만약 모든 키를 칠 때마다 이런 일이 일어난다면 그 워드프로세서 프로그램에 아주 짜증이 날 것이다.

- **끊김** 1초 이상 반응이 오지 않는다면 사용자들은 작업이 끊겼다고 생각한다. 그들의 관심은 현재 하려던 작업에서 이내 그 작업을 행하는 제품이나 서비스 자체로 옮겨갈 것이다. 만약 사이버 주식거래 시스템에서 '주문' 버튼을 눌렀는데 몇 초 동안 아무 반응도 없다면 사용자들은 방금 진행했던 거래에 대해 불안해하며 시스템이 다운됐다고 생각할 것이다. 이런 잦은 끊김은 중단이라는 결과를 낳는다.

- **중단** 제품이 10초 이상 아무 반응도 없다면 사용자들은 현재 하려던 작업이 완전히 중단됐다고 생각한다. 진행상태 표시줄이나 타이머 같은 피드백은 프로세스가 얼마나 걸릴지 알려줘 사용자들의 걱정을 가라앉히고, 또한 사용자가 프로세스를 계속할지를 결정하게 한다. 런던 지하철에서 다음 열차가 언제 올지 표시해주는 전광판 같은 것이 이런 수준의 지연이 있는 경우 적용할 수 있는 적절한 사례라 하겠다.

피드백과 어포던스에 관련된 다른 요소로는 디자이너 톰 쟈쟈디닝랏Tom Djajadiningrat이 정의한 **피드포워드**feedforward가 있다. 피드포워드란 본인이 동작을 하기 전에 무슨 일이 벌어질지 아는 것이다. 피드포워드의 예로는 "주문하려면 '전송' 버튼을 누르세요" 같은 직설적인 메시지나 하이퍼텍스트 링크에 '여기'보다 조금 구체적인 설명을 써주는 방법을 들 수 있다.

피드포워드는 앞으로 무슨 일이 벌어질지 예측할 수 있게 함으로써 사용자가 확신을 갖고 동작을 하게 만든다. 피드포워드는 제품·서비스에 넣어 디자인하기가 피드백보다는 어렵지만 디자이너는 이를 이용함으로써 피드포워드를 적용할 기회가 있는지를 염두에 둬야 한다.

심성 모형

심성 모형은 시스템이나 물체가 어떻게 동작하는지에 대한 사용자의 내적인 이해를 가리키는 단어다. 이것은 실제 그 물체가 어떻게 움직이는가를 반영하고 있을 수도 있고 그렇지 않을 수도 있다. 최선의 심성 모형은 그 사물이 동작하는 복잡한 내용을 빼고도 사물에 대한 깊은 이해를 가능하게 만들어준다. 예를 들어 대부분의 사람들은 피스톤 엔진이 어떻게 동작하는지는 잘 몰라도 차가 어떻게 움직이는가에 대한 심성 모형을 갖고 있다.

심성 모형은 디자이너가 어포던스, 피드백, 피드포워드의 형태로 제공한 힌트를 통해 사용자들의 마음 속에 만들어진다. 또한 디자이너는 이들을 사용해 제품이 실제로 어떻게 동작하는지를 숨기거나 드러내보이는 등 사용자의 심성 모형을 조작할 수 있다. 예를 들어 자동차의 핸들 위에 "자동차 시동을 걸기 전에 경적을 울리세요"라는 표시가 붙어 있다면 여태까지 차에 대해 해오던 생각, 특히 경음기에 대한 내용이 완전히 바뀔 것이다. 혹은 차의 시동을 걸면 목소리가 흘러나와 어떻게 연료가 엔진으로 흘러드는지에 대해 설명해준다고 해보자. 이를 통해 차에 대해서 더 잘 이해하게 될 수는 있지만, 그렇다고 운전자가 차를 더 잘 몰 수 있게 되는 것은 아니다.

표준

인터페이스 표준을 얼마나 잘 지켜야 하며 어떨 때 이를 무시해도 되는가 하는 것은 인터랙션 디자이너 간에 끊임없이 논쟁을 불러 일으킨다. 모든 애플리케이션이 다 비슷한 방식으로 동작해야 하는가? 'Ctrl+C'나 'Command+C' 키를 쓰면 지금 뭘 선택했건 간에 무조건 복사를 할 수 있어야 하는가? 모든 메뉴 바가 같은 제목(파일, 편집, 보기 등)을 사용해야 하는가? 마이크로소프트와 애플은 온라인으로 내려받을 수 있게 표준 가이드라인을 제공하고 수많은 사람이 이를 맹목적으로 따른다. 제이콥 닐슨 같은 사용성 전문가들은 표준을 따를 것을 장려하고, 표준에 대해 확신한다.

물론 이런 표준을 만들고 사용하는 데에는 그럴만한 이유가 있다. 수년간 디자이너들은 특정 아이템이 특정한 장소(예를 들어 회사 로고는 웹사이트의 좌상단에 위치한다)에 있다는 것과 특정한 기능이 특정한 방식(예를 들어 'Ctrl+Z' 키는 마지막으로 벌어진 동작을 취소한다)으로 동작하는 것을 사용자들이 기대하도록 훈련시켜 왔다. 이런 표준을 무시한다면 사용자들이 다른 애플리케이션에서는 쉽게 되는 방식을 사용하지 못하고 새로운 방식을 학습해야 한다. 표준을 무시한다면 사용자의 짜증과 화를 불러일으킬 수 있다.

그럼 왜 표준을 어기거나 개선할 필요가 있는가? 인터랙션 디자인 전문가인 앨런 쿠퍼의 금언으로 이 딜레마를 풀어보자. "엄청나게 훌륭한 발전이 있지 않은 한 표준을 따르라." 즉 새로운 레이아웃이나 기능이 누가 보기에도 기존에 사용자들이 쓰던 것보다 확연히 좋은 경우에만 표준을 무시해도 좋다는 뜻이다. 복사하고 붙여 넣는 새로운 방법을 부담 없이 제안해도 좋다. 단, 사용자들이 현재 익숙해하는 방식에 비해 확연히 좋아야 할 것이다. 새로운 표준이 굳이 기존 표준과 확연히 다를 필요도 없다. 그러나 아주 작은 변화라도 기존에 사용자들이 제품이 어떻게 동작할지에 대해 갖고 있는 기대를 엎을 수 있으므로 조심스럽게 접근할 필요가 있다.

피츠의 법칙

1954년 심리학자 폴 피츠Paul Pitts가 발표한 이 법칙은 간단하게 시작점에서부터 최종 타겟에 이르기까지 걸리는 시간과 움직임은 두 가지 요소에 좌우된다고 한다. 하나는 타겟까지의 거리이고 또 하나는 타겟의 크기다. 피츠의 법칙은 손가락이든 마우스 같은 기기든 간에 포인팅 동작을 모델링한다. 타겟이 클수록 더 빨리 가리킬 수 있다. 이와 비슷하게 타겟이 가까울수록 가리키는 속도는 빨라진다.

피츠의 법칙은 인터랙션 디자이너에게 세 가지 중요한 의미가 있다. 타겟의 크기가 중요하기 때문에 버튼 같이 클릭할 수 있는 오브젝트는 적정한 크기를 가져야 한다. 터치스크린이나 텔레비전처럼 일정 거리를 두고 작동되는 화면에서 특히 중요하다. 작은 아이콘을 눌러본 사람들은 누구나 오브젝트가 작을수록 더 다루기 어렵다고 이야기할 것이다. 두 번째로 화면의 끝이나 모서리가 메뉴 바나 버튼을 배치하기에 적당한 장소다. 끝과 모서리는 너비와 폭이 무한대인 큰 사이즈의 목표물이라서 마우스로 겨냥하기가 쉽다. 아무리 마우스를 멀리 움직이든 간에 포인터는 화면 가장자리에서 멈추게 되며 그때 마우스는 자동으로 메뉴나 버튼 자리에 놓이게 된다. 피츠의 법칙의 세 번째 중요한 의미는 팝업 메뉴는 사용자가 현재 작업하는 오브젝트의 바로 옆에 있는 게 좋다는 것이다. 오브젝트 바로 옆에서 사용자의 오른쪽 마우스 클릭으로 열 수 있는 메뉴 등이 이에 해당하는데, 이들은 스크린을 가로질러야 하는, 스크린 최상단의 제일 위에 놓인 풀다운 메뉴보다 더 빨리 열 수 있다.

힉의 법칙

힉, 혹은 힉-하이만Hick-Hyman의 법칙은 사용자들이 결정을 내리는 속도는 주어진 선택지의 수에 의해 결정된다는 것이다. 사람들은 가능한 선택지를 하나하나 고려하지 않는다. 대신 그들은 선택을 몇 개의 카테고리로 나누고 매번 결정을 내려가면서 선택지를 절반씩 제외시킨다. 그러므로 힉의 법칙은 10개의 아이템을 다섯 개씩 나눠 두 화면에 배치한 후 이 중 한 아이템만 고르는 사람들보다 더 빨리 선택한다고 주장한다.

이 법칙에는 논쟁의 여지가 있다. 제품에 있어서 사용자들에게 한 번에 많은 선택을 주는 것이 드롭다운 메뉴같이 몇 단계로 그룹 지은 선택지로 나누는 것보다 낫다는 말인데, 이 법칙을 극단적으로 따라 하면 정말 끔찍한 디자인이 만들어질 수 있다. 야후나 아마존 같이 컨텐츠가 풍부한 사이트들이 모든 링크를 메인 스크린에 한 번에 띄우거나, 휴대폰 첫 화면에 모든 메뉴가 나온다고 생각해보라.

힉의 법칙은 결정이 내려지는 시간이 두 가지 요소에 의해 영향을 받는다고 규정한다. 하나는 지속적으로 사용해 온 방식 같은 선택지에 대한 친숙도이고 또 하나는 소리나 단어, 비디오, 버튼 같은 선택지의 형태다.

매직 넘버 7

힉의 법칙은 조지 밀러의 '매직 넘버 7' 법칙과 배치되는 것 같다. 1956년에 프린스턴 대학의 심리학과 교수였던 조지 밀러는 인간의 마음이 7개(±2개)의 아이템 뭉치chunk에 대한 정보를 가장 잘 기억한다고 규정했다.[1] 5개에서 9개 사이의 정보를 넘어가면 그게 정보검색 단위거나 개별 요소 목록이거나 숫자의 조합이건 간에 두뇌는 실수를 하기 시작한다. 이보다 많은 양의 정보는 짧은 시간 안에 기억하는 사람의 단기 기억 메모리의 한도를 넘어서는 것 같다.

이 법칙을 극단적으로 적용하는 디자이너는, 어떤 순간에도 스크린에 7개가 넘는 아이템은 표시하지 않는다. 밀러는 이 매직 넘버 7 법칙을 인간이 짧은 시간에 기억하거나 시각화할 수 있는 정보량에 한정해서 이야기한 것이므로, 무조건 숫자를 지킬 필요는 없어 보인다. 정보가 화면에 표시될 때 사람들은 그 정보를 굳이 단기 기억으로 저장하지 않는다. 필요하면 언제든지 볼 수 있기 때문이다.

그러나 제품을 디자인할 때 이 법칙을 무시해서 사용자의 인식에 과부하를 일으키는 일은 없어야 할 것이다. 예를 들어 사용자가 익숙하지 않은 아이템들을 화면이나 창에서 기억하지 않아도 되게 디자인해야 한다. 만약 휴대폰에 새 전화번호를 입력하려는데 세 개의 개별창이 뜬다면 머릿속의 단기 메모리에 저장해놓은 전화번호가 가물거리기 전에 이 일을 진행하느라 아주 애를 먹을 것이다.

테슬러의 복잡성 보존의 법칙

래리 테슬러Larry Tesler는 인터랙션 디자인의 초기 개척자 중 한 명으로, 6장에는 테슬러와의 인터뷰도 수록돼 있다. 테슬러의 복잡성 보존Conservation of Complexity의 법칙은 모든 프로세스에는 얼마간의 내재된 복잡성이 존재한다고 말한다. 프로세스를 더 이상 단순화할 수 없는 지점이 존재하며, 이 지점에 도달한 이후로는 그저 내재된 복잡성을 프로세스 내의 다른 위치로 옮길 수만 있을 뿐이다.

예를 들어 하나의 이메일 메시지에는 두 가지 요소가 필요하다. 하나는 본인의 메일주소이고 또 하나는 수신인의 메일주소다. 이 두 가지 중 하나라도 없으면 이메일은 발송되지 않을 것이고 메일 프로그램은 그 부분이 누락됐다는 메시지를 출력할 것이다. 이것은 필요한 복잡성이다. 그러나 이 중 일부는 이메일 프로그램에서 해결하게 할 수 있다. 일반적으로는 메일을 보낼 때마다 발신인

---

1 "매직 넘버 7(±2): 우리의 정보 처리 용량에는 한계가 있다." 『심리학 리뷰』 63호, 81-97

의 메일주소를 굳이 매번 입력할 필요없이 프로그램이 이 역할을 대신 해준다. 이와 비슷하게 프로그램이 이전에 메일을 보냈던 사람의 메일주소를 기억하고 있어, 매번 상대의 메일주소 전체를 써넣을 필요 없이 자동완성기능으로 입력하게 만들어줄 수도 있다. 복잡성이 사라진 것은 아니지만 그 중 일부가 소프트웨어로 전가된 것이다.

테슬러의 법칙은 두 가지 의미로 고려돼야 한다. 하나는 디자이너가 모든 프로세스에는 아무리 이리저리 맞춰보려 해도 더 단순화시킬 수 없는 지점이 존재한다는 것을 알 필요가 있다. 두 번째로는 디자이너들이 만드는 제품에서 이런 복잡함을 대신 해결해 줄 적당한 방법을 찾아야 할 필요가 있다는 것이다. 사용자들이 메일을 보낼 때 일일이 자기 메일주소를 한 번씩 더 입력할 필요가 없이 프로그램이 알아서 해주면 된다. 복잡한 일들은 인터랙션 디자이너들이 만들어내는 서비스와 제품이 가능한 한 많이 나눠 맡아야 한다.

포카 요케의 법칙

전설적인 일본의 산업 엔지니어이자 품질 전문가인 시게오 싱고Shigeo Shingo는 도요타 사에서 일하면서 1961년 포카 요케Poka-Yoke의 법칙을 만들었다. 포카 요케는 '실수 회피'라고 번역된다. 우연한 실수(포카)를 회피(요케루)한다는 뜻이다. 디자이너들은 포카 요케를 이용해 제품 기능에 제한을 둠으로써 실수를 막고 사용자들의 행동을 제어하고 제품을 조작할 때 올바른 방식으로 실행하도록 한다.

포카 요케 애플리케이션의 간단한 예는 USB나 파이어와이어, 전원 등 전자기기에 이용되는 코드가 모두 특정한 부분에 특정한 방식으로만 맞게 해서 누군가 파워 코드를 헤드폰 단자에 꽂는 일 같은 실수를 하지 않게 하는 것이다(그림 7.3). 이런 방식으로 포카 요케는 초기에 일어날 수 있는 문제를 방지함으로써 어떤 프로세스가 시작되기 전에 적절한 상태를 만들어낸다. 포카 요케는 많은 방식으로 이용될 수 있다. '세 번째 레일을 만지지 마시오'라는 적절한 안내문, 혹은 '1단계: 토스터의 전원을 끄시오'라는 지시문, 혹은 (사고 현장에서 경찰이 차량을 막듯이) 사람을 이용한다든가 혹은 다른 방식을 이용해서 프로세스가 시작되기 전에 잘못된 실행을 막는다. 이런 사전 방지가 불가능하다면 포카 요케는 가능한 한 프로세스 초기에 문제들을 지적한다.

그림 7.3 포카 요케 법칙을 설명하는 그림. USB 코드는 노트북의 USB 슬롯에만 연결된다.

포카 요케는 인터랙션 디자인에서 해당 기능이 사용될 수 없는 상황에서 그 기능을 제한하는 등의(예를 들어 내비게이션에서 메뉴 아이템이나 아이콘이 클릭되지 않는 것과 같은) 방식으로 적용할 수 있다. 이렇게 특정 메뉴가 동작하지 않는 상황에서는 툴팁 등을 사용해 어떻게 하면 이 기능을 사용할 수 있는지 알려주면 좋을 것이다.

에러

이상적인 상황에서라면, 사용자가 제대로 했는데 시스템이 올바로 반응할 수 없는 경우를 제외하고는 시스템 에러error 메시지가 떠서는 안 된다. '에러'는 제대로 디자인되지 않았거나 제대로 제작되지 않았거나, 혹은 포카 요케 법칙이 제대로 적용되지 못했다는 증거다.

만약 에러가 발생하면 에러를 고칠 방법을 제시하거나, 왜 에러가 발생했는지를 설명하는 적절한 정보를 제공해야 한다.

프레임워크

모든 제품은 프레임워크, 즉 제품이 전체적으로 어떤 기능을 담고 있으며 어떻게 동작하는지를 실제로, 혹은 형이상학적으로 체계화하는 것이 필요하다.

이것이 없다면 제품이 하나로 조화되지 못하고 각각의 기능들이 따로 떨어져 사용자들에게 혼란만 일으킬 것이다.

제품에 프레임워크를 적용하기 위한 세 가지 방법인 메타포, 태도, 구조를 설명하겠다.

메타포

메타포는 사용자들이 가상의(디지털) 컨셉을 이해하게 하는 방법이다. 데스크톱 메타포의 가장 유명한 예는 우리가 지난 30년간 사용해온 그래픽 유저 인터페이스GUI를 들 수 있다. 메타포는 제품이 어떻게 동작하는지에서부터 그 시각적, 실제적 형태가 어떠한지에 이르는 모든 것을 설명한다.

물론 메타포는 오용될 수 있다. 운영체계를 실제의 집에 응용했던 메타포인 마이크로소프트의 강아지 밥(그림 7.4)이 잘 알려진 실패작이다. 또한 메타포는 부정확할 수도 있다. 버추얼 데스크톱에서 실제 데스크톱만큼의 기능을 기대하기는 어렵다. 하지만 어쨌든 메타포는 훌륭한 프레임워크 툴이다.

그림 7.4 마이크로소프트의 밥은 잘못 만든 메타포의 대표 사례다. (마이크로소프트 제공)

대쉬보드와 컨트롤 패널

가장 잘 알려진 메타포는 대쉬보드, 혹은 컨트롤 패널(그림 7.5)로 불리는 것이다. 많은 애플리케이션, 웹사이트, 소비자 가전제품, 전자 제품들이 실제 존재하는 물체에서 가져온 메타포를 시스템 정보와 컨트롤을 모으고 분류하는 데 사용하고 있다.

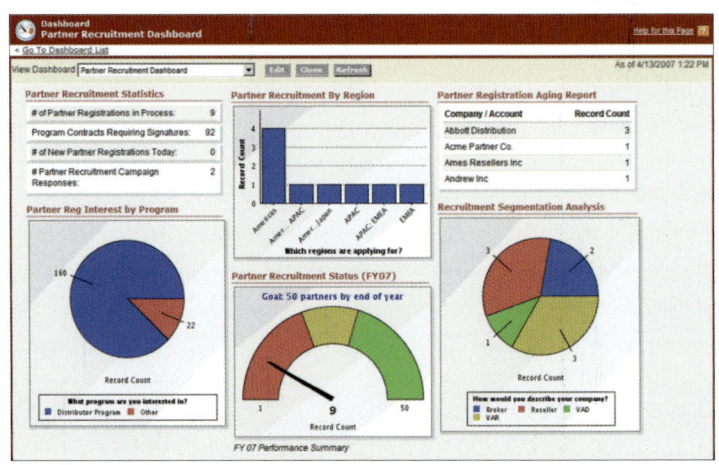

그림 7.5 대쉬보드 스타일 레이아웃의 예(Salesforce.com 제공)

태도

지난 30년간 소프트웨어 디자인에 몇 가지 일반적인 구조들이 만들어졌다. 앨런 쿠퍼는 이들을 태도$_{posture}$[2]라고 칭했고, 중요한 네 가지는 다음과 같다.

- **독립** 사용자들이 자주, 집중해서, 긴 시간 동안 사용하는 애플리케이션은 독립된 형태가 적합하다. 마이크로소프트 워드 같은 독립 애플리케이션은 복잡하고, 규모가 크고, 화면을 대부분 차지한 채로 사용된다. 독립 애플리케이션은 일반적으로 기능이 많고 많은 작업이나 넓은 공간을 차지하며 애플리케이션 윈도우 자체도 여러 부분으로 나뉘어 있다(예를 들면 미리보기, 작업 윈도우, 세부 보기 등으로 나뉘어 있다).

---

2 앨런 쿠퍼의 저서 『퍼소나로 완성하는 인터랙션 디자인 About Face 3』 참조

- **단기** 인스톨러나 계산기 위젯 같이 사용자들이 가끔 가다가 잠깐만 사용하는 것은 단기 애플리케이션이 적당하다. 단기 애플리케이션은 화면을 작게 차지하며, 확실히 구분된 몇 개의 간단한 메뉴만을 갖고 있다.
- **잠복** 대부분 뒷단에서 돌아가는 그로울Growl이나 바이러스 스캔 소프트웨어 등이 선택하는 형태다. 정말 필요한 상황 아니고서는 이런 애플리케이션들이 사용자의 눈에 뜨일 일은 많지 않다. 이들의 컨트롤은 작은 셋업과 설정창 정도가 한계다.
- **기생** 윈도우 시작 메뉴 혹은 트윗덱 같은 애플리케이션들은 다른 애플리케이션과 서비스를 돕기 위해 존재한다. 기생하는 형태의 애플리케이션들도 꽤 오래 살아남지만, 일반적으로는 독립 애플리케이션보다 규모가 작고 기능도 제한돼 있다.

구조

만일 제작할 애플리케이션이 독립 형태를 취했다면, 최소한 전체적인 형태와 레이아웃이 어떻게 될 것인지는 대강이라도 정해져 있어야 한다. 만약 모바일 기기나 소비자 가전 같은 특정한 하드웨어와 관련이 있는 프로젝트라면 하드웨어와 소프트웨어 간의 상호작용도 염두에 둬야 한다.

기능 지도

만약 프로젝트가 하드웨어와 소프트웨어의 결합으로 이뤄졌다면 기능성이 '사는 곳'을 정해야 한다. 이것이 기능 지도functional cartography이다. 기능의 목록을 작성하고 이들이 사용되는 컨텍스트를 이해한 후에는 이 기능들을 위한 컨트롤이 아날로그(실제의 버튼, 슬라이더, 다이얼 등)일지 아니면 디지털(화면 상의 컨트롤)일지, 혹은 이 두 개의 혼합(소프트 키)일지를 결정해야 한다. 소프트 키란 스크린 라벨이 붙은 물리적인 버튼으로 화면의 컨텍스트가 바뀔 때에 기능(과 키에 쓰여진 글자가)이 바뀐다.

기능 지도는 몇 가지 요소의 영향을 받는다.

- **컨텍스트** 그 기능은 언제 어디서 사용되는가? 재빨리 준비돼야 하는가? 만약 주변이 어둡거나 잘 보이지 않으면 (주머니 속에서, 혹은 기기의 뒤쪽에서) 어떤가? 스크린은 대기상태인가? 아니면 꺼져 있는가?
- **중요도** 이 기능이 얼마나 중요한 것인가? 언제나 사용할 수 있어야 하는가? 자주 쓰이는가?
- **비용** 스크린을 장착하는 것이 (돈, 리소스, 무게, 전력 소모 면에서) 얼마나 비싼가? 추가적인 제어가 필요한가?
- **인체공학** 타겟 사용자가 사용하기 편리한가?
- **미학** 이 컨트롤이 들어오면 전체 모양이 망가지는가? 이 컨트롤이 들어오면 스크린이 커지는데 그래도 괜찮은가?
- **사용감** 이 요소의 촉감은 어떠해야 하는가? 실제로 존재하는 (그리고 어포던스가 있는) 컨트롤인가 아니면 (진동 피드백이 있는) 터치 스크린으로도 괜찮은가?

이 결과로 만들어진 기능 지도는 다양한 방법으로 문서화될 수 있다. 간단하게 '실제'와 '디지털'이라는 항목을 가신 산난한 표로 충분하다. 각 기능들이 나열되고 어떤 카테고리가 있는지 보여줄 수 있으면 된다. 또 다른 문서화의 방법은 (디자인 프로세스에 시간이 좀 넉넉하다면) 물리적 형태의 일러스트레이션이나 스케치와 함께 기능성이 켜지고 꺼진 상태에서의 기능을 함께 적어둔 것이다.

기능 지도가 만들어지면 개별 기능들이 어디에 위치해 있는지를 알고 있으므로 기기를 스케치, 모델, 프로토타입하기가 훨씬 쉬워진다. 하지만 기능 지도가 꼭 확정된 것일 필요가 없다. 프로토타입이나 모델링을 하는 동안에 기능 지도는 물리적인 제약이 필요하다는 사실이 명백해지고, 또는 반대의 경우도 마찬가지다. 그래도 기능 지도를 통해 형태와 기능 간의 상호작용에 대한 논의가 처음으로 시작된다.

사이트/스크린/상태 지도
전체의 구조를 만드는 방법은 전체의 기능적인 플로우가 어떻게 흘러가고 사용자들이 이 사이를 어떻게 돌아다니는가를 정의하는 것이다. 보통 이 작업은 작업 플로우(7장 후반부에서 설명)가 만들어진 이후에 진행된다.

웹에서라면 일반적으로는 각각 다른 웹사이트의 물리적 영역에 어떻게 각기 다른 기능들이 배당돼 있는지를 하이퍼링크로 바로 연결한 사이트 맵(그림 7.6)을 통해 이 부분이 충족된다. 또한 예를 들어 휴대폰으로 전화 걸기와 웹 브라우징이 서로 독립된 공간에서 이뤄지듯이, 휴대폰의 기능도 사이트 맵 형식으로 나타낼 수 있다.

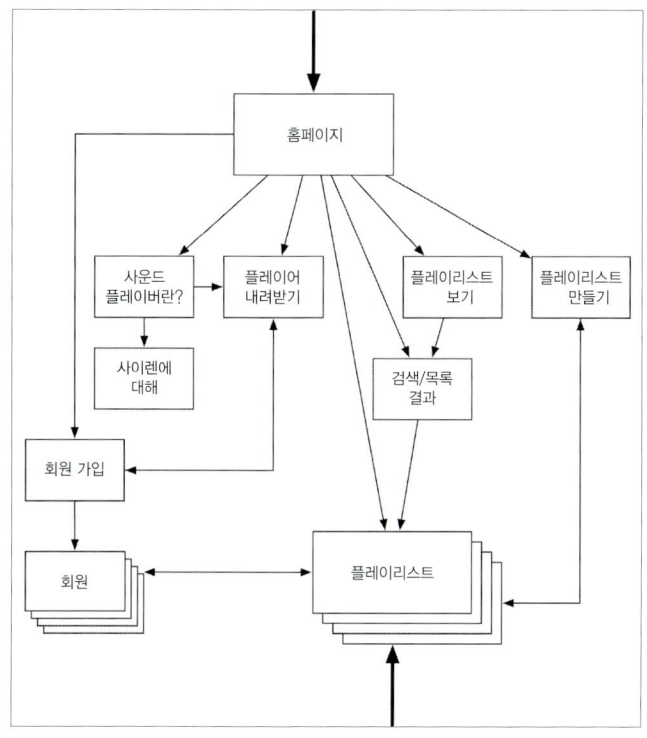

그림 7.6 간단한 사이트 맵(사운드플레이버 제공)

기능, 정보, 컨텐츠를 조직하고 이름을 붙이는 것은 **정보 아키텍처**information architecture 분야에서 하는 일이다. 정보 아키텍처는 도서관학에서 사용하는 기법을 차용, 검색하고, 열람하고, 컨텐츠를 쉽게 이해하기 위한 정보의 공간을 조직한다.

하지만 오늘날에는 웹에서마저도 기능은 장소가 이동하는 것이 아니라 단순히 상태가 전이된다. 실제로 인터랙션 디자인이 필요한 거의 모든 제품에는 시간의 흐름에 따른 변화가 존재한다. 상태state라는 것은 시간 기반의 시스템에서는 정지된 시간으로 받아들여진다. 상태는 인터랙션의 특정한 순간을 캡쳐한 것이다. 상태에서 중요한 것은 조건, 활성화, 그리고 업데이트[3]다. 조건이란 활동이 시작되기 직전의 기본 상태다. 화면은 어떻게 생겼으며, 사용자는 어떤 변화를 일으켰는가? (버튼을 롤오버시켰는가, 링크를 클릭했는가?) 활성화란 활동이 벌어지는 중에 어떤 일이 벌어졌는가를 말한다. 예를 들어 사용자가 아이템을 스크린을 가로질러 드래그하는 동안에 어떤 일이 벌어지는가, 버튼을 누르면 어떤 일이 벌어지는가? 업데이트는 사용자가 활동을 끝낸 후의 상태로서, 제품이 어떻게 변화됐는가라는 것이다.

모드mode는 유저나 시스템이 다른 기능들에 접근할 수 있게 하는 일반적인 상태를 말한다. 예를 들어 어떤 애플리케이션에서는 '편집'모드에 있어야만 내용에 영향을 끼치는 활동을 할 수 있다. 모드를 허용할지 말지에 대해서는 논란이 있다. 모드는 시스템의 복잡함을 증가시키고, 모드가 존재하면 심성 모형도 사용이 어려워진다. 또한 문서화되고 검증돼야 할 '상태'의 경우의 수를 증가시킨다. 디자이너는 페이지 화면뿐 아니라 각 모드와 상태에 따라 변화하는 플로우를 새로 정의해야 한다.

페이지, 화면, 상태, 모드를 정리해 도표화 하는 것은 디자이너 자신을 위해 제품의 전반적 내용을 한눈에 들어오게 해준다. 하지만 사용자들에게 어포던스와 피드백을 통해 전달할 전체적인 인상에도 지속적으로 신경을 써야 한다. 사용자들은 개별 부분에 익숙해지기 전에 제품을 전체적으로 이해할 필요가 있다.

문서화와 다듬는 방법

제품 컨셉은 보통 제품을 통해 생각함으로써 다듬어진다. 즉 제품을 실제로 만들기 시작하든가(8장), 아이디어를 종이, 화이트보드, 화면에 그려서 이들이 어떤 방향으로 향하는지를 지켜본다든가 해야 한다는 것이다. 문서는 일반적으로

---

[3] 루시 셔먼의 『Plans and Situated Actions: The Problem of Human-Machine Communication(활동의 기획과 구현)』(Cambridge University Press, 1987) 참조

문서화라고 불리는 작업을 통해 이뤄지는데, 이 문서화라는 단어 자체는 이미 만들어진 것의 디테일을 정리할 뿐이라는 인상이 좀 있다. 디자인 단계에서 만드는 문서는 시간이 지나면서 지속적으로 고쳐질 수 있어야 한다. 그런 점에서 문서화라는 단어는 그리 썩 좋은 말은 아니다.

디자이너는 프로젝트에 필요한 만큼의 충분한 문서를 만들어야 하지만, 그 이상을 만들 필요는 없다. 같이 일하는 팀이 유스케이스를 통해서 커뮤니케이션을 잘 한다면 디자이너는 유스케이스를 만들어야만 한다. 만약 클라이언트가 이런 데 별로 상관하지 않는다면 디자이너 자신이나 팀이 그것들을 필요로 하지 않는 한 굳이 만들 필요가 없다.

만약 문서가 딱히 커뮤니케이션에 유용하게 쓰이지 않는다면 쓸모없다. 쓸모없는 것보다 더 나쁘다. 디자이너의 시간을 소모하기 때문이다. 어떤 문서든 간에 그것을 쓰는 목적은 프로젝트를 한층 더 완성에 가깝게 만들기 위해서여야 한다.

시나리오

시나리오는 디자인 컨셉을 상상하게 만드는 빠르고 효과적인 방법이다. 시나리오란 글로 쓰인 프로토타입이다.

핵심만 말하면, 시나리오는 그저 이야기다. 만들어진 제품·서비스가 어떻게 쓰이게 될까에 대한 이야기고, 이 이야기의 등장인물이 퍼소나(5장 참조)다. 시나리오를 이용해서 디자이너들은 자신들이 설정한 인물에게 컨텍스트를 부여하고 그들에게 생명을 불어넣는다. 사실 퍼소나는 시나리오를 통해 의미를 갖는다. 각각 다른 퍼소나를 이용해 같은 시나리오를 따라가면 최종 제품에 어떤 기능이 삽입돼야 할지 자연스럽게 알 수 있다.

전자상거래 웹사이트 프로젝트를 예로 들어보자. '후안'이라는 이름의 퍼소나는 언제나 자기가 뭘 갖고 싶은지 알고 그것만을 콕 집어 구매하는 사람이다. 다른 퍼소나인 안젤라는 이것저것 둘러보고 비교하기를 좋아한다. 이 두 명이 하나의 물건을 사게 되는 시나리오를 각각 생각해보면, 후안은 검색 기능을 사용하고 안젤라는 브라우징 기능을 사용하는 이야기가 만들어질 것이다.

거의 모든 제품·서비스에 유효한 일반적인 시나리오는 최초의 경험에 대해 상상하는 것이다. 퍼소나가 그 제품·서비스를 처음 접했을 때 어떤 일이 벌어질까? 그 제품·서비스에서 뭘 해야 하는지, 어떻게 사용하는지를 어떻게 알 수 있을까? 그것이 어떤 느낌일까? 모든 퍼소나를 통해 최초의 사용 경험을 따라가게 하는 시나리오를 써서 최종 디자인이 각 퍼소나에게 어떤 느낌으로 어떻게 쓰이게 될지를 그려볼 수 있다.

천 개의 단어보다 한 장의 사진이 나을 때가 있고, 때로는 짧은 말이 몇 장의 사진보다 훨씬 나을 때도 있다. 온라인 야채 배달 서비스에 대한 시나리오를 살펴보자.

> 사라는 [야채닷컴] 사이트에 접속해서 지난 주의 주문내역을 살펴본 후 이번 주에도 똑같은 것들을 주문할지 결정한다. 그녀는 '내 야채 리스트'에서 몇 개의 품목을 드래그해서 삭제하는데, 주문 총액은 그에 따라 자동으로 조정된다. 사고 싶은 야채를 다 결정한 사라는 배달 버튼을 누른다. 금액은 미리 저장돼 있는 신용카드를 통해 자동으로 청구되고, 최종 확인 페이지에서는 야채가 한 시간 안에 배달될 거라고 알려준다.

이런 시나리오를 써내는 데는 몇 분밖에 걸리지 않지만, 스토리보드였다면 몇 시간, 와이어프레임으로 표현하려면 며칠, 프로토타입을 만들자면 몇 주가 필요했을 것이다. 디자이너는 단어를 써서 시나리오를 그려낼 수 있다.

스케치와 모델

디자이너는 단어를 이용해서 스케치를 하는 것처럼 직접 이미지를 그려 낼 수도 있다(그림 7.7). 앞에서 이야기했듯이 디자이너가 이용할 수 있는 가장 좋은 도구는 여전히 종이나 화이트보드 같은 현실의 그림판과 여기에 그림을 그릴 수 있는 펜이나 마커 등 각종 도구다. 종이나 화이트보드에 스케치하는 것처럼 유연하고 빠르고 쉬운 디지털 도구는 아직 만들어지지 않았다. 그 이유 중 하나는 공간의 제약이다. 아무리 큰 모니터가 있다고 해도 벽을 꽉 채운 크기의 화이트보드나 필요할 때마다 계속 덧붙인 종이들과 비교할 수 없다.

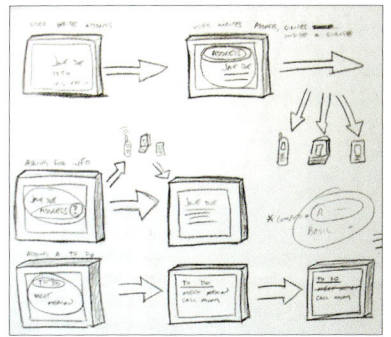

그림 7.7 개발을 위해 소프트웨어를 구동시키기 전에 펜, 종이, 연필을 써서 스케치하는 데에 시간을 쓰도록 하자. 스케치의 또 다른 장점은 누가 보기에도 완성된 그림이 아니라는 것으로, 누가 보더라도 그림 자체의 약점을 집어내려고 노력하지 않을 것이다.

다른 형태의 스케치로는 모델링을 들 수 있다. 모델은 찰흙과 마분지에서 스티로폼까지 다양한 재료로 제작하는데, 커다란 스티로폼 블록을 이용해서 실제 공간을 모델링하는 경우까지 있다. 제프 호킨스는 딱딱한 나무토막을 깎아서 초기의 팜 파일럿의 사이즈, 모양, 형태를 모델링했다.[4] 마치 스케치를 하듯이 짧은 시간에 이것저것을 붙여 실제 물체의 대략의 모양과 환경을 만들어낼 수 있다.

스케치와 모델링은 디자인 프로세스 전반에 걸쳐 행해져야 하지만 디자인 아이디어와 컨셉이 진행돼 형태를 갖추는 중간 과정을 시각화하는 데 가장 큰 도움을 준다.

스케치와 모델은 근본적으로 별다른 형식이 없으며 쉽게 고칠 수 있다. 덕택에 누구든지 그것들에 대해 자유롭게 의견을 낼 수 있다. 이러한 장점이 있으므로 디자이너는 스케치와 모델링에 너무 공을 들이지 않는 편이 좋다.

스토리보드

제품·서비스의 모양을 짐작하게 해주는 시나리오와 스케치 작업이 끝나면 제품을 사용하는 모습을 상상하는 데 도움을 주기 위해 스토리보드를 만들게 된다(그림 7.8).

---

4 숀 버넷이 펜 컴퓨팅 매거진에 기고한 「제프 호킨스: 혼자서 핸드헬드 컴퓨터 산업을 살려낸 사나이」 참조. 온라인 버전은 www.pencomputing.com/palm/pen33/hawkins1.html

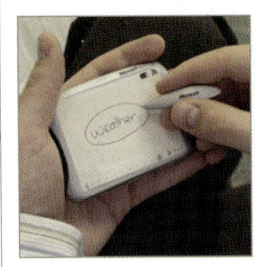 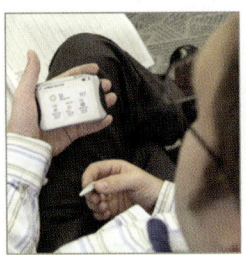 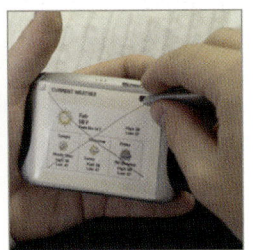

| 데이브가 '날씨'라는 단어를 쓰고 거기 동그라미를 친다. | 화면이 그 지역의 날씨 예보 페이지로 바뀐다. | 페이지를 다 읽은 데이브가 화면에 x 표시를 그리자 페이지가 사라진다. |

그림 7.8 이 스토리보드는 최종적으로 사진으로 완성됐지만 손으로 그려진 스토리보드도 많다.

스토리보드 작업은 영화와 광고 업계에서 쓰이는 기법이다. 관련된 이미지와 내러티브를 조합해 그 제품·서비스의 컨텍스트 상에서의 기능을 보여줌으로써 생생한 스토리를 그려낼 수 있다.

스토리보드에서는 이 작업을 위해 특별히 찍은 사진이나 일러스트레이션을 사용한다. 일반적인 사진들이나 스톡 이미지들을 사용하는 것은 추천하지 않는다. 이들은 과도하게 부자연스럽거나 시나리오에 딱 들어맞지 않는 경우가 많다. 스토리보드에는 이런 이미지들을 시나리오에 맞춰 텍스트와 함께 배열한다.

스토리보드는 복잡한 프로세스나 기능을 설명하는 데 와이어프레임과 함께 사용되기도 한다(이에 대해서는 이 장의 후반부에 설명하겠다). 스토리보드를 이용하면 사용자의 동작 중 가장 중요한 부분을 설명할 수 있다. 예를 들어 복잡한 드래그앤드롭 과정을 설명하려면 사용자가 오브젝트를 선택하는 순간의 장면, 오브젝트를 드래깅하는 장면, 오브젝트가 드롭된 후 어떤 일이 벌어졌는지를 설명하는 장면을 보여줌으로써 설명할 수 있다.

작업 순서도

어떤 작업을 디자인할지를 결정하면(5장에서 진행했던 작업 분석이 끝나면) 이 작업들을 특정한 순서 혹은 흐름에 따라 정렬하는 것이 중요하다. 작업 순서도(그림 7.9)는 이들이 어떻게 논리적으로 연결돼 와이어프레임(이 장의 후반부에 설명한다)

으로 구성되는지를 보여준다. 예를 들어 웹브라우저의 '뒤로 가기' 버튼은 한 페이지 이상을 열어본 상태가 아니라면 활성화되지 않는다. 전화번호를 입력하지 않는다면 휴대폰의 '통화' 버튼은 동작하지 않는다. 로그인하지 않는다면 '내 상태' 메뉴를 사용할 수 없다.

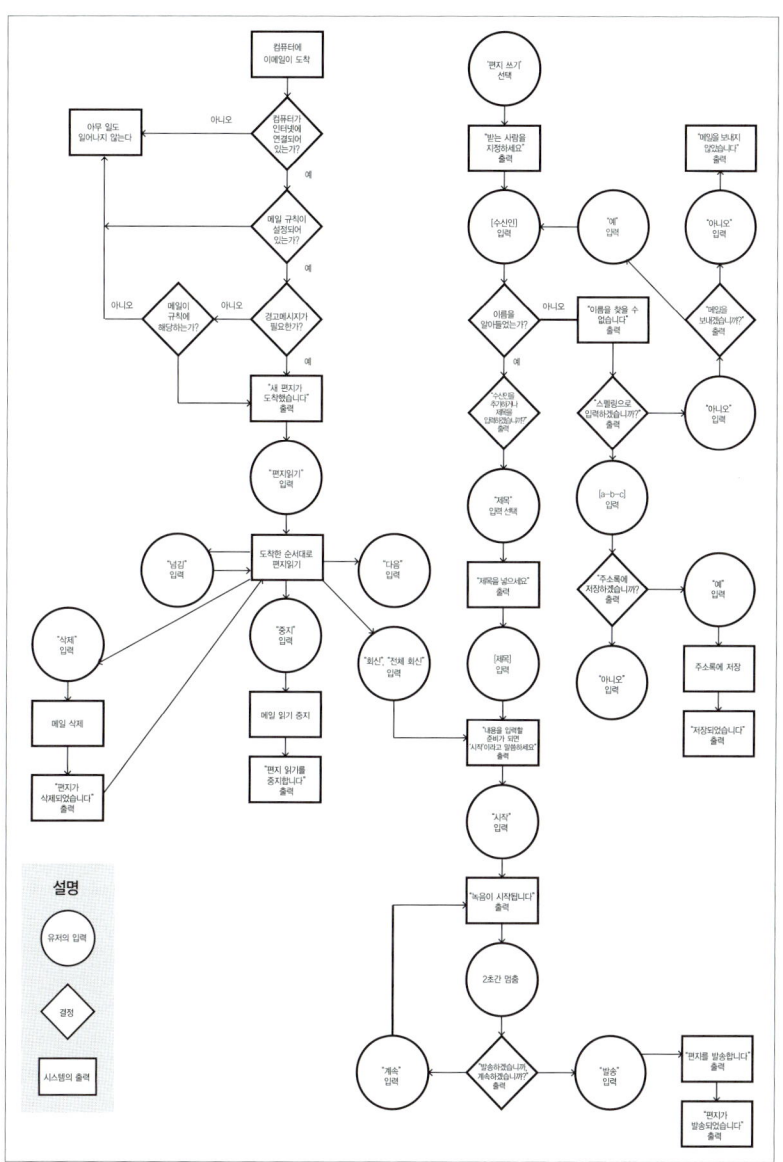

그림 7.9 음성 인터페이스를 위한 작업 순서도

작업들을 순서에 맞춰 배치하면 디자이너가 제품의 형태를 보기 시작하는 일이 수월해진다. 작업 순서도가 웹사이트나 위저드의 페이지 순서를 드러내줄 수도 있다. 작업 순서도는 사용자에게 어떤 지점에서 특정한 동작을 수행할지를 보여주기 때문에, 컨트롤의 구현을 명확히 하는 데에도 도움이 된다(이 장의 후반부에서 컨트롤에 대해 설명하겠다). 그리고 사용자에 의해 의사결정이 내려져야 하는 상황이라면 이와 관련된 메뉴와 정보(혹은 어포던스)가 추가돼야 하는 곳이 어디인지도 알 수 있다.

유스케이스

프로그래머는 유스케이스를 오랫동안 소프트웨어 디자인에 사용해왔다. 사실 이런 전통이 유스케이스의 강점이다. 개발자들은 유스케이스를 보는 것에 매우 익숙하고 매우 빠르게 이해하며, 사업 부서 사람들도 프로그래머들과 일하기 위해 이를 사용하는 법을 익혀야 했다. 다른 디자인 문서들은 (조금씩 수용되는 추세이지만) 아직 유스케이스만큼 널리 받아들여지지 않았다.

유스케이스란 제품·서비스의 기능을 간략하게 늘어놓은 것이다. 유스케이스는 간단한 단어를 사용해 해당 기능의 쓰임새와 이유를 설명한다.

또한 유스케이스에는 그 기능을 쓰는 주체에 대해서도 설명한다. 유스케이스는 잠재적인 행위자의 목록을 결정하는 데에서 시작한다. 이 행위자들은 퍼소나와 관련이 있지만 이들보다 더 단순하다. 예를 들어 '사용자'는 이 행위자 중 한 명이다. 다른 행위자는 일반적으로 '시스템'이다. 시스템은 자동적이거나 컴퓨팅 프로세스를 수행하는 행위자의 총칭이다. 프로그래머들이 신경 쓰는 것은 보통 시스템의 작업 부분이지만 유스케이스가 딱히 시스템에서 일어나는 이벤트를 정리하는 데만 한정될 필요는 없다.

유스케이스에는 다음과 같은 내용이 포함된다.

- **제목** 이 개별 제목은 문서와 회의에서 자주 쓰이므로 설명적인 제목을 붙여야 한다. 예를 들어 이메일 프로젝트에는 '이메일 전송'이라는 유스케이스가 포함돼 있을 것이다.

- **행위자** 누가 이 기능을 수행하는가? 이메일 전송을 예로 들면 행위자는 사용자와 시스템이다.
- **목적** 이 유스케이스로 무슨 작업이 수행돼야 하고, 왜 필요한가? 이메일 전송 기능의 목적은 '행위자가 메시지를 타인에게 컴퓨터로 전송하고 싶어 한다'일 것이다.
- **기본 상태** 유스케이스가 시작될 때 어떤 일이 벌어지고 있는가? 우리의 예에서는, '이메일 클라이언트가 실행돼 있다'일 것이다.
- **최종 상태** 유스케이스가 끝나면 어떤 일이 벌어지는가? 이메일의 경우 최종 상태는 '이메일이 전송됐다'이다.
- **주요 단계** 개별 기능들의 분절된 단계를 나열한다. 이메일의 경우 이런 단계들이 필요하다.
  1. 행위자가 새 메일 창을 연다.
  2. 행위자가 수신자의 메일 주소를 입력하거나 주소록에서 수신자를 선택한다.
  3. 행위자가 제목을 작성한다.
  4. 행위자가 메시지를 작성한다.
  5. 행위자가 특정한 방법으로 메일을 전송한다('보내기' 버튼 클릭 등).
  6. 시스템이 수신인 주소를 체크한다.
  7. 시스템이 메일 창을 닫는다.
  8. 시스템이 메일을 전송한다.
  9. 시스템이 메일의 사본을 '보낸 편지함' 폴더에 저장한다.
- **대안** 같거나 유사한 기능을 고려해야 할 다른 유스케이스를 말한다. 이메일 전송에서 '회신'이나 '전달' 기능이 대안 유스케이스다.
- **관련된 유스케이스** 대부분 하나의 기능은 다른 기능과 연결된다. 참조하도록 기능을 나열해보라. 메일 전송에 대한 예에서도 몇 가지 다른 유스케이스가 그 안에 포함될 수 있다. 새 메일 창 열기, 주소록에서 주소 선택하기, 수신인 주소 체크하기 등은 별도의 유스케이스다.

유스케이스는 '이메일 전송' 같이 넓은 범위를 포괄할 수도 있고 '수신인 주소 체크'처럼 매우 상세한 영역을 다룰 수도 있다. 유스케이스 작성에는 많은 시간이 소요될 수 있고, 복잡한 시스템의 경우 잠재적으로 수십 개 혹은 수백 개의 유스케이스가 존재할 수 있다. 하지만 유스케이스는 작업을 나누고 시스템이 무엇을 해줘야 하는지를 보여주는 훌륭한 방법이다.

무드보드

무드보드mood board(그림 7.10)는 디자이너가 제품·서비스의 감성적인 영역을 탐색할 수 있게 도와주는 매개체다. 이미지, 단어, 색상, 타이포그래피 등 다양한 방법을 사용해 최종 디자인이 어떤 느낌을 주게 되는지를 설명하는 콜라주를 구성한다. 이미지와 단어는 잡지나 뉴스, 온라인 이미지 갤러리에서 얻거나 디자이너가 직접 만들 수도 있다. 어떤 디자이너들은 무드보드에 쓸 사진을 직접 촬영하기도 한다.

그림 7.10 무드보드는 제품·서비스의 감성적 영역을 탐색하는 한 가지 방법이다.

전통적으로 무드보드는 커다란 포스터 보드지에 만들곤 한다. 이런 방법은 결과물을 벽에 붙여놓고 가끔 바라보면서 영감을 얻을 수 있다는 장점이 있다. 그러나 꼭 이렇게 할 필요는 없다. 애니메이션이나 영화, 화면보호기나 벽에 쏘는 프로젝션 등의 디지털 형태로도 얼마든지 만들 수도 있다. 디지털 무드보드의 장점은 전통적인 방식으로는 표현할 수 없었던 움직임과 소리를 넣을 수 있다는 것이다.

어떤 형태로 무드보드를 만들든 간에 여기에는 디자이너가 최종단계의 제품·서비스에 담고자 하는 감성을 반영해야 한다. 무드보드는 지적으로 난해할 필요가 없다. 좋은 시 구절이나 미술작품처럼 보는 이에게 본능적인 반응을 이끌어낼 수 있어야 한다.

와이어프레임

와이어프레임wireframe(그림 7.11)은 구성, 정보 체계, 기능, 컨텐츠를 담은 문서들의 모음이다. 이 작업은 건축 설계의 밑그림이나 네트워크 구조도(와이어프레임을 그냥 구조도라고 부르는 사람도 있다)에 기반을 두고 있다. 와이어프레임은 제품을 작업할 때 디자이너가 만들어내는 문서 중 프로토타입 다음으로 가장 중요한 문서다(서비스는 일반적으로 와이어프레임을 많이 사용하지 않고 대신 설계도를 사용한다. 이에 대해서는 8장에서 설명하겠다). 와이어프레임은 제품에 들어갈 기능들을 정의한 문서를 포함하고 있으며 이런 기능들이 들어가게 된 기술적, 사업적 이유들이 한 장짜리 디자인 시안(일반적으로는 제품의 컨트롤에 대한 시안)과 함께 제시된다. 이것이 제품의 설계도. 개발자, 산업 디자이너, 카피라이터, 사업 담당자들은 제품을 이해하고 시각적이거나 물리적인 외형에 휘둘리지 않고 신중하게 제품을 개발하기 위해 와이어프레임을 사용한다.

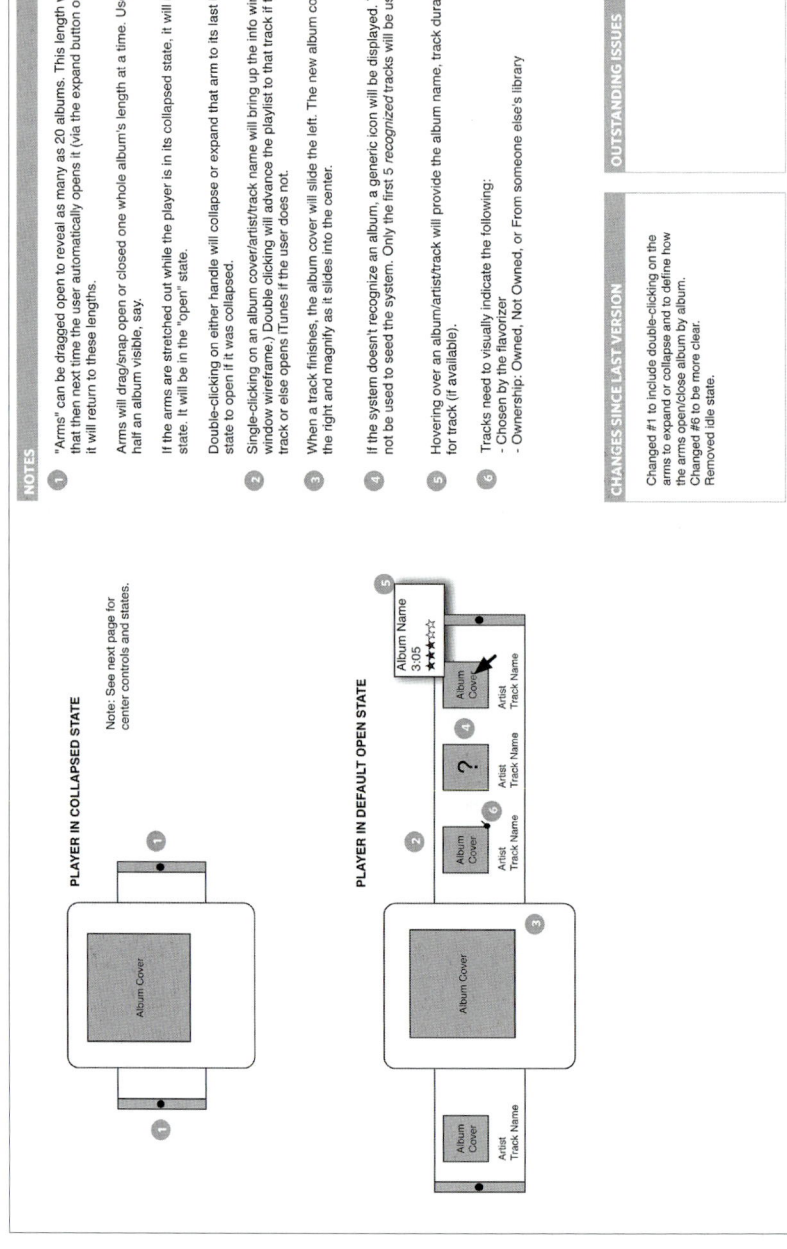

그림 7.11 데스크톱 음악 플레이어를 위한 와이어프레임(사운드플레이버 제공)

와이어프레임은 이를 읽거나 사용하는 사람들이 다양하기 때문에 만들기 꽤 난해한 문서다. 클라이언트는 디자인이 그들의 사업적 요구사항을 어떻게 충족시킬지 알고 싶어한다. 개발자는 해당 제품이 어떻게 동작하는지(혹은 에러가 났을 때 어떻게 동작하지 않는지) 알고 그에 따라 코딩을 해야 한다. 시각디자이너, 혹은 산업디자이너는 해당 제품의 시각적, 물리적 형태가 어떤지, 말하자면 버튼이 몇 개나 있고 어떤 버튼이 필요한지 등을 알고 싶어한다. 카피라이터들은 도움말, 매뉴얼, 제품 헤드라인에 뭐라고 쓰면 될지를 궁금해한다. 디자이너에게도 왜 그때 특정한 기능에 버튼을 하나가 아니라 두 개를 할당했는지를 나중에 기억할 수 있게 해줄 뭔가가 필요하다. 문서 하나에서 이런 다양한 독자들의 요구를 조정하는 것이 디자이너의 임무다.

요약하자면 와이어프레임은 특정한 화면, 웹페이지, 혹은 상태 화면에 포함돼야 할 모든 요소를 담는 그릇이다.

일반적으로 와이어프레임은 세 개의 영역으로 나뉜다. 하나는 와이어프레임 자체, 또 하나는 관련 주석, 또 하나는 와이어프레임에 대한 정보(와이어프레임 메타데이터)다.

와이어프레임 그 자체

와이어프레임 자체는 제품의 특정한 부분의 상세한 형태를 보여주는 문서다. 와이어프레임은 제품의 전반적인 특성—예를 들어 PDA에서는 화면의 형태—으로부터 특정한 기능에 대한 상세한 설명, 말하자면 음악 편집 애플리케이션의 음향 컨트롤 기능에 대한 설명까지 모든 내용을 포괄하는 것이 가능하다.

와이어프레임을 통해 제품의 개략적인 모양새를 그릴 수 있어야 한다. 모양새는 세 가지 요소로 이뤄진다. 컨텐츠, 기능에 접근하고 이를 사용하게 해주는 컨트롤, 그리고 이 두 요소에 접근하거나 이를 탐색하게 해주는 방법이다. 그러므로 와이어프레임에는 컨텐츠와 기능이 위치할 장소뿐 아니라 이들을 사용하게해주는 요소(버튼, 스위치, 메뉴, 키스트로크 등)에 대한 내용이 들어가야 한다.

컨텐츠는 텍스트, 이미지, 아이콘, 애니메이션 등을 포괄하는 막연한 표현이다. 컨텐츠 전략[5]은 이 제품 안에 포함될 컨텐츠의 제작, 출판, 체계화에 대한 기획을 말한다. 이상적으로는 디자이너가 와이어 프레임 작업을 시작하기 전에 그 안에 들어갈 컨텐츠들이 확실히 갖춰져 있어야 한다. 최소한 컨텐츠 타입이나 요소들은 컨텐츠 전략으로 정의돼 있어야 한다.

만약 이 안에 정확히 어떤 컨텐츠, 혹은 컨텐츠의 어떤 부분이 들어갈지 모른다면 이 부분을 와이어프레임에서 빈 공간으로 비워두거나 (보통 x선이 그어진 박스 형태로 표현한다) 혹은 알아들을 수 없는 말이나 이미지, 더미 텍스트를 넣는다. 더미 텍스트는 1500년대부터 사용된 고전적인 '로렘 입썸' 구절이 흔히 쓰이는데(Lorem ipsum dolor sit amet, consectetur adiposicing elit, sed do eiusmod tempor incididunt ut labore et dolore magna aliqua) 와이어프레임에 이 문구를 사용하는 것이 전통이 돼가고 있다.

기능은 각 기능별 버튼, 손잡이, 슬라이더, 다이얼, 입력 박스 등으로 이뤄진 컨트롤과 이에 할당된 항목과 해당 컨트롤에 대한 제품의 피드백까지를 모두 포함한다. 간단한 웹사이트 서식을 예로 들자면, 항목('이름을 입력하세요'), 텍스트 박스(이름을 써넣는 곳), 라디오 버튼(남자/여자), 체크박스('메일 수신에 동의하십니까?'), 완료 버튼, 취소 버튼, 오류 메시지('이름이 입력되지 않았습니다.') 등이 있을 것이다. 이들은 모두 와이어프레임에 적혀 있어야 한다.

또한 이런 컨텐츠와 기능을 발견하고 사용할 방법인 내비게이션도 필요하다. 내비게이션은 하이퍼링크, 간단한 드롭다운 메뉴, 위젯의 툴바, 혹은 물리적으로 공간을 차지하는 복잡한 조작 방법에 이르기까지 온갖 방법을 모두 포괄한다. 어떤 휴대폰에서는 '시작' 버튼을 누르면서 커서의 아래쪽 키를 함께 누르면 휴대폰이 잠금 상태가 된다. 디지털 카메라에서 방금 찍은 컨텐츠를 보려면 카메라 모드를 '사진 보기' 모드로 바꾸고 버튼을 이용해서 사진을 넘기게 된다.

이런 모든 요소는 각 위치와 중요도에 따라 정렬돼 와이어프레임 상에 나타

---

5 컨텐츠 전략에 대해서는 크리스티나 할버슨의 「컨텐츠 전략의 법칙(http://alistapart.com/articles/thedisciplineofcontentstrategy/)」혹은 그녀의 저서인 『웹 컨텐츠 전략을 말하다』(에이콘출판, 2010)을 참조하라.

나야 한다. 같은 와이어프레임이라고 하더라도 각기 다른 형태의 디자인에 사용될 수 있다는 사실도 기억해두자. 와이어프레임은 시각디자이너, 혹은 산업 디자이너의 손을 거치면서 각각 다른 방식으로 해석될 수 있다. 중요한 것은 위에서 열거한 컨텐츠 위치, 기능, 내비게이션이라는 각 내용이 제품에 반영되려면 와이어프레임 상에 존재해야 한다는 사실이다.

화면이 작거나 터치스크린을 사용하는 많은 제품에서 와이어프레임을 정확히 화면 비율대로 만드는 것은 좋은 생각이다. 이렇게 하면 이 와이어프레임이 시각디자인이나 프로토타입, 혹은 제품 제작에 반영될 때의 혼란을 없앨 수 있다.

와이어프레임 상에서 약간 모호하거나 특정 제목이 붙은 것은 관련된 주석을 첨부해둔다.

주석

주석이란 와이어프레임 상의 모호한 내용을 짧게 설명해두는 것이다. 디자이너가 옆에서 일일이 설명해줄 수 없을 때 와이어프레임을 이해하도록 도와준다. 개발자나 클라이언트가 어떤 특정 버튼이 왜 그런지 이유를 알고 싶을 때, 관련된 주석에는 그 버튼이 무엇을 하는지뿐 아니라 '왜 그 버튼이 거기에 있는지'에 대해서도 설명돼 있다. 주석의 길이가 한정돼 있기 때문에 '왜'에 대해서 일일이 설명하기 쉽지 않겠지만, 확실히 '이 버튼을 누르면 프로세스가 정지된다'라고만 쓰여있는 것과 '이 버튼을 누르면 프로세스가 정지되므로, 사용자들이 프로세스가 끝나기를 기다리지 않아도 된다'라고 쓰여있는 것 사이에는 확연한 차이가 있다. 후자의 경우라면 문서를 읽는 사람들이 확연히 해당 버튼의 목적을 이해할 수 있다. 또한 프로세스상에 변화가 일어났을 때(예를 들어 해당 프로세스가 1초도 걸리지 않게 됐을 때) 디자인을 어떻게 고쳐야 할지 쉽게 알 수 있다.

다음은 주석이 필요한 와이어프레임 요소들의 목록이다.

- **컨트롤** (컨트롤의 목록에 대해서는 6장 참조) 특정한 버튼이 눌리거나 다이얼이 돌아가거나 하이퍼링크가 클릭됐을 때 어떤 일이 벌어지는지.
- **조건부 항목** 컨텍스트에 따라 변화하는 오브젝트들이 있다. 애플리케이션

메뉴 중에는 사용자가 무엇을 하고 있는지에 따라 비활성화되는 메뉴들을 종종 볼 수 있다.

- **제약조건** 사업적, 법적, 논리적, 기술적 제약조건. 암호로 쓸 수 있는 글자 수의 제한이나 특정 컨텐츠가 어린이에게는 보이면 안 되는 법적인 이유 등.
- 그 외에 공간의 제약 등으로 인해 와이어프레임에서 보여줄 수 없는 모든 내용. 상당히 긴 드롭다운 메뉴의 모든 아이템 등.

와이어프레임 메타데이터

개별 와이어프레임은 해당 와이어프레임에 대한 정보를 갖고 있어야 한다. 이를 와이어프레임 메타데이터라고 하며, 다음과 같은 내용이 포함돼 있다.

- 디자이너 이름
- 와이어프레임이 만들어지거나 수정된 날짜
- 버전 정보
- **지난 버전에서 무엇이 바뀌었는가 하는 내용** 클라이언트들은 이런 내용이 쓰여있는 것을 좋아한다. 이를 통해 디자이너가 프로젝트를 진행하는 동안 발생한 이슈들을 어떻게 처리하고 있는지를 알 수 있기 때문이다.
- **관련된 문서** 사업적인 요구사항, 기술 사양서, 유스케이스 등 해당 와이어프레임과 관련돼 있는 모든 관련 문서(페이지까지 기술돼 있으면 좋다). 만약 와이어프레임에 대해 의문이 생긴다면("이 로봇에는 헤엄치는 기능을 넣기로 하지 않았었어?") 적절한 문서들을 참조할 수 있다.
- **미해결 문제** 이 와이어프레임에는 아직 해결해야 할 문제점이 남아있는가?
- **기타 내용을 적어둘 공간** 디자이너가 해당 프로젝트에 대한 최종 의견들을 적어넣을 공간이 필요하다. 특히 제품에 영향을 준 제약조건에 대한 내용이 있을 수 있다. 나는 종종 해당 프로젝트에 부정적인 영향을 줄 만한 사업적, 기술적 제약사항들을 적어둔다. 이를 통해 디자이너가 와이어프레임을 보여줄 때 특정한 상황을 변화시켜보려고 노력할 수 있으며, 만일 클라이언트나 개발자가 해당 제약을 개선하는 데 대해 소극적이라면 불만이 제

기될 때 들이밀 수도 있고 개선된 버전을 계획할 때도 쓸 수 있다.

서비스 설계도

와이어프레임만큼 중요한 다른 문서가 디지털 제품의 핵심 문서인 서비스 설계도(그림 7.12)다. 이 문서는 서비스에 대한 중요한 문서인데 (대부분의 제품은 어쨌든 서비스가 중요한 요소로서 포함돼 있다) 서비스 설계도는 서비스 순간service moment과 서비스 고리service string라는 두 가지 중요한 요소를 설명한다.

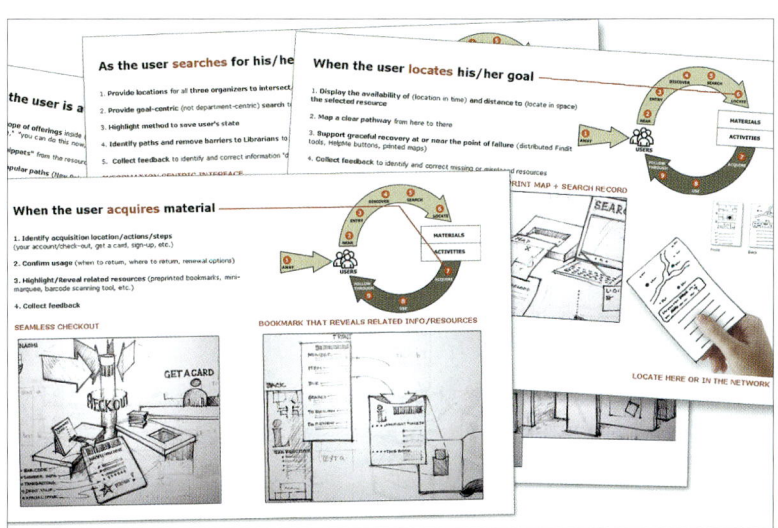

그림 7.12 마야의 피츠버그 카네기 도서관 프로젝트의 서비스 설계도 일부. 이들은 서비스의 각 순간을 설명하고, 이런 순간들이 서비스 고리 안에서 어떻게 흘러가는지도 보여준다. (마야 디자인 제공)

서비스 순간

모든 서비스는 별도로 디자인될 수 있는 개별 순간의 집합으로 구성된다. 예를 들어 세차 서비스라면 (최소한) 다음과 같은 서비스 순간을 갖는다.

- 고객이 세차장 발견
- 고객이 세차장에 진입
- 고객이 무엇을 할지 선택(세차만 할지, 왁스도 할지 등)

- 고객이 돈을 지불
- 차가 세차장으로 이동
- 차를 씻음
- 차를 말림
- 차 내부 청소
- 고객이 세차장을 떠남

이런 각 순간에 대한 디자인은 노즐이 물을 분사하는 방법에 이르기까지 상세하게 디자인할 수도 있다. 서비스 설계도는 이런 모든 순간을 나열하고 각각에 대한 디자인을 기술한다. 또한 서비스에 다양한 경로가 존재하는 경우 이들 각각의 순간에 대해 다양한 디자인이 필요하다. 세차 서비스의 예에서라면 세차장을 찾는 데만 해도 간판, 광고, 옥외 광고, 전단 등의 다양한 경로를 생각해 볼 수 있다.

여기서 터치포인트(5장 참조) 목록이 등장한다. 각 서비스 순간에서 어떤 터치포인트가 쓰이는가, 혹은 쓰일 수 있겠는가? 각 서비스 순간별로 터치포인트가 디자인돼야 한다. 세차 서비스의 예를 들자면, 고객이 돈을 지불하는 순간은 아마도 최소 두 가지 터치포인트를 갖게 될 것이다. 하나는 세차 서비스의 목록과 가격이 적힌 게시판일 테고, 또 하나는 고객의 돈을 수납하는 기계나 서비스 요원일 것이다. 게시판에 어떤 내용을 어떻게 쓸까? 돈을 받는 기계는 어떻게 동작해야 할까?(신용 카드도 받을까? 잔돈은 어떻게 주나?) 서비스 요원은 어떻게 말하고 행동할까 등의 모든 요소가 디자인될 수 있다. 서비스 설계도의 주요 부분은 개별 서비스 순간과 개별 터치포인트에 대해 다양하게 만들어진 아이디어들을 담고 있을 것이다. 개별 서비스 순간들은 그림 7.12에서 보듯이 관련된 컨셉들을 함께 담고 있다. 그림 7.12의 스케치에서는 체크아웃 키오스크에 대한 아이디어나 주변의 도서관 정보에 대한 북마크 등이 담겨 있다.

각 순간별로 스케치나 사진, 단일 스토리보드 프레임과 비슷한 렌더링 등이 준비돼 있다면 더없이 좋을 것이다.

각 서비스 순간별로 서비스 설계도는 어떤 서비스 요소가 영향을 끼치는지를 보여줄 수 있어야 한다(환경, 오브젝트, 프로세스, 연관된 사람들). 특히 디자이너는 낮은 비용으로 높은 가치를 만들어낼 수 있는 서비스 순간을 찾아내야 한다. 때로는 서비스에 작고 값싼 변화를 추가함으로써 사용자에게 쉽사리 높은 가치를 제공할 수도 있다. 일례로 몇몇 항공사들은 승객이 비행기에 타자마자 음료수를 마시고 싶어한다는 사실을 발견했다. 그러나 승객들이 아직 탑승 중이거나 통로에 서 있으므로 승무원이 바로바로 음료수를 제공할 수 없었다. 그 해법으로, 비행기 앞쪽에 물병들이 든 쿨러를 놓아 승객들이 목이 마르다면 비행기에 탑승하면서 물을 집어갈 수 있게 했다. 저비용 고효율의 해결책이다.

서비스 고리

서비스 설계도의 두 번째 요소는 서비스 고리service string다. 서비스 고리는 문서와 비주얼 등으로 이뤄진 스토리보드 형태로 해당 서비스에 대한 굵직한 아이디어들을 보여준다. 디자이너는 서비스의 다양한 단계에서 일어나는 이벤트를 한 줄로 이어진 시나리오나 서로 엮인 고리의 형태로 배열해 서비스 고리를 만든다.

서비스 고리는 서비스의 경로가 어떠할지를 생생하게 보여줘 새로운 서비스의 큰 그림을 이해할 수 있게 해 준다. 이를 보면 어떻게 고객들이 주문하고, 지불하고, 서비스를 받을지, 그리고 어떻게 종업원들이 서비스를 제공할지를 알 수 있다. 앞에서 예로 들었던 세차 서비스에서는 고객이 보게 될 새로운 간판, 세차권을 구입하는 기계, 특별 세차 서비스, 차를 말려 주는 종업원, 그리고 세차 후 이용하는 실내 진공청소기를 하나의 시나리오로 보여줄 것이다.

컨트롤

최근의 인터랙션 디자이너들이 작업하는 대부분의 애플리케이션과 디바이스는 어느 정도 시각적인 컨트롤을 통해 제품 기능을 사용할 수 있다. 스테레오에서 볼륨을 조절하기 위해서는 다이얼이나 특정 음역을 지정할 수 있는 슬라이더가 쓰인다(가장 큰 예외는 음성과 제스쳐 컨트롤인데, 이에 대해서는 이 장의 후반부에서 설명하겠다). **컨트롤**은 해당 제품이 어떤 기능을 지니는지를 설명하기 위한 어포던스와 이 기능을 구현하기 위한 파워를 갖고 있다.

여기서는 인터랙션 디자이너가 사용하는 기본적인 컨트롤에 대해 설명하겠다. 여기 설명된 대부분의 컨트롤은 고유의 표준 피드백 메커니즘을 갖고 있으므로(예를 들어 스위치를 움직이면 새로운 위치에 고정돼 있다는 등) 이런 부분에도 주의를 기울여야 한다.

- **스위치** 토글 스위치는 아주 간단한 컨트롤이다. 스위치는 '켜기on'와 '끄기off'라는 두 가지 상태로 동작하며 바꾸기 전에는 그 상태를 유지한다.

- **버튼** 버튼은 인터랙션 디자이너의 제일 좋은 친구다. 관심 있게 들여다보면 버튼은 모든 인터페이스에서 어디에서나 사용되고 있음을 발견하게 될 것이다. 마이크로소프트 워드 프로그램 하나만 해도 상시 30여 개의 버튼이 눈에 띈다. 스마트폰에는 통화용 숫자 버튼 외에도

글자 입력 키보드를 합쳐 버튼은 40여 개에 이른다. 버튼은 기본적으로 누르거나 클릭해서 동작하는 도구를 말한다. 버튼은 눌린 채로 멈춰 있을 수도 있고(토글 버튼) 이를 다시 돌리려면 한 번 더 누를 필요가 있다(대부분의 on/off 버튼). 혹은 자동으로 제자리로 돌아오기도 한다(키보드의 키가 이에 해당한다). 버튼은 모드를 바꾸는 것에서부터(글쓰기 모드에서 그림 모드로) 아이템이나 커서를 화살표 버튼으로 움직이는 식으로도 사용된다. 버튼은 작은 아이콘으로부터 바닥에서 진짜로 밟을 수 있는 커다란 사각형 블록의 형태일 수도 있다. 어쨌든 버튼은 오로지 간단한 동작에만 효율적이다.

- **라디오 버튼** 라디오 버튼은 사용자들이 한 세트로 된 여러 개의 아이템 중 하나를 선택하게 한다. 일반적으로 이는 딱 하나의 답만 유효한 제한된 선택지에서 사용된다(당신의 머리색깔은? 검정/갈색/금색/붉은색).

- **다이얼** 다이얼은 연속적인 수치 중 한 지점을 선택한다거나(가스 스토브의 불

조절) 다양한 세팅이나 모드 중 하나를 선택하는 (디지털 카메라에 달린 사진찍기 모드와 사진보기 모드 선택 다이얼) 등 버튼보다 더 복잡한 컨트롤을 제공한다. 다이얼의 휠을 움직여서 원하는 지점을 자유롭게 선택하거나, 아니면 단순히 정해진 지점에서 다른 정해진 지점을 선택할 수도 있

다. 또한 세탁기의 어떤 모델들은 다이얼 자체를 눌러서 '작동/정지' 같은 행동을 하게 만든 경우도 있는데, (누르거나 당겼을 때) 다이얼의 위치에 따라 다양한 동작을 수행하기도 한다.

- **잠금장치** 잠금장치는 평소에는 꽉 잠가뒀던 곳을 열 때 사용한다. 꼭 필요할 때가 아니면 안전하게 숨겨둬야 할 필요가 있는 공간에 사용하면 효과적이다. 그냥 쉽게 누르기만 하면 되는 버튼이나 드롭다운 메뉴로 작동되는 것이 좋지 않은 경우가 있다. 예를 들어 모바일 기기에서 배터리를 안전하게 고정시키는 데 많이 사용한다.

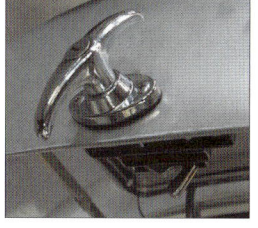

- **슬라이더** 슬라이더는 다이얼처럼 미세한 조작에 쓰이는데, 스피커 볼륨이나 데이터양 등을 표시하는 데 많이 사용된다. 예를 들어 인터랙티브 지도에서 표시되는 집의 숫자를 보여준다든가 하는 식이다. 슬라이더 내에서 범위를 지정하는 데 여러 개의 핸들이 사용되기도 한다.

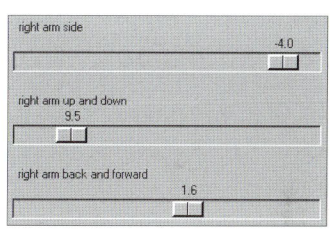

- **핸들** 핸들은 오브젝트를 조작(혹은 크기 조절)하도록 튀어나온 부분을 말한다. 대부분 디지털 윈도우의 프레임에는 화면 상에서 창을 이동하거나 크기를 바꾸기 위한 핸들이 달려 있다.

물리적인 컨트롤

일반적인 컨트롤 중에는 현실에만 존재하고 화면 속에는 (물론 화면 안의 그림을 조작할 수는 있겠지만) 존재하지 않는 것들도 있다.

- **조그 다이얼** 조그 다이얼jog dial이란 한 손으로 조작할 수 있는, 일반적으로는 엄지손가락으로 돌리는 형태로서 다이얼처럼 생긴 컨트롤을 말한다. 다이얼과 비슷한 형태일 수도 있고 패드나 버튼 형태를 띤 것도 있는데, 주로 소형 기기에서 커서를 움직이거나 메뉴를 이동하는 데 사용한다. 조그 다이얼은 어린아이나 나이 든 사람이 사용하기에는 조금 어렵다.

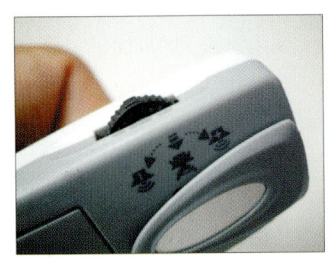

- **조이스틱** 조이스틱은 물리적 장치 혹은 디지털 오브젝트를 원격에서 조작할 때 쓰이는데, 주로 빠른 동작과 집중적인 조작이 필요한 디지털 게임기나 기타 애플리케이션에서 사용된다. 조이스틱은 모든 방향으로 움직일 수 있는 것도 있고 상하, 혹은 좌우로만 움직이게 제한된 것도 있다.

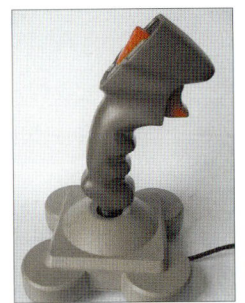

- **트랙볼** 트랙볼은 커서 등 물리적 장치 혹은 디지털 오브젝트를 조작하는 데 사용하는 물리적 디바이스다. 트랙볼은 일반적으로 한 곳에 고정돼 있지만 볼 자체는 모든 방향으로 움직일 수 있다. 컴퓨터의 마우스 안에는 트랙볼과 버튼이 함께 달려 있다.

- **5방향 버튼** 5방향 버튼이란 버튼과 커서의 조합을 말한다. 일반적으로는 네 개의 방향을 표시하는 (위/아래/왼쪽/오른쪽) 스크린 커서와 내비게이션 된 항목을 선택하는 중앙의 버튼으로 구성된다.

프레임워크와 컨트롤: 빌 드로쉬 인터뷰

빌 드로쉬(Bill DeRouchey)는 지바 디자인의 선임 인터랙션 디자이너다. 빌은 지난 15년간 작가, 정보 아키텍트, 제품 매니저, 코더, 그리고 인터랙션 디자이너로 일했다. 그는 휴대용 무선 라디오, 의료 기기로부터 커뮤니티 웹사이트, 상호작용하는 공간, 그리고 제품 아키텍처에 이르는 넓은 범위의 제품들을 작업해왔다.

▶ **디자인을 위해서 구조나 프레임워크를 고를 때에 무엇을 기준으로 하시나요?**

많은 경우 업무 범위는 주로 클라이언트가 제공하는 물리적 제약으로부터 결정됩니다. 많은 클라이언트는 디자인 작업 이전에 이미 생산을 위해서 선택된 특정한 재료들을 갖고 있기 마련입니다. 그러니 이걸 받아들여서 일해야지요. 화면 비율이나 화면 해상도 같은 것이 가장 일반적인 예입니다. 만약 160x128 픽셀이라는 작업 제한이 주어지면 이것이 전체 구조를 결정하는 데에 큰 영향을 끼치게 되지요.

이 외에도 제 디자인은 연상의 패턴을 따르는 경향이 있습니다. 새로운 의료용 화면이라면 의료 관계자들이 이런 제품들에 대해 기대하는 방식으로 행동해야지요. 새로운 위성 라디오라면 '라디오'라는 제품에 대해 사람들이 갖는 연상의 퀄리티를 반영할 필요가 있고, 그렇게 하면 사람들이 이 기기를 접할 때의 기본 행동 방식을 갖게 됩니다. 이는 사람들이 자기 앞에 놓인 새로운 제품과 어떻게 인터랙션할지를 이해하기 위한 이른 출발점을 제공합니다. 이것은 새 기기를 사람들의 일상에 가능한 끊김없이 더 잘 들어맞게 해줍니다.

▶ **버튼의 역사에 대한 많은 글을 쓰셨는데, 버튼이 왜 그렇게 중요한가요?**

인터랙션 디자인은 요즘같이 한 분야로 이름을 갖기 오래 전부터 존재해왔습니다. 공업 디자이너들은 자신들의 제품에 손잡이, 스위치, 버튼을 넣고 사용자들이 이를 어떻게 사용할지 정의했지요. 그러니 이런 제품들은 컴퓨터가 우리의 일상으로 들어오기 전부터 사람들과 상호작용한 긴 역사를 갖고 있습니다. 이런 초기의 제품들이 우리가 제품과 어떤 상호작용을 할지에 대한 기대를 형성했지요.

그렇기 때문에 버튼이 흥미로운 것입니다. 생각해보면 오늘날의 인터랙션 디자이너들의 주요한 걱정 중 하나는 어떻게 우리가 제품과 상호작용할지에 대한 것인데, 이전에는 문제가 오히려 왜 제품과 상호작용을 하는가에 대한 것이었거든요. 사치품 가구들의 편리함, 사치스러움, 효율성과 비전이 사람들에게 믹서, 세탁기, 라디오 등을 구매하도록 부추겼습니다. 그리고 이 모든 열망은 마음 속에서 버튼을 누르는 손가락이라는 이미지로 형상화됐죠. "버튼을 누른다"는 말 자체가 쉽고, 누구나 쓸 수 있는 제품을 의미했습니다. 이 간단한 사용자 인터페이스 위젯에 포함된 많은 사회적 의미들이 제가 이 이야기를 좋아하는 이유입니다.

▶ **인터랙션 디자이너가 컨트롤에 대해서 알아야 할 건 무엇일까요?**

물리적 컨트롤은 각각의 컨트롤과 연관된 오랜 역사와 강한 메타포를 가집니다. 손잡이와 슬라이더는 일반적으로 특정 범위 안에서 변동가능한 것을 의미했지요. 소리의 볼륨이나 온도 조절 등이 그것입니다. 버튼과 스위치는 전통적으로 특정한 결정을 내리는 것을 의미합니다. 불을 켜거나, 전자레인지를 동작시키거나 하는 것이지요. 컨트롤은 일반적으로 한 가지 동작만 합니다.

그렇기 때문에 컨트롤 안에 배치돼야 하는 각종 기능들이 컨트롤이 차지하는 공간, 크기, 가격의 제한 안에서 어떻게 적절한 중요도를 갖고 존재해야 하는지가 커다란 제약사항입니다. 베이스 음을 조절하는 게 자주 벌어지는 일인가? 아니면 특정 요소들을 다른 컨트롤로 분리할 것인가? 다른 디자인들이 그렇듯이 이것은 요소들 간의 우선도를 결정하는 섬세한 묘기이고, 이를 찾기 위한 가장 좋은 방법은 다른 사람에게 프로토타입을 보여주는 것입니다.

▶ **컨트롤을 배치할 때 기억해야 할 가장 중요한 점은 무엇인가요?**

컨트롤을 배치하는 일은 계층, 구획, 중요도에 대한 훌륭한 직관이 필요합니다. 컨트롤 패널은 일반적으로 짜인 작업 목표와 그 안에 가장 중요한 하나의 작업에 집중하게 됩니다. 에어컨이라면 온도를 바꾸는 기능이 스케줄을 바꾸는 기능보다 더 중요하지요. 라디오라면 볼륨 조절이 가장 중요한 기능입니다. 사람들에게 있어서 무엇이 가장 중요한 한 가지 일일지가 분명해야 합니다. 최우선 작업을 정하세요.

이런 컨트롤을 디사인할 때 하기 쉬운 흔한 실수가 모양새를 맞추는 데 과도하게 신경을 쓰는 것입니다. 12개의 다른 버튼들이 똑같은 색깔과 모양을 갖고 한줄로 줄지어 있으면 멋져 보이겠지요. 그런데 이렇게 하면 어느 컨트롤이 뭘 하는지 한눈에 들어오지를 않습니다. 이런 상황에서는 라벨을 잘 붙이는 게 중요해지니 다른 고민이 생기지요.

디지털 컨트롤

대부분 컨트롤이 물리적인 아날로그 세계와 디지털 세계 양쪽에 존재하는 데 반해 화면 속에서만 존재하는 컨트롤도 있다. 이런 디지털 컨트롤은 제록스 파크PARC 연구소가 1970년에 고안한 오리지널 그래픽 유저 인터페이스GUI에서 사용된 용어들로부터 발전해왔다. 이들은 1980년대의 매킨토시와 PC 운영체제들을 통해 재발견됐으며 1990년대의 웹 규약에 이르러 더욱 추가되고 확장됐다.

- **체크박스** 체크박스는 사용자가 짧은 목록에서 원하는 것을 고를 수 있다.

  보기: ☑ 동영상(M)   ☐ 응용 프로그램(A)
  ☑ TV 프로그램(T)   ☑ 라디오(R)
  ☑ Podcast(P)   ☑ 파티 셔플(Y)
  ☐ 오디오북(B)   ☐ 벨소리(E)
  ☑ Genius(G)

- **트위스트** 트위스트는 열거나 닫을 때마다 패널 안에 들어 있는 메뉴나 내용을 보이거나 감춘다.

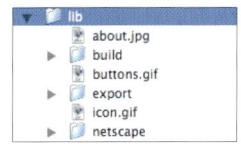

- **스크롤 바** 스크롤 바는 사용자가 특정한 창이나 패널 안의 내용을 움직인다. 스크롤 바는 가로와 세로 양 방향으로 만들어질 수 있다. 이들은 커서나 버튼으로 조작할 수도 있다(화살표 버튼을 쓴다든가).

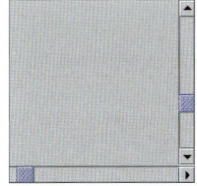

- **드롭다운 메뉴** 드롭다운 메뉴는 디자이너가 한 번에 다 보여주는 게 불가능한 내비게이션, 기능, 내용들을 제어할 수 있다. 드롭다운 메뉴는 커서를 위에 갖다댔을 때 롤오버 되거나 클릭을 해서 연다. 또한 드롭다운 목록 내에서 메뉴 하나를 선택하거나 커서를 이 범위 바깥으로 치웠을 때 숨겨지게(롤아웃) 할 수도 있다.

- **다중 선택 리스트**(리스트 박스) 다중 선택 리스트는 목록에서 복수의 아이템을 고를 수 있다.

- **입력창** 입력창은 사용자가 숫자나 글자, 심볼을 쳐넣을 수 있는 공간이다. 몇 글자만 들어가도록 제한된 경우도 있고 화면 전체를 차지하기도 한다.

- **스핀박스** 스핀박스는 입력창에 사용자가 따로 숫자를 쳐넣지 않아도 값을 조절할 수 있는 기능을 조합한 것 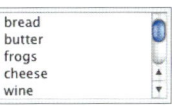 이다. 빈 입력창만 표시하기에는 좀 불분명한 부분에 대해 기본값을 제시할 때 유용하다.

하나나 여러 개의 컨트롤에 시스템의 반응을 포함시킨 것을 일러 위젯widget이라고 한다. 위젯은 모든 기기와 애플리케이션에 필요한 요소 중 하나다. MP3 플레이어를 예로 들면 음량 조절, 음악 파일 목록 재생, 파일 관리, 파일 내보내기 등의 다양한 위젯의 조합으로 만들어져 있다. 각 경우에 사용자는 특정 동작을 지시하는 데 컨트롤을 사용하며 여기에 시스템이 반응한다. 모든 기기와 애플리케이션은 위젯으로 이뤄진다.

비전통적 입력 방식

우리는 이제 디지털 세계, 혹은 디지털 세계와 소통하기 위해서 화면이 유일하거나 최소한 중심적인 방식이 아닐 수도 있는 시대를 맞이했다. 유비쿼터스 컴퓨팅 환경 시대(9장 참조)가 가까운 미래에 도래하면 사람들은 집 전체에서 자전거에 이르기까지 마이크로프로세서와 센서를 내부에 갖춘 다양한 종류의 오브젝트들과 관련을 맺게 될 것이다.

이런 인터페이스들을 컨트롤하는 것은 사람의 신체다. 음성으로, 동작으로, 혹은 특정한 곳에 있는 것만으로 이들을 컨트롤하게 된다.

목소리

음성으로 동작하는 인터페이스는 벌써 십여년 전부터 대중화됐다. 현재 음성 조작 인터페이스는 (자연스럽게도) 전화 시스템과 휴대폰에서 가장 많이 사용된다. 예를 들어 사용자는 은행에 전화해서 흘러나오는 음성의 지시에 따라 거래를 하거나 전화기의 버튼을 누르게 된다. 이런 음성 지시는 한정된 기능을 수행하고 이를 위한 기기는 음성 지시를 받도록 준비돼 있어야 하는데, 일반적으로는 해당 기기가 (자동연결 전화시스템과 음성인식 기기처럼, 그림 7.13 참조) 음성 외의 다른 인식기능은 없거나 음성인식 통화연결 기능이 들어 있는 휴대폰처럼 음성으로 컨트롤되는 인터페이스를 미리 갖추고 있다.

그림 7.13 나는 프라페를 만들기 위해 소리를 질러 켈리 돕슨이 만든 음성 인식 믹서기인 '블렌디'를 작동시켰다. (케리 보딘 제공)

동작

대부분 컴퓨터와 디바이스를 다루기 위해 사람들은 두 가지를 사용한다. 눈과 손이다. 인체의 다른 부분은 무시된다. 그러나 최근에는 사람 신체의 다양한 동작에 더 많이 반응하도록 위치 추적 시스템GPS 센서나 동작 센서들이 장착된 기기가 많이 등장하고 있고 이들은 점점 동작 등 사람 신체의 다양한 움직임에 반응하고 있다. 닌텐도의 위Wii나 아이폰은 내부에 가속도 센서를 갖추고 있어 공간 안에서 해당 기기의 움직임에 반응하게 하는 새로운 방식을 선보였다. 그림 7.14를 보라.

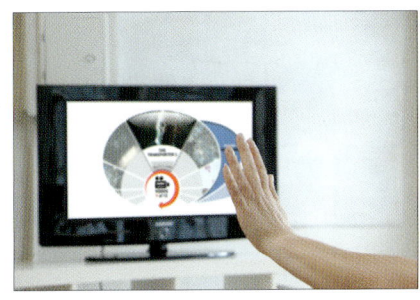

그림 7.14 이 동작 인식 엔터테인먼트 기기는 텔레비전을 작동시키기 위한 공간 내에서의 동작을 인식하기 위해서 카네스타의 카메라를 사용한다. (카네스타 & 키커 스튜디오 제공)

디자이너들은 동작 인터페이스와 관련된 몇 가지 주제에 대해서 알아둘 필요가 있다.

- **생리학과 신체 운동학** 디자이너는 인간의 신체가 어떻게 움직이고 이 움직임의 한계가 무엇인지에 대해서 알고 있어야 한다. 예를 들어 팔을 몸 앞으로 내밀고 특정 동작을 취하는 것은 상당히 힘들다(이 상태는 '고릴라 암arm' 이라는 용어로 잘 알려져 있다).

- **존재와 지시** 아무런 시각적인 인터페이스가 없다면, 예를 들어 공공 화장실에 설치돼 있는 자동 휴지 인출기 같은 경우, 거기에 동작 인식 기능이 붙어 있으며 그걸 쓰기 위해서는 어떻게 해야 하는지 사람들에게 설명해야 할 필요가 있다.
- **입력 오류 false positive 피하기** 사람들은 끊임없이 움직이면서 다양한 동작을 만들어내기 때문에 의도적인 동작을 설계하고 이를 구분해내는 것은 큰 도전과제다.
- **동작과 작업을 연결하기** 표준적인 컨트롤이 없으므로, 특정 작업을 수행하기 위한 가장 나은 동작이 무엇인지 찾아내는 것이 중요하다. 간단한 동작은 간단한 작업과 연관돼야 한다.

존재

그저 사람의 존재 그 자체에 반응하는 시스템도 있다. 많은 인터랙티브 게임과 설치 예술, 예를 들어 다니엘 로진의 '나무 거울(그림 7.15)' 등은 자신들의 센서에 가까이 온 사람에게 반응한다.

그림 7.15 '나무 거울'은 작품 안에 있는 존재를 카메라를 통해 감지한 후 프레임 안에 들어 있는 나무 블록들을 움직여서 형태를 만들어낸다. (다니엘 로진 제공)

이렇게 사람의 존재를 감지해서 작동하는 시스템에 대해서는 많은 디자인 결정이 필요하다. 센서와 환경 컨트롤이 달린 방이 있다고 상상해보자. 사람이 방으로 들어오면 시스템이 자동으로 그것을 감지해서 불을 켜고 실내 온도를 맞춘다면 어떨까? 그냥 지나가는 사람일 경우에 대비해서 몇 초간 멈춘다면?

게다가 사용자들이 자신의 존재를 알리고 싶어하지 않는 경우도 있을 수 있다. 사람들에게는 방범의 목적으로부터 그저 프라이버시에 이르기까지 자신들의 행동과 위치가 알려지는 것이 달갑지 않을 많은 이유가 있다. 디자이너는 어떤 경우 사용자가 시스템의 눈에 띄지 않게 할지를 결정해야 한다.

요약

디자인 컨셉을 다듬는 작업은 컨셉이 어떻게 진행될 것이며 이것이 주어진 제한 안에서 가능한지에 대해 더 똑똑하고 의도적인 결정을 내리는 일이다. 이는 (디자인 컨셉 다듬기는) 알려진 인터랙션 디자인의 법칙들을 가이드 삼아 디자인적 선택을 하는 작업이자, 올바른 어포던스와 피드백을 통해 사용자들이 올바른 심성 모델을 만들어낼 수 있게 함으로써 그들이 제품을 적절하게 쓰게끔 유도하는 작업이다.

물론 이 단계에서 이것들은 그저 문서일 뿐이다. 이 문서들은 살아 있거나 숨을 쉬지 않고 이것을 통해서 진짜로 상호작용할 수도 없다. 이를 위해서 프로토타입이 필요하다. 다음 장에서는 이에 대해서 다뤄본다.

더 읽을거리

- 『퍼소나로 완성하는 인터랙션 디자인 About Face 3』앨런 쿠퍼, 로버트 라이만, 데이비드 크로닌 지음, 김나영, 고태영, 유지선 옮김, 에이콘출판사(2010)
- 『The Design of Everyday things』Donald A. Norman, Basic Books(2002)
- 『Designing for the Digital Age: How to Create Human-centered Product and Services』Kim Goodwin, Wiley(2009)
- 『Designing Interfaces: 인터페이스 디자인 94가지 패턴』제니퍼 티드웰 지음, 김소영 옮김, 한빛미디어(2007)
- 『Designing Gestural Interface』Dan Saffer, O'Reilly(2009)

- 『리치 인터페이스 디자인: 웹 인터랙션의 75가지 패턴』빌 스콧, 테레사 닐 지

음, 윤지혜 외 옮김, 인사이트(2010)
- 『Mobile Interaction Design』 Matt Jones, Gary Marsden, Wiley(2006)
- 『UX 디자인 커뮤니케이션: 성공적인 UX 전략과 산출물을 위한 노하우』 댄 브라운 지음, NHN UX Lab 옮김, 위키북스(2008)
- 『명확하게 디자인하라: 개발자와 디자이너를 위한 웹 UX 디자인 원칙』 로버트 호크맨 주니어 지음, 강민구, 이석진 옮김, 영진닷컴(2011)
- 『웹사이트 구축을 위한 인포메이션 아키텍처』 루이스 로젠필드, 피터 모빌 지음, 남상신 옮김, 한빛미디어(2003)
- 『검색 2.0 발견의 진화』 피터 모빌 지음, yuna 옮김, 한빛미디어(2006)
- 『웹 컨텐츠 전략을 말하다: 온라인 미디어와 소셜 웹 시대에 대응하는』 크리스티나 할버슨 지음, inmD 옮김, 에이콘출판사(2010)

8장

프로토타입, 테스트, 개발

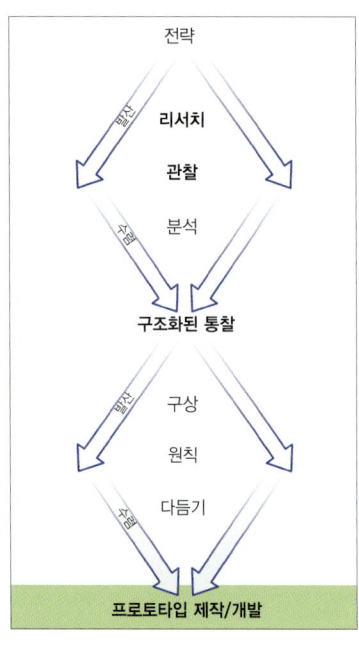

어느 정도 세부사항이 나왔으면 (그 전에라도) 프로토타입을 하고 제품을 개발할 때가 됐다. 디자인의 이 단계는 더이상 종이 문서로 작업하기 쉽지 않은 타이밍, 애니메이션, 동작, 인터랙션 등의 부분을 디자인하고 다듬게 된다.

프로토타입을 할 때에 신경써야 하는 가장 중요한 일 중 하나는 인터페이스 디자인이다.

인터페이스 디자인

사람은 인터페이스를 통해서만이 디지털 제품과 관련을 맺을 수 있다. 뇌–컴퓨터 인터페이스 분야에 큰 진보가 있긴 했지만 아직은 뇌에 케이블을 꽂아 디지털 기기의 마이크로프로세서에 직접 접속할 수 없다. 디지털 기기와 대화를 하려면 커뮤니케이션의 중개자인 인터페이스가 반드시 필요하다.

인터페이스 디자인이 인터랙션 디자인과 깊은 관련이 있기 때문에 혹자는 두 개가 같다고 혼동하곤 하는데, 이는 옳지 않다. 인터페이스 디자인은 인터랙션 디자인의 '경험된 표상'일 뿐이며 인터랙션 디자인 자체가 아니다. 인터페이스는 사람들이 보고 듣고 느끼는 부분만을 담당한다. 이는 아주 중요한 요소이기는 하지만 인터랙션 디자인의 한 부분일 뿐이다.

디지털 제품은 빙산과 비슷하다. 우리가 볼 수 있는 부분은 오직 빙산의 꼭대기인 인터페이스일 뿐이다. 수면 아래에 잠긴 보이지 않는 부분이야말로 인터랙션 디자인의 주요 부분이다. 디자이너가 만들어낸 디자인적 결정과 기술적인 뒷받침이 인터페이스에 생명을 불어넣는다. 인터랙션 디자이너는 인터페이스를 통해 해당 제품이 어떻게 사람과 연관을 맺고 어떻게 그 제품이 현실적으로 반응할지를 결정한다. 다른 말로 하면 인터페이스를 통해 제품의 보이지 않는 기능들이 시각적으로(일반적으로는 어포던스로, 7장 참조) 보이고 접근가능하며 사용된다.

과거에 제품의 형태는 기능과 밀접한 관련이 있었다. 망치는 딱 못을 박기에 가장 좋은 모양새로 생겼다. 그러나 디지털 기기에서 형태가 꼭 기능과 똑같이 생길 필요는 없다. 컴퓨터 화면 위의 오브젝트는 어떤 모양도 될 수 있고 아무 기능이나 수행할 수 있다. 예를 들어 웹페이지 중앙의 라벨 없는 버튼은 코끼리 모양일 수도 있고, 찻잔 모양일 수도 있으며, 음, 그냥 버튼 모양일 수도 있다. 그리고 이것을 클릭할 때 다른 웹페이지를 띄우거나, 애니메이션을 시작하거나, 음악을 틀거나, 브라우저 창을 닫든가, 기타 등등 어떤 일이든 벌어질 수 있다. 또한 제품의 물리적 형태는 이 제품이 할 수 있는 행동과는 아무 관련이 없어졌다. 둥근 구체 하나가 TV를 컨트롤하는 것부터 주식시세가 떨어졌음을 알리는 것까지 아무 일이나 할 수 있다. 디지털 기기로 일하면서 인터랙션 디자이너들은 훨씬 많은 유동성과 모호함을 상대하게 됐다.

인터랙션 디자이너가 인터페이스를 디자인할 때에 가장 신경쓰는 것은 일반적으로 레이아웃과 컨트롤의 배치, 그리고 내비게이션이다. 하드웨어/소프트웨어 제품을 디자인할 때에 기능적 지도(7장 참조)가 어떤 컨트롤이 어디에 와야 할지 결정하는 것을 도와줄 것이다.

디자이너들은 화면 위에서 사용자가 어디를 봐야 할지에 대한 힌트를 제공해야 한다. 색상은 사용자의 눈길을 잡아끌고 폰트의 대비(크기, 굵기 등)도 같은 역할을 한다. 선과 박스는 오브젝트를 하나로 묶는 역할을 하지만 때로는 사용자들이 선과 박스에 집중하느라 오브젝트를 제대로 보지 못하게 할 수도 있다. 이럴 때에는 차라리 여백을 사용해보라.

서구 사회에서 눈은 일반적으로 왼쪽에서 오른쪽으로, 위에서 아래로 움직이므로 디자이너들은 이 흐름을 인지하고 여기에 맞춰 디자인해야 한다. 사용자들의 눈이 화면 전체를 여기저기 옮겨 다니게 하는 것은 좋지 않다.

게슈탈트의 시지각 이론을 빌면 사람의 뇌는 서로 가까이 붙어 있는 오브젝트 간에 연관이 있다고 가정한다. 이는 디자이너들이 서로 연관된 오브젝트를 배치시킬 때에 도움이 된다. 예를 들어 '글 올리기' 버튼이 텍스트 박스와 붙어 있으면 이 둘을 연관짓기가 쉬울 것이다. 그러나 서로 관련없는 두 개의 요소가 가까이 있으면 기능적으로 헷갈릴 수 있으므로 주의해야 한다.

오브젝트의 위치와 정렬 또한 중요하다. 함께 정렬된 오브젝트들은 서로 연관 있어 보이며, 이들이 깔끔하게 보이려면 수평적으로든 수직적으로든 줄이 맞아야 한다. 하나의 오브젝트 아래에 들여쓰기 식으로 배치된 오브젝트는 서로 종속관계에 있다고 생각되며, 화면 위쪽에 위치한 오브젝트는 아래쪽에 위치한 오브젝트에 비해 상대적으로 중요하게 여겨진다.

디자이너는 항상 '실눈 테스트'를 해 비주얼 인터페이스를 점검하는 것이 좋다. 눈을 가늘게 뜨고 화면을 바라보면 디테일들이 흐릿해지면서 화면 상에서 어떤 아이템이 더 잘 보이는지를 인식할 수 있다. 이를 통해 많은 경우 부차적이거나 그리 중요하지 않은 아이템이 생각보다 비중 있게 디자인돼 있음을 깨닫고 놀라곤 한다. 실눈 테스트는 레이아웃이 적절한지 확인하는 데에 도움이 된다.

인터랙션 디자인: 루크 로블스키 인터뷰

루크 로블스키(Luke Wroblewski)는 인터랙션 디자이너, 전략가이자 『Site-Seeing: A Visual Approach to Web Usability (사이트싱: 웹 사용성에 대한 시각적 접근)』과 『웹 폼 디자인』[1] 의 저자이며 현재는 야후 사의 제품 구상&디자인 부서의 선임 디렉터다.

▶ **시각 디자인이 인터랙션 디자인에 어떻게 도움(혹은 방해)이 되나요?**
거의 모든 애플리케이션에서 청각적 힌트는 절제될 필요가 있고, 설명문은 거의 읽히지도 않습니다. 그 결과, 인터랙션의 가능성, 제약, 상태 등을 사용자에게 알려야 할 책임을 시각 디자인이 모

---
1 『웹 폼 디자인』 루크 로블스키 지음, 민은식 옮김, 인사이트(2009) - 옮긴이

두 떠안게 됐습니다." 시각 디자인이 사용자들에게 뭘 보아야 할지, 어떻게 작동시킬지, 왜 그래야 하는지를 설명합니다.

지원하고자 하는 인터랙션에 대한 이해 없이 시각적 요소들을 적용할 경우 사용자들에게 잘못된 메시지가 전달될 수 있습니다. 시각적 스타일은 중요한 인터랙션 옵션, 경계, 상태 메시지들을 혼란스럽거나 흐리게 만들어서 사용자 경험에 심각하게 부정적인 영향을 끼칠 수 있습니다.

시각 디자인을 인터랙션 디자인과 정보 아키텍처의 '전달자'로 생각해봅시다. 이를 통해서 애플리케이션에 존재하는 컨텐츠와 작동 방식의 중요성(과 연결성)을 알 수 있습니다.

▶ **인터랙션 디자이너가 시각 디자인에 대해 알아야 할 것은 어떤 것이 있을까요?**

시각 디자인은 두 가지 요소로 짜여 있습니다. 하나는 시각적 구성이고 또 하나는 개성입니다. 시각적 구성은 시각적 서사를 생성하기 위해 지각 원리(우리는 우리가 본 것을 어떻게 이해하는가)를 활용합니다. (예를 들어) 대비효과를 응용하면 과업을 완수하기 위해 필요한 단계, 정보 사이의 관계, 인터페이스 요소들 사이의 위계 등을 표현할 수 있습니다. 그러므로 시각적 구조화야말로 성공적인 인터페이스 디자인에서 가장 중요한 요소입니다.

불행히도 시각 디자인의 효과에 대한 담론들은 시각 체계에는 거의 초점이 맞춰져 있지 않고 대신 주관적인 인터페이스의 개성(모양새) 평가에만 한정돼 있습니다. 개성은 사용자들에게 특정한 메시지를 전달하기 위해서 색상, 폰트, 패턴, 이미지, 그 외의 시각적 요소들을 잘 배치해서 생겨납니다. 그러나 모든 사람들에게 색상이나 폰트에 대한 개인 선호도가 있다 보니 시각 디자인을 평가할 때 그것에 먼저 주의를 기울이곤 합니다.

저는 인터랙션 디자이너에게 시각 구조 아래에 숨어 있는 법칙들을 배우는 데 시간을 들이라고 조언하겠습니다. 이를 통해 같이 일하는 시각 디자이너와, 그리고 무엇보다 해당 제품의 사용자들과 더 원활한 커뮤니케이션을 할 수 있습니다.

▶ **신참 인터페이스 디자이너들이 자주 하는 인터페이스 실패 사례는 어떤 것이 있을까요?**

제가 보는 가장 흔한 디자인 실패 사례는 시각적 대비를 과도하게 사용하는 경우입니다. 예를 들어 디자이너라면 당연히 화면 안의 모든 것이 눈에 잘 띄기를 바라니까 개별 요소들이 눈에 잘 띄도록 시각적으로 비슷한 무게를 부여하고 싶어집니다. 화면 안의 모든 요소가 눈에 잘 띄려고 소리를 빽빽 질러대면 정작 아무것도 알아볼 수 없게 되는 문제가 생깁니다. 사용자가 눈길을 어디 줘야 할지 갈팡질팡하게 하는 이런 디자인은 딱 보면 알 수 있습니다. 디자인 요소 간에 질서가 없다 보니 화면 상의 컨텐츠와 액션 사이에 플로우도 존재하지 않게 됩니다.

이와 유사한 예로 다양한 시각적 관계를 가진 개별 인터페이스 요소 간의 차이점을 과도하게 강조하는 경우가 있습니다. 매번 다른 폰트, 크기, 색깔, 정렬을 쓰는 것이지요. 단지 잘 알아보게 하기 위해서나 오브젝트들을 눈에 잘 띄게 하려고 시각적 대비를 너무 과도하게 쓸 필요는 없습니다. '불필요한 것들을 다 없애고 나면 필요한 것이 보이기 시작한다'는 점을 명심합시다. 그리고 요소 간 사실상의 차이점을 최소로 하는 것을 목표로 해야 합니다.

▶ 개성에 대해서 이야기하신 적이 많은데, 본인의 디자인에 어떻게 시각적인 개성을 부여하시나요?

디자이너가 신경을 쓰건 안 쓰건 간에 사람들은 제품의 외관과 작동을 통해 제품의 개성을 규정할 것입니다. 그러므로 시각적 디자인을 통해 (혹은 시각적 디자인의 부재를 통해) 자신이 웹사이트에 어떠한 개성을 부여하는지를 인식하는 것, 그리고 부여된 개성이 자신이 의도한 바를 올바로 드러내는지 확실히 하는 것이 가장 중요합니다.

다행히도 애플리케이션에 적절한 개성을 부여하는 데 사용할 수 있는 엄청나게 많은 양의 시각적인 선택지들이 존재합니다. 수백만 종의 색상, 수천 개에 이르는 폰트, 셀 수 없을 만큼 많은 패턴과 이미지들이 눈앞에 널려져 있습니다. 이들을 목적에 맞게 적절히 조합만 하면 됩니다. 소비자와 커뮤니케이션하기 위해 무엇을 하고 싶고 어떻게 할지를 고민합시다. 그러고 나서 적절한 메시지를 전달할 시각적 요소들을 배치하면 됩니다. 찾아보면 얼마나 많은 것을 발견할 수 있을지 놀라게 될 겁니다.

음향 효과

음향 효과는 인터랙션 디자인에서 지나치게 많이 사용되거나 지나치게 적게 사용되는 요소다. 많은 사용자들이 어느 웹사이트에서 갑자기 큰 소리가 터져 나와서 황급히 소리를 줄여야 했던 경험을 한 적이 있을 것이다. 그러나 음향 효과는 잘만 쓰인다면 전체 인터페이스를 적절히 개선시킬 수 있다.

소리는 사용자들이 애플리케이션을 지속적으로 쳐다볼 수 없는 상태에서 어떤 일이 벌어지고 있음을 알려주는 잔잔한 신호로 사용될 수 있다. 소리를 이렇게 사용하면 사용자가 다른 일을 하고 있을 때 상태가 자주 바뀌는 애플리케이션에서 특히 효과적이다. 짧은 '딩' 소리가 이메일이 도착했음을 알려준다. 문이 열리는 소리가 인스턴트 메신저 클라이언트에 친구가 접속했음을 알려준다. 전화기 벨소리가 텍스트 메시지가 도착했다는 신호를 보낸다. 이들 모두 아주 유용한 음향 신호들이다.

어떻게 그 소리가 시간이 지나면 짜증을 유발할지를 사전에 알아낼 수 있을까? 녹음하라. 녹음해서 다른 사람들에게 들려주고 어떻게 생각하는지 물어보라. 자주 들어보고, 애플리케이션을 자주 사용하면서 이 소리가 거슬리는지 스스로 느껴보자. 만약 스스로에게 소리가 거슬린다면 다른 사람들도 당연히 그럴 것이다.

프로토타입

최종 제품을 제외하고는 프로토타입이 인터랙션 디자이너의 비전에 대한 최고의 설명이다. 프로토타입의 중요성은 아무리 크게 강조해도 지나치지 않다. 많은 디자이너들은 프로토타입이야말로 진짜 디자인작업이라고 생각하고, 그 전의 사전작업들을 그저 준비라고 생각하며, '디자인한다'는 것을 '프로토타입한다'라는 말과 같이 여긴다.

프로토타입은 모든 디자인의 조각들이 마침내 하나로 합쳐지는 황홀한 시간이다. 많은 사람들은 실제로 프로토타입을 만져보기 전에는 디자인을 이해하기 어려워한다. 모든 다른 모델과 다이어그램들처럼 프로토타입도 커뮤니케이션의 한 도구일 뿐이지만 프로토타입은 "제품이 바로 이렇게 생겼어"라는 메시지를 전달한다.

프로토타입의 형태는 디자이너가 가진 자원과 디자인돼야 할 제품·서비스의 형태에 따라 정해진다. 만약 디자이너에게 적당한 자원이 주어진다면 실제 제품이나 서비스와 거의 똑같이 작동하는 충실한 프로토타입을 만들어낼 수 있을 것이다. 예를 들어 많은 소매 체인점들은 실제 체험해볼 수 있는 프로토타입 상점들을 짓곤 한다.

프로토타입: 토드 자키 워플 인터뷰

토드 자키 워플(Todd Zaki Warfel)은 메시지퍼스트의 창립 멤버로서 이곳에서 디자인과 사용자, 기업 간 제품을 위한 리서치를 진행하고 있다. 지난 16년간의 업계 경험을 통해 토드는 15개 이상의 시장 최초의 제품들을 선보였다. 그는 실무자를 위한 프로토타입『프로토타이핑: UX 디자이너가 반드시 알아야 할 프로토타이핑 기법』의 저자다.

▶ 인터랙션 디자이너가 프로토타입을 해야만 하는 건 왜입니까? 그냥 컨셉에서 개발로 넘어가면 안되나요?

프로토타입은 디자인 컨셉을 갖고 일하기 위한 훌륭한 방법입니다. 와이어프레임과 포토샵으로 만들어낸 가상 화면에서는 상호작용을 표현할 방법이 없습니다. 다이내믹한 화면 전환에서 특히 이

부분이 문제가 되지요. 실제의 인터랙션을 보여주는 대신 그걸 설명으로 대체합니다. 프로토타입을 한다고 해놓고, 그림판 앞에서 여기서 벌어지는 화면 전환이 어떻게 생겼는지 허공에다가 손을 흔들면서 설명하고 있는 자신을 발견할 때가 많았어요. 그 후에 저는 차라리 종이를 몇 장 가져다가 그 위에 각 장면들의 그림을 그려서 이것들을 접거나 찢어서 어떤 인터랙션이 벌어질지를 설명하는 위한 간단한 프로토타입을 만드는 게 훨씬 편하다는 사실을 깨달았습니다.

만약 컨셉에서 프로토타입으로 바로 넘어간다면, 자신이 원하는 인터랙션을 엔지니어에게 설명할 때 번역 오류가 발생할 리스크를 안게 되지요. 엔지니어들은 보통 제일 저항이 적은 (다른 말로는 제일 짜기 쉬운) 방법을 선택하는 경향이 있고, 이렇게 만들어진 물건은 애초에 생각했던 인터랙션이랑은 다르게 마련이니까요.

자기 디자인대로 일할 수 있다는 것 외에 프로토타입의 가장 큰 장점이 뭐냐고요? 팀의 멤버들에게 비전을 정확히 설명할 수 있다는 점입니다. 사람들의 상상과 오역에 기대지 말고 확실하게 말하고 보여줄 수 있어야 합니다.

▶ **인터랙션 디자이너는 무엇을 프로토타입해야 하나요?**

모든 것을 프로토타입할 필요는 없습니다. 이건 프로토타입이고, 이 말의 정의 자체가 완성 안 된 물건이라는 뜻이에요.

전체 시스템을 모두 프로토타입하려는 함정에 빠지지 않는 것이 중요합니다. 저는 한 번에 집중할 수 있는 5, 6가지의 핵심 시나리오를 골라 냅니다. 저는 컨셉의 중요한 부분을 설명하기 위해서나 디자인에서 명쾌하게 설명되지 않은 부분이나 특별히 근사한 요소가 있는 트랜지션을 보이기 위해서, 혹은 사용자 경험에 주는 임팩트를 설명하기 위해서만 프로토타입을 만듭니다.

특별히 집중하려는 2개나 3개의 정말 확실한 컨셉이 있을 경우에는 2~3개의 다른 방식을 각각 프로토타입해서 그중에 어떤 것이 더 잘 동작하는지를 알기 위한 A/B 테스트를 진행합니다. 어떤 때는 일부러 프로토타입에 빈 곳을 놓아두어 테스트하는 사람들이 이 부분에 대한 디자인 아이디어를 도출하게 할 때도 있습니다. 사람들이 아직 덜 만들어진 부분에 손댈 때면 그들에게 "여기가 어떻게 움직이면 좋을 것 같아요?"라고 묻는 거죠.

▶ **프로토타입의 어려움은 무엇입니까?**

어떤 프로토타입을 만들 것이며 얼마나 깊이 들어갈지 결정하는 것이 어렵습니다. 이건 쓸데없이 많은 힘을 들이지 않고 딱 적당한 만큼의 일만 할 수 있도록 균형을 맞추는 기술이 필요해요.

가장 일반적인 실수는 적절한 기대치를 설정하지 않는 것입니다. 만약에 이해관계자의 기대치에 신경을 쓰지 않은 상태에서 프로토타입을 선보이면, 보통 프로토타입에서 다루지 않은 부분들에 대해서 변명하는 길고 힘든 시간으로 끝나게 마련입니다. 만약에 프로토타입을 설명하기 전에 프로토타입의 이번 버전은 장바구니의 끌어서 놓기 기능에만 초점을 맞췄고, 주소 입력 기능은 여기 포함되지 않았다고 이야기를 하고 시작한다면 사람들이 장바구니의 상호작용에 더 신경을 쓰고 입력창의 검사에는 크게 상관하지 않겠지요. 말하자면 요령있게 설명하는 기술이 필요해요.

▶ **인터랙션 디자이너가 만든 프로토타입은 얼마나 충실해야 할까요?**

딱 적당할 만큼이요. 이거 왠지 동문서답같이 들리지만, 프로토타입은 정말 대상자가 누구이고 디자이너가 프로토타입 하려는 의도가 무언지에 따라 크게 좌우됩니다. 만약에 다른 디자이너에게 보여주려고 프로토타입한다면 조금 거칠고 가벼운 프로토타입 쪽이 낫습니다. 만약에 CEO에게 보여주는 것이 목표라면 이것보다는 더 깔끔하게 정리돼 있어야겠지요.

초기부터 너무 정확히 잘 만들려고 노력하면, 대상자들이 적절한 피드백을 주지 않을 위험이 있습니다. 프로토타입이 너무 훌륭하게 만들어지면 CEO가 제품이 출시 준비가 끝났다고 생각하거나, 소비자는 디자인이 이미 확정됐다고 오해할 소지가 있습니다.

▶ **디자이너들이 어떻게 하면 프로토타입을 잘 할 수 있을까요?**

나이키 공책을 한 장 넘기고 바로 시작하세요(Just do it). 처음에는 저도 프로토타입을 만들려면 걱정을 많이 했었어요. 아마 너무 머리로 생각만 해서 그랬을 겁니다. 하지만 프로토타입을 진행할수록 점점 더 쉽게 할 수 있게 됐어요. 이제는 어떤 사람들이 만들기 불가능한 디자인이라고 생각하는 일을 마주할 때에도 (프로토타입을 통해) 어떻게든지 해결할 방법을 찾을 수 있을 거라는걸 알게 됐습니다.

프로토타입을 잘 하는 방법은 일단 시작하는 겁니다. 일단 한번 해보면, 결코 이전으로 돌아갈 수 없고, 곧 프로토타입 없이 어떻게 일을 할 수 있을지 상상도 할 수 없게 될 겁니다.

이상적으로, 디자이너들은 다양한 프로토타입을 제작하거나 최소한 다양한 방식으로 플레이하거나 테스트해볼 수 있는 프로토타입을 만들게 된다. 디자이너들은 프로토타입을 통해 디자이너와 클라이언트, 사용자들에게 제품이 어떻게 쓰이는지를 실험하고 관찰한다. 많은 경우 프로토타입 중 하나가 옳은 선택이라는 결론이 나온다. 그러나 또 많은 경우 테스트를 거치고 나면 개별 프로토타입의 특정 기능들이 각각 꽤 쓸만하다고 밝혀지면, 디자이너가 이전 프로토타입의 장점을 모아 새로운 프로토타입을 만들게 되기도 한다.

프로토타입은 가벼운Low-fidelity, 혹은 충실한High-fidelity 프로토타입의 연장선 어딘가에 위치한다. 디자이너가 만드는 프로토타입의 종류는 디자이너가 원하는 피드백 종류에 따라 달라진다. 만약에 전체 기능성과 제품의 흐름을 알고 싶다면 가벼운 프로토타입 쪽이 낫다. 만약 전체의 모양새와 애니메이션에 관련된 세부 요소들을 알고 싶다면 충실한 프로토타입 쪽이 더 적합할 것이다.

가벼운 프로토타입

가벼운 프로토타입은 간단히 만들 수 있는 물건으로, 일반적으로는 만든 모양새도 거칠고 다듬어지지 않았다. 보통은 종이에 그린 스케치거나, 골판지로 만들었거나, 디지털이라고 해도 극히 제한된 기능성과 기본 인터페이스만을 가진다. 가벼운 프로토타입은 일반적으로는 동작하지 않는다. 왜냐하면 내부에 진짜 상호작용할 수 있는 기능이 들어 있지 않기 때문이다. 이 프로토타입은 사람들에게 시스템이 동작하는 척하면서 사용해 보도록 요구한다. 가벼운 프로토타입은 급조하고 바로 버릴 수 있어야 한다. 딱 컨셉을 테스트할 수 있을 정도면 충분하다.

가벼운 프로토타입은 전혀 상호작용하지 않거나, 혹은 굉장히 제한된 방식으로만 상호작용하므로 누군가가 옆에서 이들이 상호작용하듯이 보이도록 도와줘야 한다. 이것을 '오즈의 마법사 트릭'이라고 하는데, 장막 뒤의 누군가(일반적으로는 디자이너)가 마치 제품이 상호작용하는 것처럼 종이 프로토타입의 페이지를 넘기거나 디지털 스크린이 마치 사용자의 입력에 반응하는 것처럼 다음 페이지로 넘어가는 컨트롤을 해주게 된다.

종이 프로토타입

프로토타입의 가장 빠른 방법은 종이를 이용하는 것이다. 어떤 사람들은 종이에 그려진 스케치가 디지털이 아니므로 프로토타입이 아니라고 주장하기도 하는데, 종이 프로토타입은(그림 8.1 참조) 제품의 전반적인 컨셉과 흐름을 잘 보여준다. 종이 프로토타입의 또 다른 장점은 어느 모로 보나 이것이 최종 제품이 아니라는 것이다. 그러므로 프로토타입을 보는 사람들이 최종 제품에 대한 기대를 갖지 않고 더 자유롭게 중요한 의견을 개진하게 한다.

종이 프로토타입은 일반적으로 제품·서비스가 동작하는 방식을 보여주는 데 가장 빠른 방법이다. 디자이너가 종이 위에 제품/시스템의 개략도를 그린다. 종이 한장 한장이 디자인의 특정한 순간을 담고 있다. 이 순간들은 하나의 웹 페이지거나, 스크린 한 장이거나, 서비스의 일부분일 수 있다. 이를 보는 사람들은 특정한 순서에 따라 프로토타입을 넘겨보게 되는데, 페이지들에는 숫자가 달려있고 이 페이지를 특정 순서에 따라 찾아보게 하는 설명이 별도로 붙는다. "버튼을 누르면 9페이지로 가세요."

테스트하는 동안 (테스트에 대해서는 이 장의 후반부 참고) 피험자나 디자이너는 프로토타입 위에 바로 코멘트를 써넣을 수 있다('이 자리에 버튼이 있으면 좋겠음'). 비록 엉성하다 할지라도 종이 프로토타입은 실제 크기와 유사하게 만들어야 한다. 그렇게 하지 않으면 실제로는 쓸 수 없는 인터페이스가 만들어지기 쉽다.

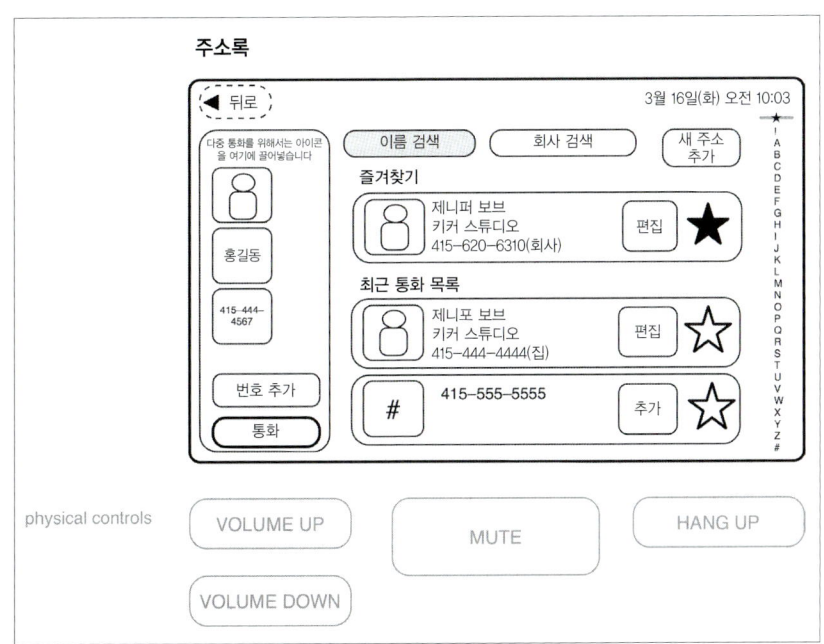

그림 8.1 실제 사이즈와 유사한 터치스크린 폰의 종이 프로토타입을 통해 사용자들이 실제 형태를 테스트해볼 수 있다. (키커 스튜디오 제공)

실물 프로토타입

실물 프로토타입(그림 8.2)은 다이얼이나 버튼 같은 디자인의 특정한 부분만 만들어볼 수도 있고 전체 기기를 통째로 구성해볼 수도 있다. 가전 기기, 소비자 가전, 컨트롤 패널, 그리고 모바일과 의료기기들은 화면 프로토타입과 더불어 가능하다면 실물에 대한 프로토타입도 함께 제작해야 한다(7장에서 사용된 기능 지도를 이용한다). 이는 사용자들이 이 기기를 사용하는 데 액정 화면 외의 다른 부분이 경험에서 더 큰 부분을 차지하기 때문이다. 기기의 실물 형태(특별히 손에 쥐는 형태의 도구일 경우)는 제품의 성질과 사용자들의 행동을 크게 바꿀 수 있다.

나무, 종이, 골판지, 찰흙, 플라스틱, 스티로폼 등의 모든 도구로 가벼운 실물 프로토타입을 만들어낼 수 있다. 가벼운 프로토타입에서 중요한 것은 크기, 모양, 무게뿐 아니라 컨트롤과 센서들의 형태와 위치와 종류를 제안하는 것이다.

그림 8.2 작은 모바일 제품을 위해서 다양한 크기, 그립, 스타일러스, 형태 등을 프로토타입하고 있다. (춘이 챈 제공)

충실한 프로토타입

전체적인 컨셉, 제품의 형태, 작업 흐름도가 가벼운 방식으로 프로토타입 되고 나면 조금 더 충실한 프로토타입(그림 8.3)을 진행해볼 때가 됐다. 이름이 말해주듯이 이 단계의 프로토타입은 제작에 더 많은 시간과 자원이 요구된다.

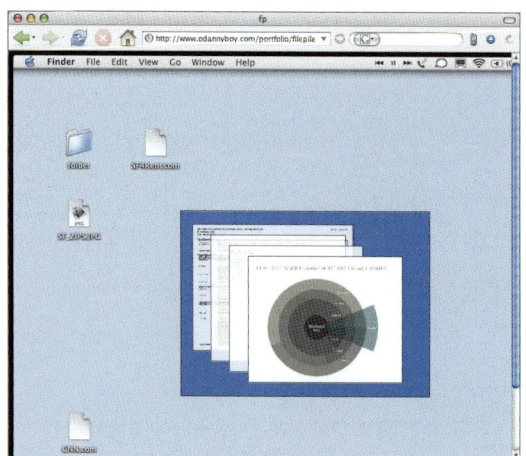

그림 8.3 순수한 디지털 프로토타입은 웹으로 쉽게 전달할 수 있다.

가벼운 프로토타입과는 달리 충실한 프로토타입은 실제 제품이 동작하는 방식으로 작동한다. 사용자가 다이얼을 돌리면 오즈의 마법사 트릭이 아닌 실제 반응이 나타난다. 내부의 데이터가 실제 데이터는 아니겠지만 제품은 거의 실물이 동작하는 방식으로 동작하며, 인터랙션, 환경, 공업/시각 디자인, 그리고 내부의 기기와 코드에 이르기까지 가능한 많은 제품의 세부사항을 담고 있다.

충실한 프로토타입을 만들 때엔 미학이 중요하다. 임시라고는 해도 프로토타입은 실제 사용자들이 사거나 보게 될 제품과 거의 구별되지 않을지도 모른다. 충실한 프로토타입이 덜 프로토타입스러워 보일수록, 더 제대로 된 피드백을 얻을 수 있다. 사용자들에게 커다란 골판지 상자와 한 무더기의 종이를 주고선 이게 마치 상점 내 무인 계산기인양 상상해보라고 하는 식의 혼란을 줘서는 안 된다.

복잡한 기능적인 문제가 있는 경우에는 가능한 훌륭하고 완전하게 만들어진 충실한 프로토타입이 더 낫다. 사용자들이 그림 상자 도구를 실제로 써보지 않고서 그림 도구 상자가 얼마나 잘 움직이는지 상상하기는 어려운 일이다.

충실한 프로토타입의 문제는 사용자와 클라이언트들이 이것이 최종 제품인 양 착각하기 쉽다는 것이다. 적절한 기대치를 설정해 이 프로토타입은 그저 프로토타입일 뿐이라는 점을 잘 설명한다.

서비스 프로토타입

서비스를 프로토타입하는 것은 제품을 프로토타입하는 것과는 전혀 다르다. 서비스는 과정과 사람들 자체가 중요하기 때문에 사람들이 해당 과정으로 진입해 서비스를 체험해보기 전에는 실제 서비스를 돌려볼 수가 없다. 서비스를 프로토타입할 때에는 서비스 설계도 안에서 그려진 특정한 서비스 순간의 시나리오를 만들어서 이를 클라이언트와 이해관계자들이 체험해보게 한다. 이는 진짜로, 극단에서 연극을 하는 것과 비슷하다.

역할극은 서비스 디자인 단계에서 중요한 역할을 담당한다. 이렇게 해야만이 디자이너가 실제 서비스가 어떤 느낌을 받는지를 체험해볼 수 있다. 누군가(디자이너)가 직원의 역할을 하고, 다른 사람들이 이용자의 역할을 한다. 이런 프로토타입은 대본이나 대본의 요약을 사용하고, 혹은 즉흥적인 상황극이 벌어지기도 한다. 연기자들은 특정한 서비스 고리에서부터 어떻게 서비스가 진행되는지까지 자신의 역할을 연기한다.

이 시나리오가 실제 환경과 유사한 배경(그림 8.4)에서 관련된 오브젝트의 프로토타입과 더불어 진행된다면 좋을 것이다. 이렇게 해서 실제 서비스의 흐름과 느낌이 어떤지를 알아낼 수 있다. 배경은 커다란 스티로폼 블록으로 만들거나, 바닥에 테이프로 구획을 짓거나, 벽에 이미지를 영사하는 등의 방법으로 만들어낼 수 있다.

그림 8.4 지하철 서비스의 프로토타입. 디자이너/연기자의 뒤쪽으로 이미지를 영사해서 진행됐다. (애니 하, 로즈마리 랩카, 이지원, 푸린 파니찬탓, 댄 새퍼 제공)

어떤 디자이너와 건축가들이 사용하고 있는 대안적 방식은 (위키텍쳐) 세컨드 라이프² 같은 가상세계 환경 안에서 공간을 프로토타이핑하는 것이다.

서비스는 또한 실제 환경 안에서 진짜 사용자와 직원들을 대상으로도 진행해볼 수 있다. 마요 클리닉의 SPARC 프로그램은 이런 식으로 진행됐다(이 장 후반의 사례 연구 참조). 많은 대형 상점들은 소수의 지점을 상대로 파일럿 프로그램을 진행한다. 이런 프로토타입들은 극단적으로 충실하게 실제의 고객을 상대로 실제 서비스로 이뤄진다. 처음에는 (비용 문제도 있고) 가벼운 서비스 프로토타입으로 시작하는 것이 좋지만 궁극적으로 서비스는 실제 사용자와 직원을 상대로 테스트될 필요가 있다. 이것이 프로토타입/파일럿 환경이든지 아니면 실제 환경이든 간에, 이렇게 해서 서비스를 개선시켜 나갈 수 있다.

---

2 존 브로셔드의 블로그 'The Arch'(http://archsl.wordpress.com) 참조

테스트

일단 프로토타입을 만들고 나면 이것을 봐야 할 사람들은 실제 의도한 사용자 군들이다. 제품·서비스는 사용자가 직접 테스트해야 한다. 이 과정을 일반적으로 사용자 테스트라고 하는데 사실 옳은 용어는 아닌 것 같다. 테스트되는 것은 제품·서비스이지 사용자가 아니기 때문이다(그림 8.5 참조).

그림 8.5 사용자가 자신의 집에서 디지털 프로토타입을 테스트하고 있다.

4장에서 설명했던 디자인 리서치와 똑같은 규칙이 사용자 테스트에도 적용된다. "직접 가라, 직접 대화하라, 직접 기록하라." 프로토타입 공간에서 제공되는 서비스를 테스트해야 한다든가 하는 특정한 환경설정이 필요한 것이 아니라면야 테스트가 사용자의 고유 환경에서 이뤄지는 것이 가장 효과가 좋다. 사용자가 거주하는 동네에서, 사용자의 집이나 사무실에서, 사용자의 컴퓨터로 진행하는 것이다.

사례 연구 자동 체크인 시스템

회사
마요 클리닉, 세계적으로 알려진 의료 기관

문제

지난 50년간 의료 서비스는 거의 변하지 않은데 반해 대부분의 환자들의 만족도는 이런 서비스의 효율성보다는 서비스의 전달 방식에 더 많이 좌우된다. 마요 클리닉의 디자이너들은 병원 이용자들이 병원에 도착해서 체크인하는 과정이 번거롭다는 사실을 발견했다. 이 체크인 과정은 때로 환자의 상황을 더 악화시키기도 했다.

과정

마요 클리닉의 SPARC 프로그램(보고(See), 기획하고(Plan), 행동하고(Act), 개선하고(Refine), 소통하기(Communicate))은 정확히 이 빈거로운 체크인 과정 같은 상황을 위해서 만들어졌다. SPARC는 실제 사용자와 의사들이 실제 상황을 탐색하고 의료 서비스 전달 체계를 혁신하기 위한 디자인을 만들고 개발하는 과정을 체험해볼 수 있게 한다. SPARC는 실제 장소와 방법론을 디자인과 과학적 엄격함에 녹여 넣은 것이다. 병원의 의료시설 내에 위치한 SPARC 공간은 이동형 가구와 벽을 통해 다양한 조합이 가능하게 제작됐다. 또한 여기에는 다양한 의사, 경영자, 디자이너들이 함께 일했다. 항공 산업을 모델로 SPARC는 자동 체크인 기기의 프로토타입을 디자인하고 사용자 군으로부터 초기 피드백을 수집했으며, 이를 반복함으로써 프로토타입을 개선해 나갔다.

해결책

SPARC는 항공사의 체크인 카운터와 유사한 체크인 서비스를 디자인했다. 환자들은 자신들이 도착했음을 알리기 위해 긴 줄을 서서 기다리는 대신 이 무인 체크인 기계를 통해 체크인했다. SPARC는 100명의 환자를 대상으로 이 기기를 테스트한 결과 이 기기에 대한 높은 수용률과 환자들이 서비스를 기다리는 동안에 필요한 상호작용의 빈도를 크게 낮출 수 있음을 발견했다. 또한 환자들의 대기시간도 확실히 감소했다.

테스트용 연구실에는 두 가지의 장점이 있다. 하나는 효율성이고 또 하나는 환경의 통제다. 여기서라면 많은 대상자를 하루에 불러 한 번에 하나씩, 장소를 바꾸지 않고 한꺼번에 관찰할 수 있다.

디자인 리서치처럼 테스트를 할 때에도 대상자들을 섭외해야 하고 진행 계획도 (테스트 기획test plan이나 테스트 규약testing protocol이라고 부른다) 만들어져야 한다. 테스트 기획에서는 제품의 기능성을 실험하고 피드백을 받기 위한 '일련의 시나리오route'가 필요하고 시스템이 진행되는 동안 사용자들에게 물어볼 질문들도 마련돼 있어야 한다. "계좌 정보를 확인하려면 어떻게 하시겠어요?"처럼 중립적인 질문을 해야 한다.

테스트 기획에는 또한 프로토타입으로서 갖고 있는 제한들도 고려돼 있어 프로토타입은 실제 데이터를 사용하지 않거나 제한된 인풋만이 가능하기 때문에 시스템이 이미 허용한 대로의 방식으로만 사용하게 된다. 예를 들어 특정 페이지로 가기 위해서 사용자들은 특정 이름을 입력해야 할수도 있다. 다른 이름을 넣으면 동작하지 않기 때문에 진행자가 테스트 대상자들에게 이 이름을 알려줘야 한다.

A/B 테스트(바구니 테스트bucket testing라고도 불린다)는 두 개의 다른 디자인을 사용자에게 보여주고 하나가 다른 하나보다 특별히 낫다는 결과를 얻기 위해서 사용한다.

또한 테스트는 디자인 리서치 과정을 통해 만들어진 잘못된 결론들을 바로잡을 수 있는 시간이다. 디자이너들은 이전의 리서치를 통해 잘못된 함의를 도출했다는 점을 발견하게 될지도 모른다. 테스트하고 있는 사용자와 대화를 나누다 보면 이런 종류의 오류들이 깨끗하게 정리된다. 디자이너들이 테스트하는 동안 와이어프레임과 다른 문서들을 옆에 두고 새로 발견된 패턴들을 기록할 수 있다면 아주 좋을 것이다. 예를 들어 사용자가 회원가입 서식을 작성하는 데 지속적으로 어려움을 겪었다면 이 서식은 나중에 반드시 고쳐져야 한다.

테스트하는 동안 디자이너들은 자신들의 디자인을 방어하는 입장이 되지 않도록 노력해야 한다. 비록 디자이너가 제품을 설명하게 된다 하더라도 직접 사용하는 방법을 안내하지 않고, 다른 팀 멤버나 사용성 분석 전문가들이 테스트를 진행하게 하고 자신은 옆에서 사용자를 관찰하고 기록하는 정도가 가장 좋다. 사람 본성에 따라 아무래도 제품을 잘 아는 디자이너 입장에서는 사용자들에게 "저 버튼 왜 안 눌러보세요?" 라는 식으로 끼어들게 될 가능성이 크기 때문이다. 사용자들을 방해하지 않으려면 자신을 해당 제품의 디자이너라고 설명하지 않는 쪽이 낫다. 앞에 있는 사람이 디자이너라는 사실을 알게 되면 대부분 사용자들이 피드백의 내용을 바꾸거나 좀 완화해 말할지도 모르기 때문이다.

테스트 결과는 제품의 사용자들이 어디에서 어려움을 겪었는지, 또한 테스트 결과나 대상자의 제안을 통해 어떤 개선안들이 도출됐는지를 정리한 '가능성 리포트'로 제공된다.

경험 많은 디자이너라면 다음 격언을 알 것이다. "첫 술에 배부를 수는 없다". 테스트를 통해서 그동안 알고 있었거나 모르던 약점들이 드러난다. 자신의 디자인을 사용하다가 막히는 사용자를 보는 것만큼 가슴 아픈 일은 없다. 훌륭한 디자이너는 사용자를 관찰할 때 디자인 리서치에서와 같이 특정한 패턴을 찾아내려 노력한다. 그리고 나서 와이어프레임과 프로토타입으로 다시 돌아가 오류를 수정한다. 그리고 다시 테스트한다. 제품과 서비스는 이렇게 만들어져야 한다.

휴리스틱 평가

만약 사용자를 대상으로 테스트할만한 자원을 갖고 있지 못하다면 스스로의 프로토타입에 휴리스틱 평가 방법 Heuristic Evaluation을 도입해볼 수 있다. 마치 본인이 디자인한 것이 아니고 왜 기능들이 그런 식으로 생겼는지 모르는 것처럼 프로토타입을 시험해본다. 그리고 다음과 같은 사항들을 찾아본다.

- **핵심 기능을 수행하기 위해서 쓸데없이 많은 동작, 클릭, 단계를 밟아야 한다.** 이는 핵심적인 기능이 묻혀 있거나 효율적이지 않음을 의미한다. 프레임워크와 작업 흐름을 다시 작성하는 방법을 고려해보자.

- **설명이 없다.** 만약 스스로 이 작업을 왜 하는지 궁금하다면 사용자들 또한 당연히 그렇게 생각한다. 정보(라벨, 설명, "현재 4페이지 중 3번째 페이지를 작업하고 있습니다." 같은 과정 표시)가 필요하거나 애초에 이 기능을 필요로 했던 첫 전략이나 프레임워크 단계로 거슬러 올라가 다시 생각해봐야 한다. 진짜로 이 기능이 필요한가?
- **엥? 이게 뭐지?** 만약 특정한 동작의 결과가 잘 이해되지 않는다면 피드백/피드포워드가 제대로 되지 않는 것이다.
- **방금 뭔가 지나갔나?** 만약 본인이나 시스템이 어떤 동작을 진행했는데 무엇인지 제대로 인식되지 않으면 피드백이 불충분한 것이다.
- **숨은 기능** 찾기 어렵거나 아예 찾을 수 없는 기능이 있는가? 지금은 깊숙히 파묻혀 있지만 밖으로 꺼내어 잘 보이게 배치해야 할만한 기능이 있는가? 정보 구조와 프레임워크를 다시 점검하라.
- **길을 잃었다.** 만약 시스템 어딘가에 왔는데 여기가 어딘지, 어떻게 돌아가야 하는지 알 수 없다면 이는 정보 구조/내비게이션 문제다.
- **내 데이터가 어디로 갔지?** 우리는 시스템이 사용자에 대한 기본적인 정보를 기억하기를 기대한다. 사용자 정보, 셋팅 등 다시 입력하는 데 시간이 걸리는 것들이 특히 그렇다. 만약 데이터가 제대로 남아 있지 않으면 화가 나고, 좌절스럽고, 기분이 나빠진다.
- **내가 이걸 클릭하면 무슨 일이 벌어질까?** 만약 '전송하기' 버튼을 눌렀거나 스위치를 켰는데 무슨 일이 벌어질지 알 수 없다면, 피드포워드/라벨에 문제가 있는 것이다. 또한 이는 기능의 목적에 대체 충분히 이해시키지 못한 것이다.
- **버튼이 어디 있는지 모르겠는데요.** 만약 중요한 컨트롤이 제대로 보이지 않는다면 레이아웃, 시각 구조, 어포던스가 잘못된 것이다.
- **막다른 골목** 에러 메시지, 특정 기능이나 환경에서 막히거나 특정 행동을 했는데 취소하기가 되지 않는다면 워크플로우의 오류일 수 있다.

이런 상황들은 사용자를 당황하게 만들 수 있으며 미리 해결돼야 한다.

개발

제품이나 프로젝트의 출시 전 마지막 단계는 진짜 개발, 실물 제품에 있어서는 생산이다. 이 단계까지 오면 디자이너의 역할은 (디자이너가 개발자를 겸하지 않는 한) 문제 해결, 코드나 실물 재료의 형편에 맞추기 위한 디자인 변형, 그리고 협력 작업으로 바뀐다.

무엇보다 디자이너는 전체 제품이 최초에 기획된 대로 만들어지고 있는지를 확인하기 위해 전체 공정에 참여해야 한다. 일단 프로세스가 시작되면 당연히 그동안 생각하지 않았던 문제들이 튀어나오므로 디자이너는 개발자와 협력해 이런 일들을 해결할 준비가 돼 있어야 한다.

개발 공정 전체에 걸친 디자인: 라이자 라이헬트 인터뷰

라이자 라이헬트(Leisa Reichelt)는 10여년간 디자인 업무를 해 온 컨텍스트 연구자이자 사용자 중심 디자이너로, 가장 최근에 공개된 프로젝트는 '드루팔 7'이다. 또한 그녀는 사용자들이 온라인 소셜 도구를 이용해 본인이 언제나 타인의 관심을 받고 있으며 소셜네트워크 상의 다른 사람들과 더욱 가깝다고 느끼도록 해주는 이 관계에 대한 감정을 표현하는 데에 '항상 관계(ambient intimacy)'라는 용어를 만들어 냈다.

▶ **왜 디자이너가 개발 과정에 참여해야 하나요?**

제일 먼저, 디자인 과정은 개발 과정이며 개발 과정은 곧 디자인 과정입니다. 이 둘이 서로 다르다고 생각하는 것은 정말 끔찍한 오해에요.

디자인 결정을 내리는 일은 우리들이 전통적으로 '디자인 단계'가 끝났다고 인식하는 그 단계를 훨씬 넘어선 지점까지 지속됩니다. 만약에 이렇게 지속되는 디자인 결정에 참여하고 싶다면 당연히 그 결정이 내려질 때 거기 있어야지요.

개발자들이 디자이너의 사양서를 읽고 나서 애초에 디자이너가 생각했던 것과는 다른 식으로 상황을 변경하는 일은 종종 벌어집니다. 특히 개발자들이 디자이너가 미처 정의해놓지 않았거나 디자이너가 이런 방식으로 동작하리라고 예측한 것이 실제로는 그렇게 동작하지 않는 상황을 발견할 때 그렇게 되지요. 그렇다고 디자이너가 사양서를 잘못 썼다는 건 아니고, 본래 일이 되어가는 게 그런 법입니다. 이것을 미리 알고 나서 작업 과정에 참여하거나… 아니면 개발자들이 왜 내가 하라는 대로 일을 하지 않았는지 끝끝내 이해를 못하거나… 결정은 자신의 몫입니다.

두 번째로, 이것은 자신이 사용하는 매체를 이해하는 일입니다. 만약에 건축가에게 집을 지어달라고 했는데 이 건축가가 자기가 쓰라고 설계도에 정해놓은 재료들이 어떤 것인지 실제로는 본 적이 없다고 생각해보세요. 이와 유사하게 디자이너는 자신이 디자인에 사용하는 재료들을 잘 알고 있어야 하며, 여기에는 코드도 포함됩니다. 디자인이 정확히 어떤 식으로 코딩되는지 알아야 할 필요는 없지만 개발자들과 가까이 일하는 사이에 자신이 사용하는 매체의 성질, 가능성, 제한에 대해서 많은 것을 배우게 될 겁니다. 이는 모두 더 훌륭한 디자이너가 되는 데 도움을 줍니다.

▶ **디자인이 어떻게 애자일 방법론에 부합할지에 대한 많은 이야기가 있는데요, 이에 대해서 어떻게 생각하시는지요?**

정말 가슴아프고 불행한 일이에요. 애자일은 훌륭한 아이디어지만 애초에 개발자들에게서 나온 것인지라 대부분의 애자일 프로젝트들이 여전히 개발 주도적이에요. 다시 말하면 디자이너들이 애자일 방식으로 일할 공간은 거의 남아 있지 않고, 많은 개발자들은 디자이너들과 애자일 방식으로 일하는 데 불편해하고 그러다보니 일이 제대로 될 리가 없지요!

여태까지 많은 멋진 작업들이 진행돼왔고 진행되고 있지만, 앞으로도 애자일 환경에서 제대로 디자인되게 하려면 가야 할 길이 멉니다. 우리가 알고 있는 것은 전형적이고 엄격한 애자일 형식에 맞추려면 제대로 디자인하는 게 거의 불가능하다는 사실이에요. 디자이너로서 우리는 방법론이 디자이너들의 작업 방식과 더 잘 어우러질 수 있게끔 하기 위해 방법론을 만들어가는 일에 더 적극적으로 참여할 필요가 있어요. 그렇게 해서 개발자들과 함께 뭐가 가능하고 뭐가 불가능한지 고민해가면서 디자인 친화적인 애자일 환경을 얻어내기 위해서 노력해야 할 겁니다.

▶ **본인이 주장하는 '세탁기' 개발론은 어떤 것인가요?**

디자이너들이 애자일과 더 잘 섞일 수 있는 방법을 설명하려고 고안한 낙서 다이어그램에 붙인 웃긴 용어인데요.

애자일에도 좋은 디자인을 만들어내기 위한 좋은 요소들이 많이 있습니다. 프로토타입의 강조(작업물의 지속 출시), 점증적 업무, 사용자 스토리와의 업무, 협력 업무, 짧은 구간으로 나눈 높은 집중 등을 들 수 있습니다. 이런 것들은 모두 좋은 디자인 결과물을 내는 데 도움이 됩니다. 그런데 그 외에도 애자일에 포함되면 좋을 만한 훌륭한 디자인 기법들도 있어요. 예를 들어 그냥 최종 사용자 대표들보다는 진짜 최종 사용자들과 접촉한다든가, 디자이너들을 일정한 시간('0번째 반복주기(iteration zero)'라고 하죠) 동안 리서치에 집중하게 하고 전체 디자인 프레임워크에서 더 많은 반복 단계 수행을 가능하게 하자는 것 등입니다. 대부분의 애자일 프로젝트에서는 충분한 개발 반복 단계가 주어지지 않아요.

▶ **디자인이 전체 개발 공정에 잘 녹아들고 자신이 생각한 대로의 좋은 결과를 내기 위한 최선의 방법은 무엇일까요?**

생각을 좀 덜 하는 대신 더 많은 시간을 직접 개발공정에 뛰어들어서 일이 되게 하는 게 중요할 것 같아요. 최근에는 저는 가능한 한 문서작업을 덜하고 최대한 빨리 개발자들과 실제 물건을 만드는 일을 시작합니다. 만약 시간이 나면 와이어프레임에 주석을 달고 있는 것보다는 개발자들과 같이 실제 디자인과 상호작용을 다듬고 더 많은 반복 단계를 수행합니다. 단지 초반에 상상을 덜 했기 때문에 마지막에 실망도 덜 하게 된 것인지 아닌지 확실치 않아요. 아닐 거라고 생각해요. (실망을 덜 하게 되는 이유는) 아마도 이게 훨씬 더 만족스러운 작업방식이기 때문인 것 같아요.

사례 연구 | 리빌레이션 '프로젝트'

회사

웹 애플리케이션 스타트업 리빌레이션(Revelation) 사는 정성분석 연구자들을 위한 소프트웨어와 서비스를 제공한다.

문제

리빌레이션의 제품 '프로젝트'는 연구자들로 하여금 일지, 사진 에세이, 질문지, 기타 연구의 대상자들에게 제공할 다양한 연구자료를 제공할 수 있게 하는 웹 애플리케이션이다. 첫 번째 개발 단계에서 사용자들은 몇몇 심각한 사용성과 퍼포먼스 문제를 제기했다. 리빌레이션은 대형 업계 행사 전에 새로운 버전을 출시하고 싶어했으므로 프로젝트는 빠른 개선이 필요했다.

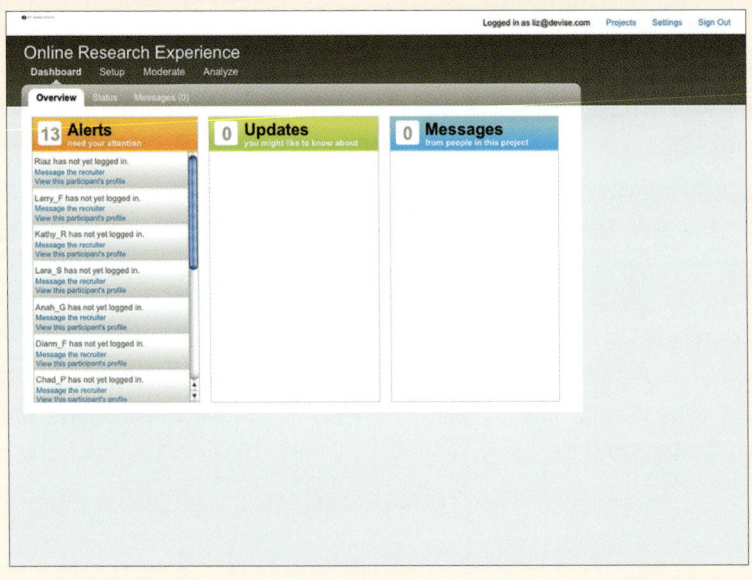

과정

리빌레이션은 디자인 회사 '디바이즈'와 함께 10명의 마켓 리서치와 디자인 리서치 연구자를 대상으로 두 곳에서 민족지학적인 리서치를 실시했다. 팀은 이 리서치를 통해 여섯 개의 퍼소나를 만들어냈다. 마켓 연구자, 디자인 연구자, 클라이언트 관찰자(시스템 안에서 무언가를 찾는 연구자에게 돈을 지불하는 사람), 두 연구 대상자, 그리고 리쿠르터(연구자들이 필요로 하는 피험자들을 찾아서 '프로젝트' 앱에 들어오게 하는 사람)였다. 이 퍼소나는 시나리오 안에 자리잡고 새로운 디자인을 이끌었다.

이 프로젝트는 작업시간이 촉박했는데, 6월에 프로젝트를 시작해서 9월 30일에는 출시를 해야 했다. 개발팀은 애자일 익스트림 프로그램(XP) 프로젝트를 성공적으로 도입했다. 디자인 팀은 개발자와 긴밀하게 작업하면서 자신들의 디자인 작업을 애자일 방법론에 섞어 넣었다. 퍼소나의 사용 시나리오는 개발자들로 하여금 사용자들의 니즈와 목표를 재빨리 이해하도록 만들어줬다. 어떤 기능이 더 중요한지라는 의사결정은 짧은 시간 안에 내려져야 했다. 팀은 가장 큰 사업적 기회는 디자인 연구자보다는 마켓 연구자에게 있다고 결론을 내고, 초기 버전은 마켓 연구자 퍼소나에 맞춰 기능을 개발하기로 했다. 중심 퍼소나에 대한 주요 단계 시나리오가 애자일의 '스토리 카드'가 돼 디자이너와 개발자들이 긴밀히 협력해 일하는 것을 도왔다. 디자인 연구자들에게 초점을 맞춘 기능들은 이후의 개발 반복 단계에서 진행되기 위해 스토리 큐의 아랫쪽에 위치했다.

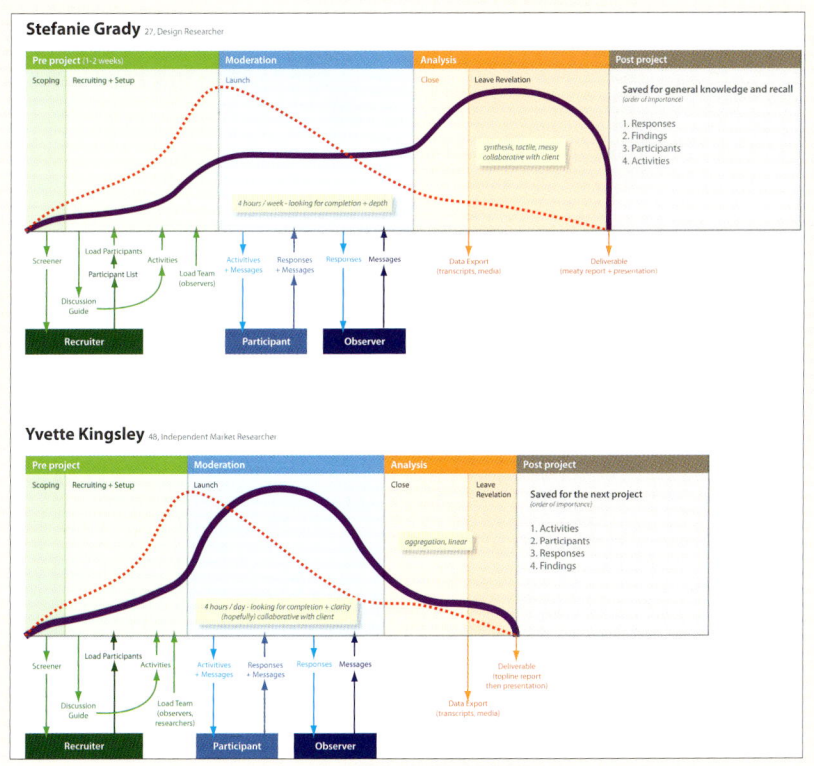

해결책

4주 후에 디자이너들은 제품을 눈에 띄게 개선시켰다. 대쉬보드 홈페이지는 더욱 활동 중심적으로 바뀌어 연구자들이 활동을 정리하고 데이터를 분석할 수 있게 도왔다. 리서치 연구를 셋업하는 것도 자연스러웠다. 연구자들은 이제 간단한 언어적 상태 메시지를 통해 연구 대상자들을 조정하고 그들과 상호작용할 수 있게 됐다. 예를 들어 "새로운 내용 보기", "~태그에 달린 모든 응답 보기", "해당 피험자의 모든 응답 보기" 등이다.

디자인 팀은 다양한 분석 툴을 디자인해 연구자와 클라이언트들이 피험자의 응답을 다각도에서 접근할 수 있게 했다. 프로젝트 사용자들은 아무 주제나 아이디어에 따라서 데이터 셋을 다이내믹하게 구성할 수 있다. 연구를 통해 이런 연구자들과 피험자들 간의 긴밀한 협력관계가 중요한 기회를 만들어낸다는 사실을 알아냈고 또한 간단한 분석 도구는 클라이언트들이 별도로 학습할 필요 없이도 연구에 참여할 수 있게 했다.

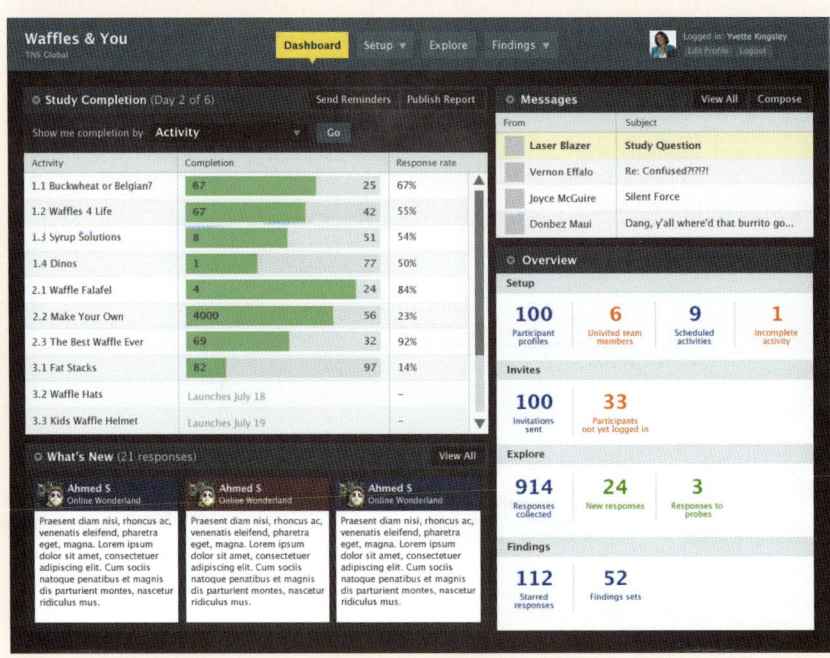

애자일

애자일은 (이 책을 쓴 2009년 시점에서) 크게 유행하는 특정 프로그래밍 방법론이다. 이는 2000년 초기에 있던 '폭포수' 개발방법론—개발자로 하여금 두꺼운 문서(기능 사양서)를 받아 들고 여기에 있는 대로 개발하게 하는 방법—에 대한 반작용으로 출현했다(사실 이 책에서 개괄하고 있는 프로세스의 상당 부분은 폭포수와 유사한 것으로 볼 수 있다).

애자일 방법론의 정수는 커다란 작업/기능을 1~4주 안에 완성할 수 있는 굉장히 짧은 단위로 쪼개는 것이다. 작은 팀이 전체 개발과정 동안에 '반복 단계'를 함께 수행한다. 이는 기획, 요구 분석, 디자인, 코딩, 유닛 테스트, 사용성 테스트, 그리고 작업 결과물을 이해관계자에게 보여주는 일까지를 포함한다. 애자일은 전체적인 리스크를 최소화하도록 도와주며 기능상의 변화를 쉽게 수용할 수 있게 한다.

이 개발 방법론에서 디자이너들이 겪는 어려움은 이 방법론이 디자이너들이 중요하게 생각하는 큰 그림(전략과 프레임워크)을 고려하지 않으며 구상하거나 다양한 옵션들을 탐색할 시간을 허용하지 않는다는 것이다. 이상적인 상황이라면 이 책에서 설명하는 전통적인 디자인 프로세스를 진행할 시간을 주고 나서 개발에서 (코드로 인해 야기되는 디자인 수정을 위해 디자이너가 팀의 일원으로 참여한 상태로) 애자일 방법론을 사용하는 것이다.

요약

프로토타입, 테스트, 개발은 디자인 공정에서 가장 중요한 부분이다. 이를 통해 모든 전략, 리서치, 구상, 디자인 법칙, 그리고 다듬는 작업이 모여 제품에 생명을 부여한다. 디자이너가 제품을 만들 사람들에게 디자인의 최종 결과물에 대한 책임을 미루지 않는 것이 중요하다. 디자이너가 스스로의 디자인 문서에 얼마나 자신이 있건 간에 개발자와 생산자는 디자이너가 세운 제품의 비전과 모든 세부정보까지 갖고 있지는 않다.

또한 디자인 과정의 '끝'이 진짜 끝인 경우는 거의 없다는 사실도 중요하다. 제품은 심지어는 출시 이후에도, 지속적으로 발전하며 사용자들이 매일 일상에서 이들을 사용하면서 고유의 삶을 갖게 된다. 새로운 문제나 새로운 가능성이 발견되고, 시장은 변화한다. 그리고 모든 과정은 처음부터 다시 시작된다.

더 읽을거리

- 『Designing Interfaces: 인터페이스 디자인 94가지 패턴』 제니퍼 티드웰 지음, 김소영 옮김, 한빛미디어(2007)
- 『Paper Prototyping: The Fast and Easy Way to Design and Refine User Interfaces』 Carolyn Snyder, Morgan Kaufmann Publishers(2003)
- 『Making Things Talk』 Tom Igoe, O'Reilly(2011)
- 『프로토타이핑: UX 디자이너가 반드시 알아야 할 프로토타이핑 기법』 타드 자키 워플 지음, 이예나 외 옮김, 인사이트(2011)
- 『A Practical Guide to Usability Testing』 Joseph S. Dumas, Janice C. Redish, Intellect(1999)
- 『The Art of Agile Development』 James Shore, Shane Warden, O'Reilly(2007)
- 『실전 UX 디자인: 31가지 사용자 경험 시나리오로 배우는』 로버트 후크만 주니어 지음, 고태호 옮김, 에이콘출판사(2009)
- 『GUI Bloopers 2.0: Common User Interface Design Don'ts and Dos』 Jeff Johnson, Morgan Kaufmann Publishers(2007)
- 『상식이 통하는 웹사이트가 성공한다』 스티브 크룩 지음, 김지선 옮김, 대웅(2006)

9장

인터랙션 디자인의 미래

인터랙션 디자인의 미래는 바로 지금 만들어지고 있다. 지금 이 순간에도 인터랙션 디자이너는 자신이 속한 작은 스타트업 회사나 커다란 조직 안에서 사람들이 서로, 혹은 세상과 인터랙션하는 방법을 바꿔줄 제품·서비스를 만들어내고 있다. 향후 20년간 의료 서비스, 엔터테인먼트, 쇼핑, 교통수단 등 우리 삶의 모든 부분에서 획기적인 변화가 있으리라는 예언은 결코 과장이 아니다. 정보를 입수하는 시간, 장소, 방법이 완전히 변화할 것이며, 인터랙션 디자이너들은 미래의 모습을 좌우하는 제품과 서비스를 제시하고 디자인하기 위해 그곳에 있을 것이다.

인터랙션 디자이너는 이 분야의 미래를 창조하는 역할을 수행할 뿐 아니라, 반드시 그 미래가 잘 동작해 사람들이 잘 사용하고 즐길 수 있게 디자인하는 역할을 수행해야 한다. 앞으로 몇십 년간 놀라운 변화가 일어날 것이며, 인터랙션 디자이너는 그 모든 것의 중심에 있을 것이다. 멋진 시대가 왔다.

인터넷은 컴퓨터 모니터를 벗어나 우리 주변을 둘러싼 모든 사물들과 건물들로 옮겨왔다. 마이크로프로세서, 센서, 무선 식별RFID 태그가 일상의 물건에 내장되고 네트워크로 연결돼 전문가들이 '사물들의 인터넷'이라 부른 세상이 열린 것이다. 사람들은 인터넷을 특정 목적지나 장소로 생각하던 개념에서 빠르게 벗어나 마치 전기처럼, 언제나 연결될 수 있는 일반 자원으로 생각하기 시작했다.

무선 인터넷이 도시를 뒤덮으면서(거대한 단일 엔지니어링 프로젝트나 개개인과 회사들이 모여 구성한 애드혹ad-hoc 네트워크건 간에), 필요한 때에 필요한 장소에서 컨텍스트에 맞춰 정보에 접속할 수 있게 해줬다. 우리는 다른 사람이나 물건을 찾고, 또한 그들도 우리를 찾게 될 것이다.

제품·서비스는 우리에게 더 잘 적응할 것이고 우리 또한 그들에 맞춰 갈 것이다. 로봇이 집과 학교, 도시, 사업의 영역에서 업무를 수행할 것이다. 지능형 에이전트들이 우리가 필요로 하기도 전에 필요한 정보를 찾아줄 것이다. 옷 위에 컴퓨터를 입게 될 날도 온다. 그전에 옷 자체가 컴퓨터가 될지도 모르겠다.

언제나 미래가 그래 왔던 것처럼, 앞으로의 나날도 그러할 것이다. 희망차고,

두려우며, 알 수 없고, 갈피를 잡을 수 없을 것이다. 그 이상일 것이다.

인터넷의 미래: 다음 5년

"나는 월드 시티에 살고 있어." 그가 말했다.

"미츠코가 말해줬어요. 멀티 사용자 도메인 비슷한 거죠."

"월드 시티는 무엇과도 비슷하지 않아."

"내가 에뮬레이터를 줄 때 주소를 알려주세요. 나중에 찾아볼게요."

보도는 회색 물이 흐르는 콘크리트 터널 위로 굽어 있었다.

이것을 보자 그녀는 베네치아를 떠올렸다.

그녀는 그곳에 한때는 강이 흐른 적이 있을지 궁금했다.

"주소 같은 건 없어." 그가 말했다.

"그건 불가능해요." 치아가 말했다.

그는 아무 말도 하지 않았다.

– 윌리엄 깁슨의 '아이도루' 중에서

향후 10년 동안에는 잘 구조화된 것부터 거의 형태가 없는 것에 이르기까지 폭넓은 범위의 온라인 제품과 서비스가 있을 것이다. 전형적으로 구조화된 제품들—블로그, 홈페이지, 마케팅과 커뮤니케이션 사이트, 컨텐츠 사이트, 검색 엔진 등—의 대부분은 디자이너와 제작자에 의해 잘 짜인 형태와 컨텐츠를 갖게 될 것이다.

비싼 데스크톱 애플리케이션 형태의 구조화된 제품들이 줄어들고 트위터 같은, 인터넷의 장점을 이용한 웹 기반 제품들이 늘어날 것이다. 소비자의 행동과 데이터의 수집(아마존의 '이 책을 산 사람이 구매한 다른 제품들…' 기능)이나 먼 거리를 가로지르는 소셜 커뮤니티(야후 그룹), 많은 데이터 소스의 집적(구글 뉴스), 시간 단위 데이터에 대한 실시간 접근(주식 시세, 날씨 정보), 한 명 혹은 다수 사람들이 만든 컨텐츠의 손쉬운 출판(페이스북, 플리커) 등이 그 예다. 이런 제품과 서비스에서 대부분의 컨텐츠 제공자는 사용자 자신이다.

또한 전혀 새로운 제품과 서비스들도 생길 것이다. 이들 중 대부분은 굳이 관련 웹사이트까지 찾아가지 않아도 쉽게 쓸 수 있을 것이다. 한정된 장소에 모아 놓지 않아도 애플리케이션 파트나 컨텐츠, 데이터들의 느슨한 모음으로서 여전히 어딘가에 위치되고, 사용되고, 수정되고, 고쳐지고, 활용될 수 있을 것이다. 사람들이 찾고 사용하는 컨텐츠들은 개개인의 컴퓨터나 휴대폰, 혹은 자동화 고속도로의 교통상황 감지기 등에 상주함으로써, 사용자들은 이 정보 조각들이 어디 있는지 알 필요도 없고 도구가 알아서 처리할 것이다.

차세대 웹을 위한 도구

이렇게 구조화되지 않은 정보 조각들은 적절한 도구와 이들을 해석하는 데 필요한 지식이 없다면 쓸모가 없다. 마치 브라우저가 없다면 HTML 파일을 이해하기 어려운 것과 비슷하다. 사용자가 적절한 도구를 갖고 있지 않다면 이러한 정보 중 대다수는 접근할 수 없거나 감춰져 있을 것이다.

이러한 차세대 인터넷을 위한 도구를 만드는 일이 바로 인터랙션 디자이너의 역할이다. 사람들이 사용해서 찾고, 읽고, 고르고, 사용하고, 섞고, 인터넷과 연결해 줄 도구들은 현재 존재하는 것보다 훨씬 똑똑하고 훨씬 많은 일을 해내야 한다.

이런 작업들의 일부가 현재 한창 구성되고 있다. 어떤 것이 어떻게 보일지, 어떻게 작동할지는 누가 결정하는가? 제대로 구조화되지 않은 컨텐츠와 기능들은 엉성한 겉가죽일 뿐이다. 제대로 디자인되지 않는다면 데이터와 그 데이터를 보는 데 사용하는 도구들이 얼마나 어정쩡하게 보일 것인가. 시각 디자인이야말로 컨텐츠를 보고 상호작용하기 위한 도구와 방법론의 중심이 되어가고 있다. 이미 RSS 리더는 사용자가 다양한 소스로부터 자료를 보는 방법을 커스터마이즈하도록 지원한다. 컨텐츠뿐 아니라 사용성에서도 조만간 이런 커스터마이징을 볼 수 있기를 기대한다.

웹 브라우저야말로 이런 새롭고 다양한 경험에 가장 큰 영향을 끼칠 것이다. 현재의 브라우저들은 또 하나의 구조화된 제품·서비스인 하이퍼텍스트 컨텐츠 공간을 안내하도록 디자인됐다. 이들은 웹 애플리케이션에는 별로 적합지 않으며, 구조화되지 않은 제품·서비스에는 거의 쓸모가 없다. 그러므로 새로운 브라우저와 새로운 도구가 필요하고, 이를 만들기 위한 인터랙션 디자이너도 필요하다.

이런 도구 대부분이 노트북이나 데스크톱 컴퓨터에 탑재되리라 예상한다면 틀린 것이다. 몇몇 조사에 따르면, 2010년 기준으로 인터넷에 접속하는 사용자는 20억 명에 달하며, 그 중 절반은 모바일 기기를 접속 수단으로 쓸 것이라고 한다. 데스크톱 위에서 이뤄지는 경험에서 벗어날수록 인터랙션 디자이너가 해야 할 일은 어마어마하게 늘어날 것이다.

이제는 그 어느 때보다도 디지털 도구에 좋은 인터랙션 디자인이 녹아 들어가는 것이 중요해졌다. 이 도구들은 사람들이 온라인에서 무엇을 할 수 있을지, 어떻게 할지, 어떻게 느낄지를 결정할 것이다. 초기 웹 20년간의 온라인 경험이 우리가 인터넷에 접속하려고 사용했던 브라우저에 의해 결정됐듯이, 앞으로의 온라인 경험 또한 이런 도구들이 얼마나 잘 만들어지는지에 크게 좌우될 것이다.

지능형 에이전트

이런 도구 중 일부는 사람들의 행동에 맞춰서 행동하는 소프트웨어일 것이다. 이런 '지능형 에이전트'들은 디지털 기기에 탑재된(혹은 기기와 사용자 사이에 존재하는) 애플리케이션의 형태로서, 이들의 임무는 사람들이 수행하기에는 불가능하거나 시간이 너무 오래 걸리는 일들을 대신 수행하는 것이다. 인터랙션 디자인에 대한 모든 블로그 포스트를 찾고, 고르고, 정렬한다거나, 네트워크에 문제가 생기는지 지속적으로 모니터링하는 일들을 예로 들 수 있겠다. 지능형 에이전트는 사람들의 행동을 모니터링하고 우리가 알아채기도 전에 필요한 정보를 모으고 사용한다. 이들은 장차 디바이스뿐 아니라 우리 집과 건강까지도 돌보게 될 것이다.

시맨틱 웹이라는 것이 이런 예측을 실현하는 데 도움을 줄 것이다. 현재 웹페이지들은 대개 기계가 아닌 사람이 읽게끔 디자인돼 있다. 시맨틱 웹은 지능형 에이전트를 포함한 소프트웨어가 인터넷을 좀 더 효율적으로 사용하도록 변화시킨다. 시맨틱 웹은 컴퓨터에 의해 이해할 수 있는 온라인 컨텐츠로 구성돼 있으며, 정보를 찾고, 공유하고, 결합하는 것을 포함하는 지루한 작업을 수행할 수 있다. 예를 들어 지능형 에이전트는 시맨틱 웹을 활용해, 당신의 현재 위치에서 가장 가까운 식당을 찾아내어 스케줄에 맞춰 예약을 해줄 것이다.

물론, 사용자가 거의 인식하지 못하는 사이에 반 자동화된 에이전트들이 웹을 떠돌며 임무를 수행하는 것은 좀 무서운 일이다. 사용자들은 이들이 잘못된 행동을 하지 않는지를 확실히 알고 싶을 것이므로 인터랙션 디자이너들은 사용자가 그들의 에이전트를 감독하고 관리할 방법 역시 마련해줘야 한다. 이는 완전히 새롭게 개척해야 할 디자인의 도전 과제다.

스파임과 사물의 인터넷

소설가이자 디자인 비평가인 브루스 스털링은 그의 책 『Shaping Things』에서 미래를 예측하면서, 인터랙션 디자이너들이 '스파임$_{spime}$'이라 불리는 특정한 유형의 오브젝트를 만들고 함께 작업하리라 예측했다. **스파임**은 자신과 주변 환경에 대한 데이터를 발산하는 오브젝트로서 네트워크를 이루고, 컨텍스트를 인지하며, 자신을 모니터링하고 문서화하며 독특하게 식별된다. 스파임은 자신에 대한 모든 메타 데이터(위치, 소유주, 만들어진 날짜, 사용 패턴 등)를 드러낸다. 이들은 공간적으로 추적될 수 있고 프로토타이핑부터 소멸까지 전체 라이프 사이클을 추적할 수도 있다(spime이란 단어의 앞쪽 'sp'는 space에서, 'ime'은 time에서 유래한다).

스파임들은 커뮤니케이션을 가능하게 하는 자신의 식별자와 통신 수단을 갖고 있다. 이들은 센서와 무선 공학을 통해서 마치 군집체처럼 서로, 혹은 인터넷과 통신할 것이다. 사람들은 스파임이나 이와 유사한 오브젝트를 설치하거나 변형하고 '이건 내 신발'과 같은 정보를 더할 것이다.

스파임은 사물의 인터넷이라는 정보화 웹을 만들어 내고 이들은 기억을 보조하는 용도로 사용(혹은 남용)될 것이다. 집 안의 모든 물품 목록을 성냥갑 하나에 이르기까지 세세하게 갖고 있다고 생각해보자. 휴대폰을 택시에서 잃어버렸다고? 현재 그게 어디 있는지만 찾으면 그만이다.

> **Note** 물론, 기억을 보조하는 사물의 인터넷은 프라이버시에 대한 이슈와 연결된다. 도둑이 부근에 있는 거의 모든 비싼 물건들을 찾아낼 수 있다고 생각해보라. 혹은 정부가 당신의 냉장고에 무엇이 있는지, 당신의 모든 것에 대해 즉시 알아낼 수 있다고 생각해 보라.

사물의 인터넷이 보여주는 자료는 매혹적이면서도 무시무시하다. 스털링은 테니스화의 예를 들고 있다. 스파임 테니스화는 라이프 사이클이 끝날 때 고무창에 무슨 일이 있었는지를 알려준다(고무창이 운동장 깔개로 재활용됐는지, 혹은 발암성 물질이 되어 공기 중에 유포됐는지). 이런 데이터들을 통해 우리는 제품이 세계에 미치는 영향을 확실히 알 수 있다. 스파임은 제품에 책임을 지울 수 있다.

이 장 후반부의 인터뷰에 등장하는 아담 그린필드 같은 디자이너들은 사물의 인터넷에 대한 아이디어(최소한 그 용어)에서 빠진 것은 바로 인간이라 말한다. 어떻게 인간이 사물의 인터넷과 작업하고 영향을 줄 수 있을까? 사물은 물론 자신만의 의미도 있지만, 인간에 의해 사용될 때 더 깊은 의미를 이끌어낸다. 인터랙션 디자이너가 어떻게 사람의 존재를 사물의 인터넷 안에 위치시키는가 하는 문제야말로 미래의 도전이다.

인간-로봇 인터랙션

로봇은 이제 옛 공상과학소설 속의 기계도 아니고, 공장에서 자동차를 만드는 데만 쓰이지도 않는다. 넓게 정의하자면 특정한 물리적 임무를 수행하는 프로그램 가능한 기계로서의 로봇은 좋은 목적을 위해 우리 주위에 존재한다. 그러나 로봇은 단순한 물건이 아니다. 로봇은 제품인 동시에 서비스다.

전 세계적으로 많은 로봇이 디자인되거나 제작되고 있다. 바닥 청소기(그림 9.1), 장난감(그림 9.2), 악기 연주(그림 9.3)에 이르기까지 다양하다. 로봇을 둘러싼 복잡한 문제 때문에 정서적인 것부터 기술적인 것까지 인터랙션 디자이너들은 그들의 창작물과 용도에 더 관여할 필요가 있다.

그림 9.1 아이로봇 스쿠바는 바닥 청소 로봇으로, 버튼을 누르면 청소를 준비하고, 바닥을 닦고, 문지르고, 물기를 말려주기까지 한다. (아이로봇 제공)

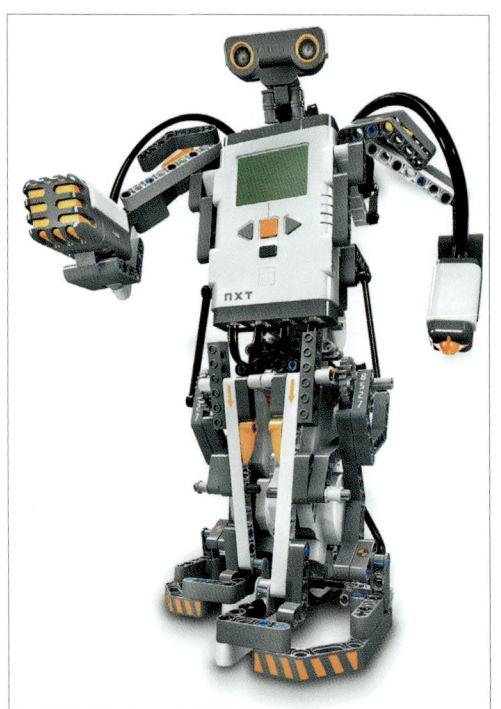

그림 9.2 레고 마인드스톰으로 어린이와 애호가들은 정교한 로봇을 쉽게 만들 수 있게 됐다. (레고 제공)

그림 9.3 포레스트봇은 음악/기술 그룹인 전자음악 로봇 연맹(LEMUR)이 제작했다. 포레스트봇은 끝에 계란형의 방울이 달린 3미터 길이 대롱 25개의 집합이다. (LEMUR 제공)

인터랙션 디자이너는 로봇을 만들 때 자율성과 소셜 인터랙션이라는 두 가지 요소에 주의해야 한다. 자율성은 로봇이 직접적인 외부의 제어 없이 사용자를 대신해 행동하는 능력이다. 레고의 마인드스톰 같은 로봇은 자율성이 아주 낮지만 페이스메이커나 인공심장은 자율성이 거의 완벽에 가까워 사용자가 별도로 작동을 명령할 필요가 없다. 이와 비슷하게 장난감 퍼비같이 약간의 상호 인터랙션만을 수행하는 로봇도 있고 카네기 멜론의 로봇 안내원 발레리(그림 9.4)처럼 사람과 인터랙션하기 위해 특별히 제작된 로봇도 있다.

그림 9.4 카네기 멜론 대학에 설치된 로봇안내원은 방향을 알려주고, 전화를 받고, 자신의 '인생'에 대한 여러 가지 수다를 떨기도 한다.

로봇 디자이너이자 교수인 조디 폴리치[1]는 로봇을 디자인하는 데 세 가지 핵심적인 문제를 정리했다.

- **형태** 로봇이 인간과 유사한 모습인가? 크기는 얼마 정도인가? 크기, 모양, 비율, 재질 등 물리적 특성은 어떠한가?
- **기능** 로봇이 어떻게 의사소통하고 자신을 표현할 것인가? 소리나 움직임, 동작, 빛, 색, 냄새 등을 이용하는가?
- **행동 양식** 로봇이 어떤 환경에서 어떻게 행동할 것인가? 어떻게 행동을 수행하며 어떻게 인간과 상호작용하는가? 얼마나 사회성을 지니는가?

로봇 디자인: 칼 디살보 인터뷰

칼 디살보(Carl Disalvo)는 현재 조지아 공대에서 조교수로 재직하고 있으며, 로보틱스, 센싱, 비쥬얼라이제이션과 도시환경에서의 매핑 같은 신생 기술의 기존, 잠재적 이용에 초점을 맞춘 연구를 수행하고 있다. 이전에는 메타디자인의 디자이너로 일했으며, 워커 아트센터의 뉴 미디어 이니셔티브의 컨설턴트였다. 2006년 카네기 멜론 대학에서 디자인 박사 학위를 받았으며, 대학원생으로서 HCI 연구소의 인간과 로봇에 대한 프로젝트에서 디자인 리서치를 맡았다.

▶ **로봇의 영역을 간단히 설명해 주십시오. 어떤 종류의 로봇이 만들어지거나 계획되고 있나요?**

로봇을 몇 종류로 분류할 수는 있지만 이런 분류들이 상호 배타적인 것은 아닙니다. 로봇은 많은 경우 둘 이상의 카테고리에 해당될 수 있으며 그렇게 분류합니다. 예를 들어 사회적 로봇, 서비스 로봇, 현장 로봇 등으로 나눌 수 있는데, 대부분 구분 방식은 소비자의 제품 분류보다는 연구 목적에 관련돼 있습니다. 이는 결국 로봇이 소수의 예외를 제외하고는 여전히 연구 목적으로 만들어진다는 사실을 반증합니다.

---

1 조디 폴리치 교수의 로봇 디자인 작업은 http://goodgestreet.com/research/ppr.html에서 볼 수 있다.

현대 로봇 제품의 가장 일반적인 영역은 군수와 산업 환경이고, 의료와 과학탐사 영역에서도 쓰이기 시작했습니다. 물론 장난감에도 쓰이는데, 룸바처럼 가정에서 쓰이는 로봇은 아직 그리 일반적이지는 않습니다. 진공청소기와 잔디깎기 로봇이 몇 가지 있기는 하지만, 장난감을 제외하고는 우리가 흔히 생각하는 진짜 로봇이랄 만한 것은 아직 가정에는 없다고 봐야죠.

▶ **현재 로봇과 관련돼 어떤 디자인 작업이 진행되고 있습니까?**

모든 종류의 작업이 진행되는 중입니다. 이것이 로봇 공학이 재미있는 이유지요. 로봇 공학의 도전과 기회는 모든 디자인 영역에 걸쳐 있습니다. 그중에서 가장 명확한 것은 아마 로봇의 시각적 형태를 만드는 산업 디자인 영역일 것입니다. 사실 로봇에 있어서 인터랙션 디자인과 산업 디자인을 구분하기는 어렵습니다. 로봇 공학은 새로운 영역이고 사람들이 로봇에 친숙하지 않기 때문에, 로봇의 시각적 형태가 사람들이 로봇에 갖는 기대감이나 이들과 상호작용하는 방식을 먼저 정의하게 됩니다.

로봇을 시각적으로 디자인하는 것 못지않게 직접적인 인터랙션 외에도 원격 조종 인터페이스 등 굉장히 많은 인터페이스 작업들이 필요합니다. 이런 인터페이스는 화면 기반 조작, 물리적 조작, 음성 인식 조작, 혹은 이 세 가지의 조합일 겁니다. 아직 로봇의 인터페이스에 대해서 어떤 기준이나 공통의 경험에 도달하지 못했기에 로봇 공학에서의 인터랙션 디자인에는 광범위한 연구와 발명의 기회가 열려 있습니다.

▶ **로봇을 위한 디자인은 다른 제품 디자인과 어떻게 다릅니까?**

로봇은 현대 디자이너들이 도전하는 제품의 극단적인 모음입니다. 로봇은 산업, 커뮤니케이션, 인터랙션, 서비스 디자인의 명확한 디자인 지식을 필요로 하는 복잡하게 구현된 공학적 인공물이자 설득력 있는 문화적 아이콘이며, 또한 가장 세속적인 기계 장치가 모두 뒤섞인 '총체적 집합'이기에, 동시대 제품들의 극단적 확장이라고도 볼 수 있습니다.

제품의 모든 다양한 요소들이 한곳에 모이고 확장됩니다. 이는 정말 독특한 경험과 기회를 제공합니다. 로봇을 디자인하는 것은 다른 제품에서는 만나기 어려운 수준의 통합이 필요합니다.

▶ **미래에 로봇 분야에서 인터랙션 디자이너의 역할은 무엇일까요?**

로봇은 여러 가지 의미로 여전히 공상적인 물건이며, 최소한 일반 소비자를 위한 제품은 아닙니다. 인터랙션 디자이너는 이 새로운 제품이 미래에 어떨지 혹은 어떡해야 할지를 창안할 기회를 쥐고 있습니다. 이는 제품을 멋지게만 만들면 되는 것이 아니라 적절하게 만들기 위한 책임도 함께 진다는 뜻입니다.

로봇을 디자인할 때 가장 중요한 요구 사항 중 하나는 아직 초기단계의 기술로 어떻게 제품을 구성할지, 그리고 무분별하게 신기한 것에 집착하지 않고 이런 기술들을 어떻게 효과적으로 사용할 기회를 만들어낼 것인지입니다.

착용형 제품

다음 번에 당신이 갖게 될 컴퓨터는 55사이즈일 것이다.

착용하는 컴퓨터에 대한 아이디어는 1960년대 초반부터 시작됐지만 실제로 대중적으로 인식된 것은 2005년 아디다스에서 사용자에 따라 쿠션을 조절하는 마이크로프로세서가 장착된 운동화인 아디다스1(그림 9.5)을 출시한 이후다. 아디다스1은 세련되고 멋지게 보여서, 예전의 컴퓨터 폐인이나 달고 다닐 법한 꼴사납고 투박한 착용형 컴퓨터들과는 확연히 달랐기 때문에 성공한 것이라고 생각된다.

그림 9.5 아디다스1 운동화의 뒤축에는 압축 레벨을 감지하는 자성 센서가 달려 있다. 여기서 감지된 압축 레벨은 신발의 마이크로프로세서에 보내져 모터로 움직이는 케이블 시스템을 통해 쿠션을 부드럽거나 딱딱하게 조절한다. (아디다스 제공)

착용형 제품의 디자이너는 대부분 사람이 의복과 함께 대부분 시간을 보낸다는 데서 출발한다. 그렇다면 의복을 공학 기술 플랫폼으로 삼아 필요할 때 항상 곁에 두는 건 어떨까? 의복에 있는 컴퓨터는 옷을 조정해 메시지를 출력시키거나, 다른 장치에 반응하게 하거나, 날씨나 착용자의 기분에 맞춰 변화시킬 수 있다(그림 9.6).

그림 9.6 F+R 허그('껴안기 티셔츠')는 멀리 떨어진 사람들이 껴안는 물리적인 감각을 주고받을 수 있는 티셔츠다. 셔츠에 들어 있는 센스들은 껴안는 강도, 피부의 온기, 전송자의 심박 수를 감지하고 작동기는 멀리 떨어진 연인의 이러한 감각들을 셔츠에 재생한다. (큐트서킷 제공)

물론 착용형 제품이 반드시 의복일 필요는 없다. 바디미디어 사의 센스웨어 제품은(그림 9.7) 팔에 차는 작은 기구로서 착용자의 건강을 모니터한다. 포실 사의 팔목PDA에서 보듯이, 손목시계는 착용형 제품의 기반이 돼 왔다.

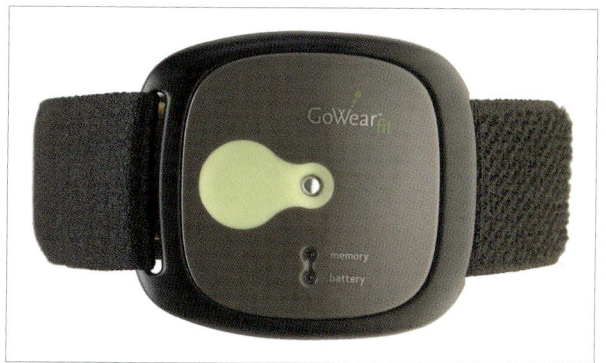

그림 9.7 고웨어 핏 팔목밴드는 배열된 여러 개의 센서를 통해 착용자의 피부로부터 물리적 정보를 지속적으로 수집한다. 사용자는 자신의 에너지 소비량이나 물리적 행동의 주기, 걷는 횟수, 자고 깨는 상태 등을 모니터링할 수 있다. (바디미디어 제공)

착용형 제품을 만드는 인터랙션 디자이너에게는 기회만큼이나 신경 써야 할 과제도 많다. 디자이너들은 기능성뿐 아니라 형태에도 상당히 신경을 써야 한다.

책상 위에 놓아두거나 주머니나 지갑에 넣어둘 것이 아니라 입고 다닐 제품으로서, 몸에 오랫동안 착용할 물건이므로 견고하며 세련되고 튀지 않아야 한다. 사람들이 가는 곳 어디나 따라갈 것이므로 엄청나게 광범위한 환경을 고려해야 한다. 착용형의 장점은 사람들이 '갖고 다녀야 할 또 하나의 장치'에 대해 걱정할 필요가 없다는 점이다. 사용자는 옷이나 패션 액세서리처럼 몸에 착용하는 것 외에 따로 갖고 다닐 필요가 없다. 정보와 기능은 사용자와 함께 움직이며 필요할 때 언제나 사용 가능하고 데이터는 사용자의 신체를 통해 수집되거나 다른 방법으로는 데이터를 모을 수 없는 장소에서도 수집된다.

착용형 제품은 신체의 더 많은 부분을 이용할 수 있다는 장점이 있다. 센서가 달린 장갑으로 손가락을 튕기면 문을 열 수 있다. 소매는 이미지를 투사하는 스크린이 되고, 마이크로소프트 연구소가 제안한 센스캠[2] 같은 목걸이는 하루에 수천 장의 사진을 찍어, 원한다면 사용자의 일상을 재구성하게 할 수 있다.

유비쿼터스 컴퓨팅

지난 60여 년의 시간 동안 인간과 컴퓨터의 비율은 변화해왔다. 컴퓨터 초기에 인간과 컴퓨터의 비율은 다대 일이었다. 많은 사람이 한 대의 메인프레임에 붙어서 작업했다. 그 후 개인용 컴퓨터 시대가 오면서 이 비율은 일대일로 바뀌었다. 컴퓨터를 사용하는 사람들은 책상 위에 자신만의 컴퓨터를 갖게 됐다. 그러나 최근, 그리고 미래에는 이 비율이 다시 바뀌어 한 사람이 다수의 '컴퓨터'를 제어한다고 봐야 할 것이다. 랩톱, 디지털 카메라, MP3 플레이어, 휴대폰, 자동차, 전자레인지, 텔레비전 등 다양한 제품들이 필요하다. 이 주제로 논문[3]을 쓴 제록스 파크 연구소의 과학자 마크 와이저에 의하면 이런 대부분 컴퓨터들은 '보이지 않지만 우리 주위 어디에나' 존재한다.

9장에 나오는 많은 미래의 기술과 마찬가지로, 유비쿼터스 컴퓨팅의 시대는

---

2 http://research.microsoft.com/en-us/um/cambridge/projects/sensecam
3 「21세기의 컴퓨터」(Scientific American Special Issue on Communications, Computers, and Networks, Semptember, 1991)

이미 시작됐다. 다만 아직 널리 퍼지지 않았을 뿐이다. 마이크로프로세서와 센서들은 점점 저렴하고도 강력해져서, 인간과 컴퓨터의 비율이 일대 수천이 되는 일도 가능해졌다. 이 컴퓨터들 대부분은 다른 목적을 가진 제품 안에 내장돼 있어 그들이 제공하는 행동 외에는 거의 알아차릴 수 없을 것이다. 사람들은 키보드나 마우스로 이 제품들을 제어하지 않을 것이다. 7장에서 설명했듯이 이 제품들의 인터페이스는 형체가 없다. 사람들은 목소리나 접촉, 동작을 통해 이들을 조작할 것이다.

인터랙션 디자이너는 유비쿼터스 시스템에서 중요한 역할을 맡고 있으며 이는 흥미롭고 재미있는 작업이다. 아침에 외출 준비를 하는 동안 욕실 거울이 달력을 보여주고 오늘의 날씨와 친구가 보낸 메일을 보여줄 수 있다. 버스 정류장은 언제 버스가 올지, 얼마나 붐빌지를 나타낼 수도 있다. 버스 자체도 승객이 디지털 메모를 남길 수 있다('이 의자 망가졌음'). 사무실에서 벽은 모니터가 되고 말을 걸면 켜질 것이다. 회의실은 사람들의 대화와 디지털 화이트보드에 그려진 내용을 자동으로 기록할 것이다. 당신이 머무는 방은 당신의 선택에 맞는 곡을 연주하고, 당신이 입은 옷에 온도를 맞출 것이다.

이 시나리오는 공상과학소설이나 혹은 AT&T의 1990년대 초반의 광고 카피 '언젠가는'[4]처럼 들리지만 그리 먼 훗날의 일이 아니다. 이런 모든 순간마다 이를 쉽고, 즐겁고, 적합하게 만드는 인터랙션 디자이너의 기술과 재능이 필요할 것이다. 날씨 정보를 표시하는 욕실 거울에 이메일을 표시하게 하려면 어떻게 하는 게 좋을까? 어떤 방식으로 승객이 버스에 메시지를 남기고, 남긴 메시지를 보게 할 것인가? 방대한 범위의 디자인 기회가 존재한다.

솔직히 인터랙션 디자이너를 참여시키지 않고 유비쿼터스 환경을 디자인하기란 힘들 것이다. 현재 디지털 기기의 전형적인 상호작용에서는 사용자들이 직접 모든 것을 관리한다. 사용자들이 언제 인터랙션이 시작되고 끝날지를 정하고, 어떻게 컴퓨터가 사용자를(그리고 컴퓨터를 통해 다른 이들을) 인지하고 경험할지를 제어한다. 손과 눈을 제외한 사용자의 신체 대부분은 관계가 없다. 유비쿼터스에서는 이 명제들이 하나도 들어맞지 않는다.

---

4   유튜브에서 다음 동영상을 보라. www.youtube.com/watch?v=TZb0avfQme8

사용자들은 방에 들어와 자신도 모르는 사이에 유비쿼터스 시스템에 연결된다. 온도 조절 장치, 문, 전등 설비, 텔레비전 등 각 시스템이 모두 연결돼 사람의 출현에 반응한다. 방에 들어온 사용자가 바라보는 방향조차 의미를 지니게 된다. 텔레비전에 가까이 서서 바라보면 텔레비전이 켜지고, 허공에 리모컨을 누르는 듯한 특정한 동작을 통해 조작할 수도 있다. 하지만 그런 것에 대해 전혀 모르는 사용자라면 어떻게 시스템에 자신을 표현해야 할지 알아낼 방도가 없다. 혹은 자신이 들어왔다는 걸 방이 눈치채지 못하기를 바랄지도 모른다!

유비쿼터스 기술은 깊은 함의를 갖는다. 이러한 시스템을 발견 가능하게, 복구 가능하게, 또 안전하고 인간적이게 만드는 일은 인터랙션 디자이너에게 달렸다. 로봇과 마찬가지로 유비쿼터스 시스템은 대부분 제품이자 서비스이기에 이들이 인간을 위해 동작하게 하려면 이 책에서 논의된 것 이상의 기술과 방법, 기교가 모두 필요하다. 유비쿼터스 시스템이 제어를 벗어났을 때 사람들을 얼마나 당황하게 하고 짜증 나게 할지 상상하기란 어렵지 않다. 특히 사람들이 유비쿼터스 시스템 안에 있음을 알려주는 신호 시스템이나 특정한 오브젝트나 표식이 없다면 현재 일어나고 있는 일들을 알아채기 어려우므로 사생활이 심각하게 침해될 수 있다. 방 안을 신호로 가득 채우지 않으면서도 사람들에게 무엇이, 어떻게, 어디서 관찰되고 있는지를 알려줄 필요가 있다.

인터랙션 디자이너들은 사람들이 시스템을 이해하는 방법을 고민하는 것뿐 아니라 문제가 발생했을 때 시스템에 접근할 방법도 디자인해야 한다. 예를 들어 재채기할 때마다 자동으로 TV가 꺼지는 등 문제가 발생했을 때 이를 어떻게 수정할 것인가? TV를 제어하는 것이 벽에 달린 전구인가 벽 자체인가?

유비쿼터스 디자인의 또 다른 도전 과제란 대부분의 유비쿼터스 시스템은 상태가 없다는 것이다. (상태가 없다는 것은) 다시 말해 유비쿼터스 시스템은 현재의 시스템들에 비해 매 순간 일어나는 일에 반응하는 식으로만 작동할 것임을 뜻한다. 사용자들이 예전 상태를 참조해 그리로 되돌아갈 수 없다는 것이다. 최소한 "잠깐만, 내가 방금 뭐라고 말해서 방에 창문들이 다 열린 거지?"라든가 "나 방금 방에 안 들어온 걸로 해줘" 같은 실수가 벌어졌을 때 이를 취소하기가 쉽지는 않을 것이다. 인터랙션 디자이너는 유비쿼터스 시스템의 이런 특성을 계산에 넣어, '되돌리기' 명령어나 '뒤로' 버튼이 주는 이익들을 배제하고 디자인해야 할 것이다.

모든 시스템, 그 이상의 환경에서 유비쿼터스에 의미와 가치를 집어넣을 의무는 인터랙션 디자이너에게 있다. 주변의 모든 물건이 사람들을 인지하고 감시하며 사무실과 집, 공공장소가 사람의 자유를 제한하고, 개인화는 사람을 미치게 하는 수준에 이르는 악몽이 벌어질 수도 있다("안녕, 사라! 버스에 다시 타서 기뻐! 오늘은 청바지를 입었네? 그럼 리바이스 광고를 좀 볼래?"). 따라서 인터랙션 디자이너는 자신도 모르게, 특정한 의도 없이 유비쿼터스를 맞닥뜨리게 될 사람들을 한껏 배려하는 태도를 지녀야만 할 것이다.

에브리웨어: 애덤 그린필드 인터뷰

애덤 그린필드(Adam Greenfield)는 국제적으로 알려진 저자이며, UX 컨설턴트이자 비평적 미래학자다. 현재 노키아에서 사용자 인터페이스 디자인과 서비스 디자인을 통솔하는 책임자로 일하기 전에는 웹 컨설턴트 에이전시인 레이저피쉬의 도쿄 사무소의 책임 정보 아키텍트였으며, 그전에는 역시 도쿄의 마치퍼스트에서 시니어 정보 아키텍트로 일했다. 또한 그는 SPIN 잡지의 록 음악 비평가이자 버클리 자선병원의 군무관, 웨스트 필라델피아의 커피전문점 주인, 미 육군 특수작전 사령부의 심리전 하사관 등 경력도 다양하다.

▶ **인터랙션 디자이너가 '에브리웨어'라 불리는 유비쿼터스 컴퓨팅에 대해 알아야 할 것은 무엇입니까?**

아마도 가장 중요하게 생각해야 할 것은 다양성일 것입니다.

한 명의 사용자와 그가 소유한 PC나 모바일 기기 사이의 좁게 제한된 인터랙션 공간 대신에 다수 사용자가 주어진 장소와 시간에서 다수의 기술 시스템과 상호작용하는 상황에 맞닥뜨리게 될 것입니다.

물론 컴퓨터 자원 관리라느니 하는 기술적인 문제들이 필요합니다만 본인이 가장 재미있어하는 것은 UX에 끼치는 영향입니다. 어떻게 최고의 정보 시스템을 디자인해서 각 시스템이 (1) 서로 동기화해 부드럽게 동작하면서도 (2) 이 시스템들로 인해 과중한 부담을 겪게 될지도 모를 사용자에게 어떻게 최적의 경험을 제공할 것인가? 이것이 마크 와이저와 존 실리 브라운이 '고요하고도 유익하다'라고 표현한 것에 대한 도전이고, 우리는 이제 겨우 그 끄트머리를 긁기 시작했을 뿐이라고 생각합니다.

▶ **우리가 현재 갖고 있는 디지털 제품의 인터랙션은 미래 제품들과는 어떻게 다를까요?**

앞으로는 네트워크 정보처리 기기들이 모든 사물 안에 녹아들어 환경에 배치될 것이므로, 전통적인 UI 방식이라고 불리던 것들, 특히 키보드나 키패드는 그리 적합하지 않을 것입니다.

방, 가로등, 운동화가 스스로 정보를 수집하고, 연산하고, 저장하고, 다른 기기로 이런 정보를 전송할 때 키보드나 전통적 GUI가 인터랙션의 창구가 되리라고 가정하는 것은 자동차를 여전히 '말 없는 마차'라고 생각하는 것만큼 어처구니 없습니다. 사용하는 방법이 훨씬 섬세한 이런 기기들과 상호작용하려면 생물학적으로, 심리학적으로, 사회적으로 새로운 상호작용 방법을 고안할 필요가 있을 것입니다. 특히 우리가 디자인한 시스템이 사용자를 '고요하게' 만들기를 원한다면, 기존 인터페이스와는 다른 곳으로 눈을 돌릴 필요가 있습니다.

이런 맥락에서는 음성과 동작 인식 인터페이스가 매우 매력적으로 생각됩니다. 이들은 물리적 공간을 차지하거나 사용자가 좀 더 집중해야 할 일에 몰두하는 것을 방해하지 않고도 쉽게 광범위한 장소나 컨텍스트를 수용하기 때문입니다. 그것들은 PC 다음 세대의 정보과학 분야에서 아이들이나 노인, 문맹 사용자들의 증가와 맞물려 특히 흥미롭습니다.

▶ **'행동에 녹아느는 디자인'에 대해 말씀하신 바 있는데요. 인터랙션 디자이너가 어떻게 이것을 달성할 수 있을까요?**

음, 그건 나오토 후쿠사와의 개념으로 디자이너가 시스템과의 인터랙션에 대해 주의 깊게 디자인함으로써 별도로 사용자의 노력이 필요 없을 정도라면 그 시스템은 효과적으로 인식에서 사라진다는 것입니다.

그의 견해에 뒤이어 저는 에브리웨어를 '정보 처리를 행동에 녹이는 것'으로 정의했습니다. 예를 들어 홍콩에서 한 여성이 RFID 기반의 옥토퍼스 카드를 핸드백에 넣은 채로 가방을 인식장치 위로 흔들기만 하면 개찰구를 통과할 수 있습니다. 이때 카드와 인식기 사이에서는 매우 정교한 처리가 일어나지만 단 0.2초밖에 걸리지 않고, 무엇보다도 매우 가볍고 자연스러우며 쾌활하기까지 한 그 여성의 동작 안에서 벌어집니다.

이는 별도로 디자인된 게 아니라 저절로 생겨난 것입니다. 디자이너가 사람들에게 이런 뉘앙스를 알려준 것이 아니라, 사람들이 어떻게 해야 할지 스스로 발견한 것입니다. 그래서 저는 유비쿼터스 시스템에서 이와 유사한 훌륭하고도 멋진 경험을 만드는 것은 크게 말해서 사람들이 이미 세상을 사용하는 방법을 밀착해 주의 깊게 관찰하는 것에 달렸다고 주장합니다. 누군가 억지로 시키지 않으면서도 자연스럽게 사람들의 행동을 수용할수록 더 성공적인 디자인이 될 것입니다.

요약

"미래를 예측하는 가장 좋은 방법은 미래를 만들어내는 것이다." 제록스 파크 연구소의 과학자이며 1972년 다이나북으로 노트북 컴퓨터의 개념을 창시한 알란 카이의 말이다. 우리가 원하든 원치 않든 미래는 시시각각 다가오고 있으며, 미래를 만들어 내는 것은, 최소한 미래를 더 인간적으로 만드는 것은 인터랙션 디자이너의 몫이다. 새로운 기술로 확장된 제품이나 서비스 중 일부만이 다음 10년간 널리 퍼질 것이며, 이들이 세계를 바꿔놓을 것이다. 발전하는 공학 기술과 기술을 사용할 인간 사이에서 인터랙션 디자이너는 인간을 위한 미래가 되도록 만들고, 이끌고, 조율해야 한다.

그러나 미래는 잊어버리자. 현재만으로도 충분히 복잡하고 정교하다. 현재 사용 가능한 공학기술을 사용하는 방법조차도 대부분 사람에게는 너무 먼 이야기다. 기기를 사용하는 것만 어려운 게 아니라, 개인적인 무언가를 하기 위해 현존하는 기술을 활용하는 일도 매우 어렵다. 우리는 도구를 만들 도구가 필요하다.

인터랙션 디자이너는 당장 사용 가능한 높은 수준의 공학 기술을 전파함으로써 이 공학기술을 습득할 수 없지만 상업적 목적보다는 개인의 본성에 따라 위대한 인간적 가치를 갖는 것을 만들려는 수억 명의 사람들이 이용하게 할 방법을 찾아야 한다. 공학 기술을 쓸 수 있는 사람과 그렇지 않은 사람 사이에서 이미 광범위하게 벌어진 '디지털 격차'를 더 벌어지게 해선 안 된다. 우리 주위에 있는 이웃들이야말로 공학기술이 그들과 그들의 삶을 바꾸게 해 줄 도구가 필요하다.

더 읽을거리

- 『Everyware』 Adam Greenfield, New Riders(2006)
- 『Shaping Things』 Bruce Sterling, MIT Press(2005)
- 『How To Survive a Robot Uprising: Tips on Defending Yourself Against the Coming Rebellion』 Daniel H. Wilson, St. Martins Press(2005)
- 『빅 스위치』 니콜라스 카 지음, 임종기 옮김, 동아시아(2008)
- 『Tomorrow Now: Envisioning the Next 50 Years』 Bruce Sterling, Random House(2002)
- 『Wired for War: The Robotics Revolution and Conflict in the 21st Century』 P. W. Singer, Penguin Books(2009)

에필로그

선한 디자인

인터랙션 디자이너들은 자신들이 디자인하는 작업에 어떤 책임을 질까? 어떤 디자이너들은 자신이 만들어내는 제품과 서비스는 가치중립적이고 따라서 이를 어떻게 사용할지 결정하는 것은 디자이너가 아닌 사용자 혹은 사회의 몫이라고 생각한다. 하지만 만약 사용자의 과업이 다른 누군가를 다치게 하는 것이라면 어떻게 해야 할까? 혹은 디자인된 시스템이 사람들에게 해를 끼치는 데 일조한다면?

에드윈 블랙의 『IBM and the Holocaust IBM과 홀로코스트』라는 책에 이와 연관된 이야기가 실려 있다. 폴란드의 벤진 지방 출신의 목재 상인이 포로가 돼 1943년 8월, 나치 수용소인 아우슈비츠에 도착한다. 이곳에서 나치 군인들은 그에게 44673이라는 다섯 자리의 IBM 천공카드 번호를 부여하고, 이 숫자는 나중에 그의 팔뚝에 문신으로 새겨진다. 수천 명의 다른 아우슈비츠 포로들도 부여받은 이 번호는 IBM이 나치 수용소의 죄수들을 관리하려고 특별히 디자인한 천공카드 시스템의 일환이었다(이 시스템에서 아우슈비츠 캠프의 분류기호는 001이다). 이 천공카드 시스템을 통해 포로들과 그들의 업무 능력이 관리됐으며 이들의 고유 번호는 이 노역에서 저 노역으로, 결국 그들 대부분이 숨질 때까지 포로들을 따라다녔다.

나치의 홀로코스트는 극단적으로 잘 디자인돼 있었다.

우리가 일반적으로 말하는 좋은 디자인이란 대개 제품과 서비스가 심미적으로도 기쁨을 주면서 사용자들의 목표를 효과적으로 충족시키도록 하는 것을 말한다. 그러나 '좋은good'이라는 말은 다른 의미로도 옮길 수 있다. 도덕, 정의, 생명 존중, 인간의 존엄성을 지키는 선함이라는 의미다.

인터랙션 디자이너들은 좋은 디자인을 함과 동시에 선한 디자인을 해야 한다.

디자인의 윤리

인터랙션 디자인에 대한 진지한 고찰에는 반드시 윤리적인 논쟁도 포함된다. 윤리는 디자이너들이 선한 디자인과 악한 디자인을 구분하게 도와준다. 윤리는 디자이너들이 미심쩍은 작업을 요구받을 때 어떻게 대답해야 할지를 알려준다. 말하자면 이것은 결과에 대한 것이다. 만약 인터랙션 디자인에 특정한 귀결이 없다면 딱히 윤리적일 필요도 없다. 바야흐로 유비쿼터스 컴퓨팅의 도래기로서 사람들의 행동을 추적할 수 있는 모바일 기기, 로봇, 착용형 컴퓨터, 우리의 주거지와 가장 개인적인 비밀들에마저 접근 가능한 지능형 에이전트들이 예정된 이 시기에 인터랙션 디자인의 영향력은 그 어느 때보다도 깊고 강하다.

윤리는 인간이 결정을 내리는 과정에 대한 것이다(왜 그리고 어떻게 우리가 그런 결정을 내렸는가?). 윤리란 주어진 환경 내에서 무엇이 옳은 일인가를 결정하는 일이다. 디자인 이론가인 리처드 부캐넌은 주어진 제약 하에서 어떠한 행동이 옳은지 결정하는 인터랙션 디자이너의 일상 업무가 이와 동일하다는 점을 강조했다.[1] 디자인한다는 것은 윤리적인 결정을 내리는 일이다. 다시 말하면, 디자인은 그 자체가 윤리다.

원칙

인터랙션 디자이너가 되려면 원칙이 필요하다. 인터랙션 디자이너는 사람들 간의 상호작용이 어떤 모습이어야 하는지를 결정하기 때문이다. 특정한 사람들이 다른 사람보다 더 존중을 받아야 하는가? 혹은 몇몇 사람들이 다른 사람들보다 더 중요한 존재인가? 어떤 제품이 일부의 사람들을 위해서는 아주 좋은데 그 밖의 사람들에게는 그다지 좋지 않아도 될까? 이런 것들이 인터랙션 디자이너가 의식적으로든 무의식적으로든 계속해서 맞닥뜨리는 문제들이며 이들을 골라내려면 원칙이 필요하다.

인터랙션 디자이너의 원칙은 복잡한 가이드라인 목록으로 이어진다. 여기에는 디자이너의 개인적인 믿음, 전미 산업디자이너 협회IDSA 같은 전문가 집단의 윤리 강령, 정부나 사회단체가 부여하는 안전과 실용성을 위한 표준 등급 등도 포함된다. 자신이 세워놓은 고유하고 엄정한 원칙이 없다면 인터랙션 디자이너는 자신이 몸담은 회사의 믿음과 가치만을 덮어놓고 추구하게 될 것이고 이는

---

1 리처드 부캐넌의 에세이 「Human Dignity and Human Rights: Thoughts on the Principles of Human-Centered Design」과 「Design Ethics」 참조

나치를 위해 디자인한 IBM의 시스템처럼 위험한 길을 걷게 될 수도 있다. 디자이너 자신의 윤리와 디자이너를 고용한 조직의 윤리 사이에서 균형을 잃지 말아야 한다.

의식적인 선택

인터랙션 디자이너들은 사람들 간에 벌어지는 특정한 인터랙션을 활성화시키기 위해 노력한다. 그리고 여기서 고려되는 윤리적 문제의 시작점은 이런 상호작용에서, 인터랙션을 주도하는 자(이메일 발신자)와 그 인터랙션을 수용하는 자(이메일 수신자) 사이의 균형을 어떻게 잡아야 하느냐는 것이다. 이 같은 커뮤니케이션에서 전달되는 컨텐츠(예를 들어 스팸 메일)를 차치하고라도, 인터랙션의 품질은 제품·서비스를 만드는 디자이너가 내린 결정들에 좌우된다. 이 같은 의미에서 인터페이스의 버튼 위치 하나조차 윤리적인 고민이 필요하다. 디자이너는 사용자에 대해 책임감과 배려심을 갖고 있는가? 이 제품·서비스가 사용자들에게 인간으로서의 존엄성을 유지하도록 하는가? 다시 말해서 이 디자인은 선한가? 사용자들에게 선하고, 간접적으로 선한 영향을 끼치며, 문화에 선하고, 환경에 선한가?

인터랙션 디자이너들은 신중하고 사려 깊은 결정을 내리도록 노력해야 한다. 아무렇게나 한 선택들("내가 이게 좋으니까", "그 동안 계속 이렇게 해왔어")은 디자인의 죽음이자 책임 방기다. 디자이너들은 자신들이 만들어낸 디자인 결정의 결과를 숙고해볼 필요가 있다. 디자이너들은 자신들이 만든 제품과 서비스의 사용자들에게 **신성한 책무**를 지닌다. 사용자는 디자인된 제품이나 서비스를 사용할 때마다 해당 제품의 디자이너가 디자이너로서의 할 일을 제대로 또 윤리적으로 했을 것임을 (간접적으로) 믿고 있는 것이다. 사용자는 자신들이 원하는 업무가 수행되리라는 것을 믿으며(이메일이 온전히 지정한 수신인에게 보내질 것이다) 또한 해당 제품·서비스(와 디자이너의 의도)가 위험을 끼치지 않으리라고 믿는다. 사용자들은 비밀번호, 은행 계좌번호, 신용카드 정보 같은 중요한 개인 정보를 다루는 제품·서비스를 사용할 때나 심지어는 자신들의 생명이 달린 문제에서도 디자이너를 믿는다. 디자이너들은 이런 신뢰를 인식하고 책임감을 가져야 한다.

개인 사용자들이 옳다고 생각하는 방향으로 결정하는 것만으로는 충분치 않다. 개인 사용자(와 그들이 속한 조직)들은 별로 타인에 대해서 깊게 생각하지 않을 수도 있다. 사람들은 항상 제품이나 서비스를 원래 디자인된 의도와 다르게 사용하는 법을 발견해내곤 하지만, 그럼에도 불구하고 디자이너는 자신의 디자인이 사용자가 아닌 사람 혹은 강제적으로 사용자가 된 사람들에게 미칠지도 모르는 부정적 결과들에 대해 인식하고 있어야 할 필요가 있다. 말하자면 폴란드 벤진 출신의, 44673이라는 번호를 달고 있었던 목재 상인 같은 사람들 말이다.

세상에 악의 세력이 있는 만큼 선의 세력도 있다. 2차 세계대전의 대학살과 잔학행위들이 마무리된 1945년 4월, 미국 샌프란시스코의 현재 내가 있는 곳에서 얼마 떨어지지 않은 곳에 50여 개국 대표자들이 모였다. 이들은 20세기 들어 두 번이나 벌어진 끔찍한 전쟁이 다시 벌어지지 않도록, 인도적인 관점에서 국가들 간에 무언가 조정하고 대화할 만한—말하자면 상호작용하기 위한— 서비스를 디자인하고자 했다. 이들의 노고는 국제연합, 즉 UN이라는 형태로 만들어졌다. UN은 인간들이 만드는 일들이 대개 그렇듯이 어느 정도는 불완전했지만, 국가 간의 연합, 평화로운 분쟁 조정, 인류의 권리 보전, 인도주의적 지원이라는 UN의 목표와 이를 지원하기 위한 활동들은 전 세계에 선의 세력을 형성했다. 인터랙션 디자이너들이 만들어내는 제품들도 모두 이와 같기를!

찾아보기

숫자

2×2 매트릭스 151
5방향 버튼 214
21세기 정보 뱅크 139

ㄱ

가격 102
가능성 148, 166
가라오케 45
가방 탐색 128
가벼운 프로토타입 232
가치 제안 96, 100
간접 조작 178
감성 35
감지기 68
강아지 밥 189
강제로 맞추기 168
개념 모델 147
개발 242
개성 228
개인 디지털 보조장치 46
개인용 컴퓨터 43
거미 다이어그램 150
게슈탈트의 시지각 이론 226
게시판 시스템(BBS) 44
결과물 131
경계물 148
경영 전략 82
경쟁 분석 94
경쟁 전략 81
경험 없는 디자이너 74

고객 충성도 85
공감 114
공학 38
관찰 126
관찰자 127
광고 99
광학 펜 40
구경 126
구글 34, 82
구글맵 85
구상화 34, 165
구조 191
구현 176
규칙 파괴 167
그래픽 유저 인터페이스 189
그림 그리기 130
글 올리기 버튼 86
기능 102, 206, 225
기능 지도 191
기능 추가 99
기능 패러독스 100
기생 191
기술 176
기술 중심의 시각 31, 32
기준 소매 가격 102
긴 여운 85
꼴라주 129
끊김 182

ㄴ

나무 거울 220
난해한 문제 87

내러티브 147
내비게이션 51, 206
네트워크 협업 41
뇌-컴퓨터 인터페이스 224
눈 225
뉴톤 46, 73
닌텐도 101
닐슨 지표 132

ㄷ

다니엘 로진 220
다모클레스의 칼 40
다이나북 42
다이얼 213
다중 선택 리스트 217
단기 애플리케이션 191
대상자 117
대쉬보드 190
댄스 댄스 레볼루션 45
더글라스 엥겔바트 39, 41
더미 텍스트 206
데스크톱 메타포 42
데이터 분류 139
데이터 변형 138
데이터 수집 251
도널드 라이너츠 96
도널드 숀 87
도덕적인 문제 66
도스 47
독립 애플리케이션 190
돈 176
돈 노만 100, 179
동의서 123
동작 28, 30, 219
동작 인식 인터페이스 42
동작 중심의 시각 31, 32
드롭다운 메뉴 217
디자인 33

디자인과 인간심리 179
디자인 리서치 112
디자인 명세서 90
디자인 방법론 운동 71
디자인 원칙 170
디자인 전략 80
디자인 합리주의 71
디지털 비디오 레코더 28
디지털 컨트롤 216
디테일 176

ㄹ

라디오 37
라디오 버튼 212
라이자 라이헬트 242
라이프 39
라이프사이클 107
래리 테슬러 42, 163, 186
레이 톰린슨 41
로드맵 106
로렘 입썸 206
로버트 라이만 32, 155
로버트 멧칼프 42
로봇 255
로터스 1-2-3 43
롤플레잉 128
루크 로블스키 226
리빌레이션 244
리사 42
리서치 대상자 119
리서치 데이터 133, 136
리처드 솔 워먼 139
릭 로빈슨 121, 147

ㅁ

마법 166
마스터 드로잉 40
마요 클리닉 236, 238

마우스 41
마이론 크루거 42
마이크로소프트 32, 52
마이크로프로세서 29
마이클 포터 81
마인드맵 165
마크 레틱 48
마크 안드리슨 31, 45
마크 와이저 44, 262
매직 넘버 7 185
매킨토시 42
메멕스 39
메소드 디자인 163
메타포 167
명확한 경쟁 우위 82
모델 34
모델링 197
모드 194
모든 데모의 어머니 41
모르스 부호 36
모바일 기기 46
모양새 205
모자이크 브라우저 31, 45
모형 제작 130
목소리 218
목표 62
목표 정의서 116
무드보드 202
무의식적 왜곡 118
문서화 195
문제 86
문제의 틀 88
문화인류학 121, 155
물리적인 경험 178
물리적인 컨트롤 214
미야모토 시게루 44
미치 케이포 43
미학 235

ㅂ

바네버 부시 39
밥 타일러 41
방해자 68, 70
버튼 179, 212, 215
벅민스터 풀러 108
벤 다이어그램 151
벤 슈나이더만 178
불편점 148, 166
브랜든 샤우어 84
브레인스토밍 160, 165
브렌다 로렐 115
브루스 스털링 254
블랙베리 46
비교기 68
비디오 게임 44
비디오플레이스 42
비용부문 94
비봉 중심 전략 83
비전 제시 103
비전통적 입력 방식 218
비전 프로토타입 105
비지칼크 43
비틀 36
빌 드로쉬 215
빌 모그리지 28, 36
빌 앳킨슨 43

ㅅ

사다리 오르내리기 168
사무엘 모르스 36
사물들의 인터넷 250
사업적 니즈 177
사업적 목표 92
사용성 연구 164
사용자 106, 155
사용자 니즈 177
사용자의 목표 63

사용자 중심 디자인 32, 61
사용자 행동 리서치 106
사운드 디자인 51
사운드플레이버 105
사이트 맵 193
사진 126
사진/동영상 일지 132
사회적 인터랙션 디자인의 시각 31, 32
산업 디자인 30, 51
삼성 82
상태 194
색상 225
생리학 219
서비스 54
서비스 고리 209, 211
서비스 디자인 55
서비스 설계도 209
서비스 순간 209
서비스 프로토타입 235
선사시대 36
선형 플로우 150
설계도 203
성과 지표 93
세가 제네시스 44
세 번째 옵션 33
세탁기 개발론 243
센스웨어 261
센스캠 262
셸리 이븐슨 54
소니 82
소니 플레이스테이션 45
소리 228
소프트웨어 55
소프트 키 191
수익 모델 102
수퍼 닌텐도 게임기 44
스위치 212
스위핑 168
스카이프 47

스케치 161, 196
스케치패드 40
스크롤 바 217
스타 인터페이스 48
스탠포드 대학교 41
스토리거 147
스토리보드 197, 198
스티브 잡스 42
스파임 254
스핀박스 217
슬라이더 213
시 168
시각 디자인 51, 226
시각화 103
시간 176
시게오 싱고 187
시나리오 195, 196
시맨틱 웹 254
시스템적 디자인 67, 71
시장구분화 104
시장 현황 94
신성한 책무 272
신속한 전문가 75
신체 운동학 219
실눈 테스트 226
실물 프로토타입 233
실용예술 31
실체화 136
실행 유도 149
심성 183
심즈 45

ㅇ

아담 그린필드 255
아디다스1 260
아마존 35, 47
아메리카 인디언 36
아이디어 162, 166

아이번 서덜랜드 40
아이콘 42, 48
아이팟 73
아키텍처 51
아타리 2600 게임콘솔 42
알파넷 40, 41
애덤 그린필드 265
애드워즈 34
애자일 247
애자일 방법론 243
애플 32, 73, 82
애플 컴퓨터 43
앨런 뉴웰 39
앨런 케이 42, 267
앨런 쿠퍼 155, 184, 190
어포던스 179, 225
언포커스 그룹 128
에니악 38
에러 188
에버퀘스트 45
에브리웨어 265
엘리베이터 피치 99
엘케 덴 오딘 97
역할극 235
영업이익 102
오스본1 43
오피스 2003 53
오피스 2007 52, 53
와이어프레임 198, 203, 205
와이어프레임 메타데이터 208
외삽법 146
외재화 64
외형 179
요약 145
욕구 67
우주 간 컴퓨터 네트워크 41
운영상의 효율 81
운영 전략 82

워드스타 43
원칙 271
원형 플로우 150
월간 아틀랜틱 39
월드와이드웹 45
웹브라우저 144
웹 표준 45
위 48, 101
위젯 218
위지윅 텍스트 편집 42
윌리엄 깁슨 251
유비콤프 44
유비쿼터스 컴퓨팅 44, 262
유스케이스 200
유행 32
윤리 271
윤리 강령 271
윤리적 122
음향 효과 228
의료 서비스 55
의자 179
이눅슈크 36
이더넷 네트워크 42
이매지니어 51
이메일 40
이어쓰기 167
이케아 84
이해관계자 90
이해관계자와의 인터뷰 91
인간공학 39
인간-로봇 인터랙션 255
인공두뇌학(사이버네틱스) 72
인구통계학 152
인스턴트 메신저 47
인적 요소 30, 39, 51
인지심리학 39
인터랙션 30
인터랙션 디자이너 28, 32, 250
인터랙션 디자인 29, 177

인터랙션을 위한 디자인 30
인터뷰 127
인터페이스 디자인 51, 224
인터페이스 표준 183
일반적인 경영 전략의 세 가지 타입 83
일지 132
입력창 217

ㅈ

자기 관찰 131
자동 온도 조절기 69
작동기 69
작업 65
작업 분석 144
작업 순서도 198, 200
작업창 42
잘라내기와 붙이기 41
잠금장치 213
잠복 191
잠입 127
재너두 프로젝트 40
전신기 36
전체의 구조 192
전통적 리서치 89
전화 37, 57
점검표 118
정량적 리서치 113
정렬 다이어그램 141
정반대 세상 168
정보 설계 50
정보 수집 89
정보 아키텍처 193
정성적 리서치 113
제록스 스타 42
제록스 알토 42
제록스 파크 41
제약 35
제약조건 93, 176

제이 마운트포드 43
제이콥 닐슨 183
제임스 깁슨 179
제임스 레프트위치 75
제임스 서로위키 100
제품 로드맵 107
제품 전략 100
제품 컨셉 194
제프 래스킨 43
제프 호킨스 34, 197
조그 다이얼 214
조너선 아이브 74
조디 폴리치 32, 258
조앤 버밋 157
조이스틱 214
조지 밀러 39, 185
존 실리 브라운 44
존재 220
존 헤스켓 33
종이 테이프 38
종이 프로토타입 232
좋은 디자인 270
주석 207
중단 182
즉각 181
지능형 에이전트 253
지도 151
지시된 스토리텔링 127
지연 182
직접 조작 178
진행 대본 119
질문 168
집중화 전략 83
집합 150

ㅊ

차별점 97
차별화 81

차별화 전략 83
차세대 인터넷 252
착용형 제품 260
찰스 브코프스키 56
찰스 이엄 177
찻주전자 49
창조적 디자인 73
천공 카드 38, 40
체계적인 결과물 136
체크박스 216
초기 개척자 30
초심자의 마음 128
최종 사용자 33
추상화 147
추적 126
충실한 프로토타입 234

ㅋ

카테고리 80
칼 디살보 258
커맨드라인 인터페이스 43
커뮤니케이션 능력 85
커뮤니케이션 디자인 30
컨셉 169
컨텍스트 177
컨텐츠 206
컨텐츠 전략 206
컨트롤 69, 211
컨트롤 패널 190
컴퓨터 38
컴퓨터 게임 42
케이언 36
켈트와 이누이트 36
콜 센터 소프트웨어 66

ㅌ

타겟 184
탐문 126

태도 190
터치스크린 42
터치스크린 기기 48
터치포인트 143, 210
테드 넬슨 39, 40
테스트 기획 239
테슬러의 복잡성 보존의 법칙 186
텔레비전 37
토드 자키 워플 229
톰 쟈쟈디닝랏 182
투자수익률 94
툴팁 188
트랙볼 214
트위스트 217
트위터 47
특허 89
티보 171, 179
팀 모트 42

ㅍ

파워유저 114
파일럿 프로그램 236
팜 파일럿 34
팝업 메뉴 185
패턴 124
퍼소나 152, 166, 195
포상 168
포스트잇 137
포인터 185
포인트와 클릭 41
포카 요케 187
포커스 그룹 121
폭스바겐 36
폴 피츠 184
퐁(1972) 42
표준 164
프라이버시 255
프레임 75

프레임워크　189
프로디지　44
프로세스 맵　144
프로젝트　244
프로젝트 계획　106
프로젝트 설명　103
프로토타이핑　34
프로토타입　224, 229
플리커　47
피드백　69, 70, 180
피드포워드　182
피츠의 법칙　184

ㅎ

하이퍼링크　41
하이퍼텍스트　40
한계 사용자 인터뷰　128
항상 관계　242
해답　35
핸들　213
헨리 드레퓌스　39, 61
현금지급기　28
현상　124
현장 기록　125
형태　225
호스트 리텔　71, 87
호출기 연구　132
홀로코스트　270
환경　68
환경 묘사　146
활동　65, 129
활동 이론　64
활동 중심 디자인　63
회사 전략　82
휴대폰　46
휴 듀벌리　71
휴리스틱 평가 방법　240
휴먼-컴퓨터 인터랙션　30, 51
힉의 법칙　185

A

A/B 테스트　239
As We May Think　39
ATM　28

D

Designing for people　61
DVR　28

E

Ethernet　42

H

HCI　51, 62
HP　85

I

IBM and the Holocaust　270
IDEO　28, 128

J

J. C. R. 리클라이더　41

P

PDA　46
Poka-Yoke　187

R

revenue model　102

S

SETI@home　47
SPARC 프로그램　236, 238

T
The Reflective Practitioner 87

U
UCD 61
UCLA 대학교 41

V
VisiCalc 43
VoIP 47

W
WELL 44
Wii 48
WordStar 43
WYSIWYG 42

X
Xanadu 40

에이콘 UX 프로페셔널 시리즈

series editor 양주일

모바일 앱 디자인 패턴
사용하기 쉬운 모바일 앱을 위한

테레사 닐 지음 | 박정아, 임정화 옮김 | 9788960776760 | 288페이지 | 2015-02-27 | 26,000원

모바일 애플리케이션을 만들고자 하는 모두를 위한 책이다. 풍부한 실제 사례 중심으로 간단하게 상황에 맞는 디자인과 구성 패턴을 찾을 수 있도록 구성해 모바일 애플리케이션 디자인 고민 해결에 도움이 될 수 있다. 주요 모바일 애플리케이션의 디자인 패턴을 분석해 앱들이 구성된 이유를 설명하고, 어떤 상황에 이런 디자인 패턴을 활용하면 좋을지 제안한다.

제대로 된 UX 디자인 방법론
실전 프로젝트를 위한

조디 물 지음 | 송유미 옮김 | 9788960776838 | 328페이지 | 2015-03-25 | 30,000원

호주 UX 컨설팅 전문가인 조디 물이 UX 디자인을 할 때 사용자 경험에 어떻게 접근해야 하는지 조언하는 책으로, 디자이너가 실제 업무에서 활용할 수 있는 알찬 UCD 방법론 사례를 소개한다. 사용자와 기업 관점에서의 문제 및 요구사항, 사용 정황을 이해하고 조사에서 데이터를 분석하는 방법, 디자인 컨셉을 탐색하기 위한 스케치 도구를 이용하는 방법, 프로토타입을 만들어서 제대로 동작하는지 확인하는 과정, 테스트하고 수정하기를 반복해야 하는 이유, 제품을 출시하고 난 다음 지속적으로 사용자에 대해 연구함으로써 체감하게 되는 온전한 UX 프로세스 순환까지 다양한 이야기를 풀어낸다.

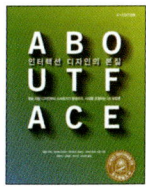

About Face 4 인터랙션 디자인의 본질
목표 지향 디자인부터 스마트기기 환경까지, 시대를 초월하는 UX 방법론

앨런 쿠퍼, 로버트 라이만, 데이비드 크로닌, 크리스토퍼 노셀 지음 | 최윤석, 고태호, 유지선, 김나영 옮김
9788960777255 | 768페이지 | 2015-06-30 | 48,000원

퍼소나, 목표 지향 디자인 등 지난 세 판이 개척한 개념과 인터랙션 디자인의 본질을 그대로 원용하면서, 아이폰과 안드로이드 이후 모바일과 스마트기기 시장의 성장으로 인해 급변한 인터랙션의 문법과 관점을 충실히 반영한다.

일러스트레이터로 배우는 UI 디자인

릭 무어 지음 | 권혜정 옮김 | 9788960777743 | 248페이지 | 2015-10-28 | 30,000원

UI와 어도비 일러스트레이터 초심자들이 차근차근 따라해볼 수 있는 기초적인 지침서다. 그래픽 디자이너들이 포토샵과 함께 가장 많이, 널리 사용하는 그래픽 프로그램인 어도비 일러스트레이터를 사용해 기본적인 웹사이트와 모바일 애플리케이션의 사용자 인터페이스를 디자인하는 방법이 담겨있다.

디자이너를 위한 프레이머
코드를 몰라도 실무 예제를 중심으로 따라 하며 배우는

박재환, 이정익 지음 | 9791161750545 | 560페이지 | 2017-10-30 | 40,000원

많은 프로토타이핑 도구 중 프레이머는 독보적인 하이피델리 프로토타이핑 툴로 가지고 있는 아이디어와 생각을 프레이머로 자유롭게 표출할 수 있다.
코드가 어려워서, 인터랙션이 어려워서 프로토타이핑 제작이 힘들다고 생각하는 디자이너 및 기획자에게 확실한 길라잡이 역할을 해 줄 것이다.

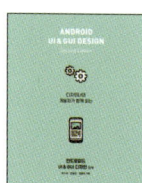
안드로이드 UI & GUI 디자인 2/e
디자이너와 개발자가 함께 읽는

박수례, 안영균, 정준욱 지음 | 9791161751757 | 324페이지 | 2018-08-24 | 30,000원

제조사 UX 부서에서 다년간 경험한 서비스 기획의 큰 그림부터, 실제 개발사에서 배울 수 있는 GUI의 디테일과 다양한 경험 및 노하우가 알차게 담겨있다. 특히 디자인만 다루는 에이전시가 아닌, 개발자와 현장에서 부딪히는 개발사에서 얻은 생생한 경험들을 토대로 한 설명은 껍데기가 아니라 진짜 움직이는 앱을 만들고 싶은 디자이너들에게 귀중한 조언이 될 것이다. 디자이너가 개발자와 함께 어떻게 일해야 할지에 관한 협업 노하우는 덤으로 얻을 수 있다.

홀로그램 미래를 그리다
MS Garage 최고 디자이너가 들려주는 홀로그램의 모든 것

마이크 펠 지음 | 송지연 옮김 | 9791161752150 | 384페이지 | 2018-10-22 | 35,000원

MS Garage 최고 디자이너 마이크 펠이 들려주는 실전 디자인 방법론으로 경영자, 개발자, 디자이너, 기획자가 꿈꾸는 미래로 걸어갈 수 있도록 도와줄 가이드북이다. 혼합현실은 무엇인지, 혼합현실의 스타 홀로그램은 무엇인지, 이를 기획하고 디자인하고 구축하고 실생활에 심기 위한 툴과 기술 그리고 구체적인 예가 집약돼 있다. 뇌리에 각인될 수 있는 홀로그램뿐만 아니라 상상하는 디자인을 보여주자.

모바일 UX 디자인
기획부터 프로토타이핑까지 디자이너의 능력을 확장시키는 방법

파블로 페레아, 파우 히네르 지음 | 심규대 옮김 | 9791161752358 | 400페이지 | 2018-12-07 | 35,000원

인상적인 경험을 제공하는 모바일 앱을 만드는 방법은 무엇일까? 저자는 이 질문의 답이 고객의 실제 니즈를 토대로 아이디어를 떠올리고, 이를 반복적인 테스트를 거쳐 최적의 솔루션으로 구현하는 것이라고 말한다. 이 책은 모바일 앱 솔루션을 탐구하고 개발하는 실용적인 접근법을 소개하며, 다양한 프로토타이핑 툴을 활용해 아이디어를 신속하게 테스트하는 프로세스를 집중적으로 다룬다. 직접 따라해 볼 수 있는 상세한 가이드를 통해 아이디어를 탐구하고 테스트하는 방법을 익힐 수 있다.

사용자 경험 지도
사용자 입장에서 더 나은 제품을 만드는

피터 사보 지음 | 송유미 옮김 | 9791161753003 | 416페이지 | 2019-05-14 | 35,000원

사용자 경험 지도는 사용자를 이해하고 전략적 인사이트를 얻는 데 유용하다. 또한 이해관계자들과 커뮤니케이션하는 데 도움이 되며 조직이 사용자 중심으로 사고하도록 돕는다. 이 책에서는 행동 변화 지도, 4D UX 지도, 사용자 스토리 지도, 여정 지도, 멘탈 모델 지도, 생태계 지도, 솔루션 지도 등 다양한 지도를 통해 문제를 해결해 본다.

음성 사용자 인터페이스 디자인
VUI 디자인의 핵심 개념과 활용

캐시 펄 지음 | 김명선, 김선영 옮김 | 9791161753164 | 304페이지 | 2019-06-28 | 30,000원

음성 사용자 인터페이스를 쉽게 이해할 수 있도록 다양한 사례를 제공하고, 음성 사용자 인터페이스를 디자인하기 위한 기본 원칙을 알려준다. 음성 사용자 인터페이스 디자인을 이제 막 시작하는 새내기 디자이너뿐 아니라, 실무자도 음성 사용자 인터페이스 디자인의 개념과 목적을 더욱 명확히 해서, 더 효율적이고 실용적인 음성 사용자 인터페이스 설계를 하는 데 도움을 얻을 수 있을 것이다.

사운드 디자인
제품과 서비스에 숨겨진 원리

앰버 케이스, 애런 데이 지음 | 전지민 옮김 | 9791161753317 | 268페이지 | 2019-07-31 | 28,000원

사운드는 제품이나 서비스를 디자인하는 데 있어 아주 중요한 요소이지만 그 원칙에 대해서는 널리 알려지지 않았다. 저자는 오랜 연구와 경험을 바탕으로 한 통찰에서 비롯한 사운드 디자인의 기본적인 지침을 설명한다. 기본적인 용어와 소리의 성질과 같은 이론적인 배경부터 시작해 사운드 디자인에서 고려해야 할 사항이나 지켜야 할 원칙, 업무 프로세스와 같은 실무 전반에 이르는 내용을 담고 있다.

보이스봇 & 챗봇 디자인
아마존 알렉사, 구글홈, 페이스북 메신저에서 배우는 대화형 시스템 구축

레이첼 배티시 지음 | 고형석 옮김 | 9791161753294 | 240페이지 | 2019-07-31 | 20,000원

인간이 머신과 커뮤니케이션하는 방법을 보여준다. 머신과의 대화가 어떻게 발전해왔고 미래에 어떤 방식으로 진화하는지 알려주고, 머신과 상호 작용하는 방법을 설명한다. 아마존, 구글 등 선도적인 대화형 플랫폼을 활용해서 대화형 봇을 만드는 과정을 소개하고, 성공적으로 머신과 대화하기 위해 필요한 디자인 요건들을 제시한다. 대화형 봇과의 대화가 인간에게 의미 있는 대화가 되는 방법(대화형 디자인)에 대한 통찰력을 제공한다.

UX 원칙
UXer를 위한 101가지 원칙
윌 그랜트 지음 | 심규대 옮김 | 9791161753614 | 412페이지 | 2019-10-28 | 30,000원

디자인과 사용성을 다루는 책은 이미 수없이 많다. 하지만 구체적인 방안이 생략된 추상적인 원리나 깊이 없는 얄팍한 요령만 늘어놓은 책들은 올바른 UX를 만드는 데 아무런 도움을 주지 못한다. 그에 반해 이 책은 비밀번호 입력 필드와 같은 디테일부터 사용자 테스트, 고객 여정 설계에 이르는 폭넓은 UX 문제에 대한 명확한 답을 제공한다. 이 책에 등장하는 다양한 사례에는 모바일 앱, 웹사이트, 웹앱 혹은 데스크톱 소프트웨어를 포함하지만, 이 원칙들은 차량 UI, 모바일 게임, 조종실 제어부터 세탁기 그리고 그 사이에 존재하는 모든 것에 이르는 광범위한 범위의 애플리케이션에 적용될 수 있다.

음성 인터페이스 디자인 기본 원칙
효과적인 VUI 디자인
마이클 코헨, 제임스 지앤골라, 제니퍼 발로 지음 | 박은숙 옮김
9791161754086 | 432페이지 | 2020-04-21 | 35,000원

권위 있는 음성 사용자 인터페이스(VUI) 디자인 가이드로 포괄적인 내용을 다룬다. VUI는 사용자 경험이 불만이나 만족감을 결정하는 자동 음성 인식(ASR) 시스템의 성공에 가장 중요한 요소다. 이 책은 효과적인 VUI 디자인을 만드는 실용적인 방법론을 설명한다. 이 방법론은 언어학, 심리학, 언어 기술의 원리를 과학적으로 접근한다. ASR 개발 시장 선두주자인 뉘앙스 커뮤니케이션즈의 저자들이 금융 중개업 서비스 디자인 사례를 중심으로 VUI의 디자인 원칙과 사용자의 지속적인 사용 의도를 향상시킬 수 있는 음성 에이전트 의인화 및 페르소나 전략 등을 설명한다. 실무자가 특정 애플리케이션을 디자인하고 분야의 발전에 기여하는데 필요한 많은 배경 정보를 한 곳에서 제공하는 것을 목표로 한다. 또한 디자이너가 새로운 디자인 상황과 새로운 기술에 접근할 수 있는 기반을 갖기를 희망하면서 모범 사례를 도출하고자 원칙적으로 접근한다.

디자인 협업
함께 더 나은 제품을 만드는 경험
오스틴 고벨라 지음 | 송유미 옮김 | 9791161754758 | 524페이지 | 2020-11-20 | 35,000원

모든 것을 디자인하고 구축하는 주체는 디자이너가 아니라, 그들이 속한 조직이다. 더 나은 제품을 만들기 위해 여러분은 더 잘 협력해야 한다. 더 나은 팀, 더 나은 조직이 필요하고 더 나은 조직이 되려면 함께 일하는 모든 사람의 협업력을 업그레이드시켜야 한다. 이 책은 애자일 팀과 린 조직에 적용할 수 있는 전략, 사용자 리서치, UX 실무 관련 11가지 실용적 도구를 소개한다. 특히 업무를 진행할 때 전략, 기획, 리서치, 디자인, 시각화, 프로토타이핑 등 다양한 관점에서 제품과 서비스를 함께 생각하고 만들고 점검하게 한다. 사용자, 인터페이스, 인터랙션, 와이어프레임, 프로토타입 등 단계별로 제안하는 유용한 도구를 익힐 수 있고 협업의 특성부터 어떻게 협업을 촉진할 수 있는지, 어떤 협업 습관과 자세를 갖춰야 하는지 등의 개념적 측면도 소개해 디자이너로서 갖춰야 할 태도, 조직 내 역할에 대해서도 고민하게 한다. 수백 가지 실무 팁을 통해 회의를 더욱 생산적으로 이끌고 좋은 협업 습관을 만들 수 있을 것이다.

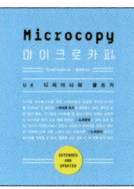
마이크로카피 2/e
UX 디자이너의 글쓰기

킨너렛 이프라 지음 | 변상희 옮김 | 9791161754666 | 336페이지 | 2020-11-24 | 30,000원

디지털 인터페이스를 위한 스마트하고 유용한 마이크로카피를 작성하는 데 필요한 지식과 도구를 제공한다. 여기에는 원칙, 실전 팁 및 기업, 신생 기업, 중소 기업의 실제 사이트와 앱에서 제공되는 수십 개의 스크린샷이 포함돼 있다. 카피라이터나 콘텐츠 라이터가 아니어도 괜찮다. 언어와 인터페이스에 대한 소질이 있는 사람이면 누구든지 마이크로카피를 작성할 수 있다. 필요한 모든 것은 이 책 안에 담겨 있다.

UX 리서치
관찰에서 출발하는 디자인 접근법

데이비드 트래비스, 필립 호지슨 지음 | 심규대 옮김 | 9791161754932 | 404페이지 | 2021-01-29 | 30,000원

성공적인 제품/서비스 개발에 필수적인 UX 리서치를 제대로 활용할 수 있도록 돕는다. 계획 수립부터 데이터 해석 및 인사이트 추출, 유관 부서를 설득해 실제 액션으로 이어지게 만드는 방법에 이르는 폭넓은 지식과 노하우를 아낌없이 담아낸다. UX 리서치를 이해하고 이를 기반으로 전략적인 디자인 씽킹을 진행하고자 하는 모든 이들 꼭 읽어보길 권한다.

혁신적인 사용자 경험을 위한
Interaction Design 인터랙션 디자인 (개정판)

인 쇄 | 2012년 3월 10일

지은이 | 댄 새퍼
옮긴이 | 이 수 인

펴낸이 | 권 성 준
편집장 | 황 영 주
편 집 | 이 지 은
디자인 | 윤 서 빈
표지 디자인 | 그린애플

에이콘출판주식회사
서울특별시 양천구 국회대로 287 (목동)
전화 02-2653-7600, 팩스 02-2653-0433
www.acornpub.co.kr / editor@acornpub.co.kr

한국어판 ⓒ 에이콘출판주식회사, 2012
ISBN 978-89-6077-284-7
ISBN 978-89-6077-099-7 (세트)
http://www.acornpub.co.kr/book/interaction-design2

이 도서의 국립중앙도서관 출판시도서목록(CIP)은 e-CIP 홈페이지(http://www.nl.go.kr/cip.php)에서
이용하실 수 있습니다. (CIP제어번호: 2012001139)

책값은 뒤표지에 있습니다.